新编21世纪远程教育精品教材
• 经济与管理系列 •

审计学

（第三版）

主　编　杨闻萍
副主编　邓　宁

中国人民大学出版社
· 北京 ·

作 者 简 介

杨闻萍 北京信息科技大学会计系，副教授。长期从事会计、审计等专业课程的教学工作，兼任北京注册会计师协会、中华会计网校主讲教师。主要著作有：《企业会计准则实务操作指南》《现代商业企业理财规范》《现代商业企业财务管理》《会计学原理》等。

内 容 简 介

本教材以最新执行的审计准则为根本，以审计实务为主，突出理论与实务相结合，重点介绍注册会计师审计的基本理论、基本方法和基本实务，力争做到理论与实务融会贯通。教材共分十五章，主要包括三部分：第一部分（第一章至第三章），介绍审计的基本知识和相关准则；第二部分（第四章至第八章），主要介绍注册会计师审计的基本理论和基本方法；第三部分（第九章至第十五章），介绍注册会计师对财务报表各业务循环的具体审计程序及审计报告。

总　序

我们正处在教育史尤其是高等教育史上的一个重大的转型期。在全球范围内，包括在我们中华大地，以校园课堂面授为特征的工业化社会的近代学校教育体制，正在向基于校园课堂面授的学校教育与基于信息通信技术的远程教育相互补充、相互整合的现代终身教育体制发展。一次性学校教育的理念已经被持续性终身学习的理念所替代。在高等教育领域，从1088年欧洲创立博洛尼亚（Bologna）大学以来，21世纪以前的各国高等教育基本是沿着精英教育的路线发展的，这也包括自19世纪末创办京师大学堂以来我国高等教育短短一百多年的发展史。然而，自20世纪下半叶起，尤其在迈进21世纪时，以多媒体计算机和互联网为主要标志的电子信息通信技术正在引发教育界的一场深刻的革命。高等教育正在从精英教育走向大众化、普及化教育，学校教育体系正在向终身教育体系和学习型社会转变。在我国，党的十六大明确了全面建设小康社会的目标之一就是构建学习型社会，即要构建由国民教育体系和终身教育体系共同组成的有中国特色的现代教育体系。

教育史上的这次革命性转型绝不仅仅是科学技术进步推动的。诚然，以电子信息通信技术为主要代表的现代科学技术的进步，为实现从校园课堂面授向开放远程学习、从近代学校教育体制向现代终身教育体制和学习型社会的转型提供了物质技术基础。但是，教育形态演变的深层次原因在于人类社会经济发展和社会生活变革的需求。恰在这次世纪之交，人类社会开始进入基于知识经济的信息社会。知识创新与传播及应用、人力资源开发与人才培养已经成为各国提高经济实力、综合国力和国际竞争力的关键和基础。而这些仅仅依靠传统学校校园面授教育体制是无法满足的。此外，国际社会面临的能源、环境与生态危机，气候异常，数字鸿沟与文明冲突，对物种多样性与文化多样性的威胁等多重全球挑战，也只有依靠世界各国进一步深化教育改革与创新，促进人与自然的和谐发展才能得到解决。正因为如此，我国党和政府提出了“科教兴国”“可持续发展”“西部大开发”“缩小数字鸿沟”以及“人与自然和谐发展”的“科学发展观”等基本国策。其中，对教育作为经济建设的重要战略地位和基础性、全局性、前瞻性产业的确认，对高等教育对于知识创新与传播及应用、人力资源开发与人才培养的重大意义的关注，以及对发展现代教育技术、现代远程教育和教育信息化并进而推动国民教育体系现代化，构建终身教育体系和学习型社会的决策更得到了教育界和全社会的共识。

在上述教育转型与变革时期，中国人民大学一直走在我国大学的前列。中国人民大学是一所以人文、社会科学和经济管理为主，兼有信息科学、环境科学等的综合性、研究型大学。长期以来，中国人民大学充分利用自身的教育资源优势，在办好全日制高等教育的同时，一直积极开展远程教育和继续教育。中国人民大学在我国首创函授高等教育。1952年，校长吴玉章和成仿吾创办函授教育的报告得到了刘少奇的批复，并于1953年率先招生授课，为新建的共和国培养了一大批急需的专门人才。在20世纪90年代末，中国人民大学成立了网络教育学院，成为我国首批现代远程教育试点高校之一。经过短短几年的探索和发展，中国人民大学网络教育学院创建的“网上人大”品牌，被远程教育界、媒体和社会誉为网络远程教育的“人大模式”——面向在职成人，利用网络学习资源和虚拟学习社区，支持分布式学习和协作学习的现代远程教育模式。成立于 1955 年的中国人民大学出版社是新中国建立后最早成立的大学出版社之一，是教育部指定的全国高等学校文科教材出版中心。在过去的几年中，中国人民大学出版社与中国人民大学网络教育学院合作策划、创作出版了国内第一套极富特色的“新编 21 世纪远程教育系列教材”。这些凝聚了中国人民大学、北京大学、北京师范大学等北京知名高校学者教授、教育技术专家、软件工程师、教学设计师和编辑们广博才智的精品课程系列教材，以印刷版、光盘版和网络版立体化教材的范式探索构建全新的远程学习优质教育资源，实现先进的教育教学理念与现代信息通信技术的有效结合。这些教材已经被国内其他高校和众多网络教育学院所选用。中国人民大学出版社基于“出教材学术精品，育人文社科英才”理念的努力探索及其初步成果已经得到了我国远程教育界的广泛认同，是值得肯定的。

2005 年 4 月，我被邀请出席《中国远程教育》杂志与中国人民大学出版社联合主办的“远程教育教材的共建共享与一体化设计开发”研讨会并做主旨发言，会后受中国人民大学出版社的委托为“新编 21 世纪远程教育精品教材”撰写“总序”，这是我的荣幸。近几年来，我一直关注包括中国人民大学网络教育学院在内的我国高校现代远程教育试点工程。这次，更有机会全面了解和近距离接触中国人民大学出版社推出的“新编 21 世纪远程教育精品教材”及其编创人员。我想将我在上述研讨会上发言的主旨做进一步的发挥，并概括为若干原则作为我对包括中国人民大学出版社、中国人民大学网络教育学院在内的我国网络远程教育优质教育资源建设的期待和展望：

● 新编 21 世纪远程教育精品教材的教学内容要更加适应大众化高等教育面对在职成人、定位在应用型人才培养上的需要。

● 新编 21 世纪远程教育精品教材的教学设计要更加适应地域分散、特征多样的远程学生自主学习的需要，培养适应学习型社会的终身学习者。

● 在我国网络教学环境渐趋完善之前，印刷教材及其配套教学光盘依然是远程教材的主体，是多种媒体教材的基础和纽带，其教学设计应该给予充分的重视。要在印刷教材的显要部位对课程教学目标和要求做明确、具体、可操作的陈述，要清晰地指导远程学生如何利用多种媒体教材进行自主学习和协作学习。

● 应组织相关人员对多种媒体的远程教材进行一体化设计和开发，要注重发挥多种媒体教材各自独特的教学功能，实现优势互补。要特别注重对学生学习活动、教学交互、学习评价及其反馈的设计和实现。

● 要将对多种媒体远程教材的创作纳入对整个远程教育课程教学系统的一体化设计和开发中去，以便使优质的教材资源在优化的教学系统、平台和环境中，在有效的教学模式、学习策略和学习支助服务的支撑下获得最佳的学习成效。

● 要充分发挥现代远程教育工程试点高校各自的学科资源优势，积极探索网络远程教育优质教材资源共建共享的机制和途径。

中华人民共和国教育部远程教育专家顾问
丁兴富

修订说明

随着审计准则和会计准则的不断完善和修订，审计理论和审计实务中的很多内容发生了变化，为此我们再次对《审计学》教材进行了修订。在修订过程中，我们在保证系统介绍审计的基本理论和基本实务并忠实审计准则的前提下，尽量做到文字简练、论述明确，以适合专职人员和本专科教育中非会计、审计专业学生对审计课程的学习。

本次修订主要针对两方面的变化，第一，根据审计准则发生的实质性变化修订教材内容，涉及教材第十四章和第十五章；第二，根据近年来审计理论体系的发展和完善，对教材中审计的基础理论进行了重新表述，涉及教材第一章至第七章的内容。本次修订的分工如下：杨闻萍负责第九章至第十五章；邓宁负责第一章至第八章。

由于写作时间较短，对于教材中的疏漏、错误之处恳请读者批评指正。

编者

2017 年 12 月

前　言

随着我国新的企业会计准则和审计准则的颁布实施，审计理论和审计实务中的很多内容发生了重大变化，原先使用的审计学教材现已不适用了。为此，我们接受中国人民大学出版社和中国人民大学网络教育学院的约稿，组织编写了这本《审计学》教材。在编写过程中，我们在保证系统介绍审计的基本理论和基本实务的前提下，尽量做到文字简练、论述明确，以适合专职审计人员和全日制教育中非会计、审计专业学生的使用。受篇幅所限，本书舍弃了注册会计师业务中除会计报表审计业务以外的其他业务内容。

为了满足教学需要，我们在认真讨论写作大纲，统一写作体例和口径的前提下，采取了分工合作撰写的方法。具体分工如下：第一、二、三、七、十四章由杨闻萍编写；第四、五、六章由宁宇编写；第八、九、十章由李洁编写；第十一、十二、十三、十五章由邓宁编写。

由于时间仓促，教材中的疏漏、错误之处在所难免，恳请读者批评指正。

编者

2007 年 12 月

目录

第一章

总　论

摘　要

审计是社会经济发展到一定阶段的产物，所有权与经营权的分离是审计产生的直接原因。随着我国商品经济的发展，注册会计师在经济生活中扮演着越来越重要的角色。本章主要介绍审计的起源和发展、审计的概念、审计的目标以及注册会计师审计与政府审计、内部审计的关系等基本知识。通过对本章的学习，能够从审计的产生和发展入手，明确审计的概念和目标，为以后章节的学习打好基础。

第一节　审计的起源与发展

一、审计产生的背景

审计是社会经济发展到一定阶段的产物。社会经济快速发展，一方面使得社会分工日趋精细，另一方面使得经济组织之间以及人与人之间的经济关系日益密切。当生产资料的所有权与经营权逐渐分离，就出现了财产的所有者和财产经营者（管理者），并在他们之间形成了因授权经营管理而发生的经济责任关系。这种由经营者向所有者承担的经济责任，只有经过与责任履行者不存在经济利害关系的组织或人员对之进行独立的审查和评价，才能予以确立或解除，因此就产生了审计。所以说，审计产生的直接原因是财产所有权和经营权的分离，由此而产生信息不对称，进而产生了财产所有者对财产经营者进行审查的客观需要。

二、政府审计的演进

世界上最早出现的是官厅审计，早在奴隶社会就已出现，如古埃及在公元前 3 000 多年就设有监督官审查财务收支，古希腊在 2 000 多年前也设有审计官对离任官员的经济责任实行检查监督。

在我国，早在西周时期就设有“宰夫”一职，负责审查“财用之出入”，也就是财产物资的收支。这是我国最早的审计萌芽。在秦汉时期，曾使用“上计”制度审查监督财政收支，并借以评价官吏的业绩。隋唐时期是我国封建王朝审计日臻完备的阶段。宋代设立审计司和审计院，标志着我国用“审计”一词命名审计机构的产生。

随着社会经济的发展，特别是工业革命以后，政府审计有了长足的发展，1866 年英国颁布了《国库和审计部法》，并成立了代表议会、独立于政府之外的国家审计机构。这个时期国家审计形成了比较系统的政府审计体系，而且还以法律形式确立了较为完善的国家审计制度。

三、民间审计（注册会计师审计）的演进

注册会计师审计起源于意大利合伙企业制度，形成于英国股份制企业制度，发展和完善于美国发达的资本市场，它是伴随着商品经济的发展而产生和发展起来的。注册会计师审计的发展经历了几个比较典型的阶段：详细审计阶段、资产负债表审计阶段、全部会计报表审计阶段。

（一）详细审计阶段

注册会计师审计起源于 16 世纪的意大利。随着生产力的不断发展，地中海沿岸城市的商业贸易逐渐发展起来，商业经营规模不断扩大，为了筹集资金，出现了合伙企业。尽管当时的合伙人都是企业的出资者，但有些出资者并不参与企业的经营管理。为了让这些不参与经营管理的合伙人了解企业的经营情况，参与企业经营管理的合伙人有责任向他们证明合伙契约的履行情况，这在客观上就产生了需要一个与任何一方均无利害关系的第三者对合伙企业进行监督、检查的需求，于是出现了一批拥有丰富会计知识、专门从事查账和公证工作的专业人员。随着此类专业人员的增多，1581 年在威尼斯创立了威尼斯会计协会。

工业革命以后，商品经济得到了迅速发展，生产社会化程度大大提高，为适应新的生产力发展的需要，以发行股票方式筹集资金的股份公司应运而生。由于企业的所有权与经营权分离，为了监督经营者的经营管理，防止其徇私舞弊，保护投资者、债权人的利益，1844 年英国政府颁布了《公司法》，1845 年又对该法进行了修订，规定股份公司和银行的账目必须经过董事以外的人员的审计。于是，独立会计师业务得到迅速发展。1853 年，在苏格兰爱丁堡创立了第一个注册会计师的专业团体——爱丁堡会计师协会，该协会的成立标志着注册会计师职业的诞生。

从 1844 年到 20 世纪初，是注册会计师审计的形成时期。这一时期英国注册会计师审计的主要特点是：注册会计师审计的法律地位得到了法律确认；审计的目的是查错防弊，保护企业资产的安全和完整；审计的方法是对会计账目进行详细的审查；审计报告的使用人主要为企业股东等。

（二）资产负债表审计阶段

20 世纪以后，经济中心转移到了美国。在 20 世纪初期，金融资本向产业资本渗透，

银行逐渐将资产负债表作为了解企业信用的主要依据，于是出现了资产负债表审计——美国式注册会计师审计。在这一时期，注册会计师审计的主要特点是：审计对象由会计账目扩大到资产负债表；审计的主要目的是对资产负债表数据的检查，判断企业信用状况；审计方法从详细审计逐步转向抽样审计；审计报告使用人除企业股东外，扩大到了债权人。

（三）全部会计报表审计阶段

20世纪30年代，受资本主义经济危机的影响，1933年美国政府颁布的《证券法》规定，上市公司的会计报表必须经过注册会计师审计，向社会公布注册会计师的审计报告。这一时期，注册会计师审计的主要特点是：审计对象转为以资产负债表和利润表为中心的全部会计报表及相关会计资料；审计的主要目的是对会计报表发表审计意见，以确定会计报表的可信性，查错防弊转为次要目的；审计的范围已扩大到测试相关内部控制，并以控制测试为基础进行抽样审计；审计报告使用人扩大到整个社会公众；审计准则开始制定，审计工作向标准化、规范化过渡；注册会计师专业素质普遍提高。

第二次世界大战以后，随着经济全球化，跨国公司得到空前发展。国际资本的流动带动了注册会计师审计的跨国界发展，出现了一批国际会计师事务所。随着科学技术的不断进步，科学的统计抽样技术和计算机辅助技术开始广泛地应用于审计业务，审计技术不断得到发展。此外，注册会计师的业务范围不断扩大，开始从事代理纳税、会计服务、管理咨询等业务。

通过对注册会计师审计产生与发展的历史进行回顾，可得出以下结论：注册会计师审计是商品经济发展到一定阶段的产物，其产生的直接原因是财产所有权与经营权的分离；注册会计师审计随着商品经济的发展而发展；注册会计师审计体现为双向独立；注册会计师审计在经济生活中的特殊作用是提高财务信息的可靠性和可信性，从而使投资者据此作出正确的决策。

四、内部审计的演进

内部审计的产生有其久远的历史渊源，其萌芽可以追溯到古代奴隶社会奴隶主庄园的管家和监工，他们的活动带有经济监督的成分。到了中世纪，内部审计主要有寺院审计、城市审计、行会审计和庄园审计等形式。19世纪末20世纪初，随着企业这种社会基本经济单位的经营规模、跨度的不断扩大，内部管理层次及相对独立的经营单位的增多，企业最高管理决策层逐渐变直接管理为间接管理。这在客观上要求建立监督检查机制，以保证间接管理的有效性。由此，企业内部审计便随之产生并迅速发展起来。审计的内容范围从财务领域逐步扩展到了企业经营管理的各个方面，使内部审计成为企业管理的一个重要组成部分。

我国的内部审计可以说是伴随着政府审计而逐步形成、发展的。最初的政府审计在某种意义上就是内部审计。

在西方，随着经济的日益发展，企业审查规模日益扩大，管理日趋复杂，为了实现经营目标，内部审计获得了发展，并逐步健全、完善。

第二节　审计的性质

一、审计的概念

审计是由独立的专职机构和人员，根据委托或授权，对被审计单位的会计资料及所反映的经济活动进行审查，并发表意见。

对审计的概念可以从以下几方面理解：

(1) 审计的主体是专职机构和人员。审计的主体是指审计业务的执行者；专职机构是指国家审计机关或会计师事务所或内部审计部门；专职人员包括国家审计人员、注册会计师和内部审计人员。

(2) 审计的客体是被审计单位的会计资料及所反映的经济活动。审计的客体是指审计的对象。审计的对象就是被审计单位的会计资料及其所反映的经济活动。

(3) 审计的目的是发表审计意见。审计人员通过适当的审计程序对被审计单位的会计资料及相关资料进行审查，形成结论，并将该结论明确地传达给委托人或授权人。

(4) 审计具有独立的特性。正是由于审计是由独立的专职机构和人员所实施的，所以审计具有独立的特性。特别是注册会计师审计，会计师事务所和注册会计师不仅独立于被审计单位，而且独立于委托人。正是这种双向独立，才使得注册会计师在审计中能够做到客观和公正，进而使得注册会计师审计具有很强的鉴证职能。

二、审计的类别

审计可以从不同的角度作出不同的分类。

（一）按审计的目的和内容不同划分

审计按目的和内容不同，可分为财务报表审计、绩效审计和合规审计。

(1) 财务报表审计：审计人员通过执行审计工作，对财务报表是否按照规定的标准编制发表审计意见。财务报表通常包括资产负债表、利润表、现金流量表、所有者权益（股东权益）变动表以及财务报表附注。

(2) 绩效审计：也称效益审计，是审计人员为了评价被审计单位经营活动的效率和效果，而对其经营程序和方法进行评价。

(3) 合规审计：是审计人员为确定被审计单位是否遵循了特定的程序、规则或条例而进行审计。

（二）按审计的主体不同划分

审计按主体不同，可分为政府审计、内部审计和注册会计师审计。这三种类型前面已作介绍，这里不赘述。

三、注册会计师审计与政府审计、内部审计的关系

（一）注册会计师审计与政府审计的关系

政府审计和注册会计师审计两者均属于外部审计（相对于被审计单位而言），都具有较强的独立性，但两者也存在着诸多区别，具体如下所述。

1. 两者的审计目标不同

政府审计是对单位的财政收支或财务收支的真实、合法和效益依法进行的审计；注册会计师审计是注册会计师对财务报表是否按照适用的会计准则和相关会计制度编制进行的审计。

2. 两者的审计依据（标准）不同

政府审计是依据《中华人民共和国审计法》和《中华人民共和国国家审计基本准则》等进行的审计；注册会计师审计依据的是《中华人民共和国注册会计师法》（以下简称《注册会计师法》）和《中国注册会计师审计准则》。

3. 两者的经费或收入来源不同

政府审计所需经费列入财政预算；注册会计师的审计收入来自审计收费，由注册会计师和客户协商确定。

4. 两者的取证权限不同

政府审计在取证时，有关单位和个人应当支持并协助审计机关工作，提供有关证明材料；注册会计师在取证时，很大程度上有赖于被审计单位及相关单位的配合和协助。

5. 两者对发现问题的处理方式不同

政府审计对在审计中发现的被审计单位违反国家规定的行为，在法定职权范围内作出审计决定或向有关主管机关提出处理、处罚意见；注册会计师对审计过程中发现的问题，只能提请被审计单位进行调整和披露，并视情况确定出具的审计报告类型。

（二）注册会计师审计与内部审计的关系

1. 注册会计师审计与内部审计的区别

注册会计师审计属于外部审计，与内部审计在独立性、审计目标等方面存在重大区别。

2. 注册会计师审计与内部审计的联系

注册会计师在审计时，应当对被审计单位的内部审计情况进行了解，并考虑是否利用其工作成果。原因有三：

（1）内部审计是被审计单位内部控制的组成部分，而风险导向审计要求注册会计师必须了解包括内部控制在内的被审计单位情况及其环境，以评估和应对重大错报风险。

（2）内部审计与外部审计在审计的内容、方法等方面具有诸多的一致性。

（3）注册会计师利用内部审计工作成果可以提高自身的工作效率。

第二章

注册会计师的职业道德

摘 要

职业道德，是职业品德、职业纪律、专业胜任能力及职业责任等的总称。注册会计师在执业时必须遵循职业道德。同时，随着注册会计师行业的不断发展，注册会计师所面临的法律责任越发复杂，法律风险也越来越高。本章通过对中国注册会计师职业道德基本原则、鉴证业务对独立性的要求和法律责任的基本知识的介绍，使读者能够明确注册会计师职业道德规范的具体内容和要求，了解注册会计师法律责任的认定以及注册会计师法律诉讼的防范。

第一节 注册会计师职业道德规范概述

一、职业道德规范的含义

道德是一定社会为了调整人们之间以及个人和社会之间的关系所提倡的行为规范的总和。它通过各种形式的教育和社会舆论的力量，使人们明确荣誉和耻辱、正义和非正义等观念，并逐渐形成一定的习惯和传统，以指导或控制自己的行为。职业道德是某一职业组织以公约、守则等形式公布的，其会员自愿接受的职业行为标准。注册会计师职业道德，是指注册会计师职业品德、职业纪律、专业胜任能力及职业责任等的总称。

注册会计师的职业性质决定了其对社会公众应承担的责任。为使注册会计师切实担负起神圣的职责，为社会公众提供高质量的、可信赖的专业服务，在社会公众中树立良好的职业形象和职业信誉，就必须大力加强对注册会计师的职业道德教育，强化道德意识，提高道德水准。

二、中国注册会计师职业道德规范

自中国注册会计师协会成立以来，一直非常重视注册会计师职业道德规范建设。1992年，发布了《中国注册会计师职业道德守则（试行）》；1996年12月26日，经财政部批准，发布了《中国注册会计师职业道德基本准则》；2002年6月25日，为解决注册会计师职业中违反职业道德的现象，发布了《中国注册会计师职业道德规范指导意见》，于2002年7月1日起施行。为了规范中国注册会计师协会会员的职业行为，进一步提高职业道德水平，维护职业形象，中国注册会计师协会于2009年制定了《中国注册会计师职业道德守则》和《中国注册会计师协会非执业会员职业道德守则》。其中，《中国注册会计师职业道德守则》具体包括：职业道德基本原则、职业道德概念框架、提供专业服务的具体要求、审计和审阅业务对独立性的要求和其他鉴证业务对独立性的要求。本章重点介绍职业道德基本原则、职业道德概念框架，以及审计、审阅业务对独立性的要求等主要内容。

第二节　中国注册会计师职业道德基本原则及其概念框架

一、职业道德基本原则

中国注册会计师协会会员（以下简称“会员”）为实现执业目标，必须遵守一系列前提或一般原则。这些基本原则包括下列职业道德基本原则：诚信，独立，客观和公正，专业胜任能力和应有的关注，保密，良好职业行为。

（一）诚信

诚信，是指诚实、守信。诚信原则要求会员应当在所有的职业关系和商业关系中保持正直和诚实，秉公处事、实事求是。

会员如果认为业务报告、申报资料或其他信息存在下列问题，则不得与这些有问题的信息发生牵连：

（1）含有严重虚假或误导性的陈述；

（2）含有缺乏充分依据的陈述或信息；

（3）存在遗漏或含糊其辞的信息。

注册会计师如果注意到已与有问题的信息发生牵连，应当采取措施消除牵连。

在鉴证业务中，如果存在上述的情形，注册会计师依据执业准则出具了恰当的非标准业务报告，不被视为违反规定。

（二）独立

独立，是指不受外来力量控制、支配，按照一定之规行事。独立原则通常是对注册会计师而不是非执业会员提出的要求。在执行鉴证业务时，注册会计师必须保持独立。在市场经济条件下，投资者主要依赖财务报表判断投资风险，在投资机会中做出选择。如果注册会计师不能与客户保持独立，而是存在经济利益、关联关系，或屈从于外界压力，就很难取信于社会公众。

注册会计师的独立性包括两个方面——实质上的独立和形式上的独立。注册会计师执行审计和审阅业务以及其他鉴证业务时，应当从实质上和形式上保持独立性，不得因任何利害关系影响其客观性。

会计师事务所在承办审计和审阅业务以及其他鉴证业务时，应当从整体层面和具体业务层面采取措施，以保持会计师事务所和项目组的独立性。

（三）客观和公正

客观，是指按照事物的本来面目去考察，不添加个人的偏见。公正，是指公平、正直、不偏袒。客观和公正原则要求会员应当公正处事、实事求是，不得由于偏见、利益冲突或他人的不当影响而损害自己的职业判断。如果存在导致职业判断出现偏差，或对职业判断产生不当影响的情形，会员不得提供相关专业服务。

（四）专业胜任能力和应有的关注

专业胜任能力和应有的关注原则要求会员通过教育、培训和执业实践获取和保持专业胜任能力。会员应当持续了解并掌握当前法律、技术和实务的发展变化，将专业知识和技能始终保持在应有的水平，确保为客户提供具有专业水准的服务。

专业胜任能力是指会员具有专业知识、技能和经验，能够经济、有效地完成客户委托的业务。会员如果不能保持和提高专业胜任能力，就难以完成客户委托的业务。事实上，如果会员在缺乏足够的知识、技能和经验的情况下提供专业服务，就构成了一种欺诈。如果会员不能认识到这一点，承接了难以胜任的业务，就可能给客户乃至社会公众带来危害。

注册会计师在应用专业知识和技能时，应当合理运用职业判断。专业胜任能力可分为两个独立阶段：（1）专业胜任能力的获取；（2）专业胜任能力的保持。会员应当持续了解和掌握相关的专业技术和业务的发展，以保持专业胜任能力。

应有的关注，要求会员遵守执业准则和职业道德规范，勤勉尽责，认真、全面、及时地完成工作任务。在审计过程中，会员应当保持职业怀疑态度，运用专业知识、技能和经验，获取和评价审计证据。同时，会员应当采取措施以确保在其授权下工作的人员得到适当的培训和督导。在适当情况下，会员应当使客户、工作单位和专业服务，以及业务报告的其他使用者了解专业服务的固有局限性。

（五）保密

会员能否与客户维持正常的关系，有赖于双方能否自愿而又充分地进行沟通和交流，不掩盖任何重要的事实和情况。只有这样，会员才能有效地完成工作。会员与客户的沟通，必须建立在为客户信息保密的基础上。这里所说的客户信息，通常是指涉密信息。一旦涉密信息被泄露或被利用，往往会给客户造成损失。因此，在公众领域执业的注册会计师，在没有取得客户同意的情况下，不能泄露任何客户的涉密信息。

保密原则要求会员应当对在职业活动中获知的涉密信息予以保密，不得有下列行为：

（1）未经客户授权或法律法规允许，向会计师事务所以外的第三方披露其所获知的涉密信息；

（2）利用所获知的涉密信息为自己或第三方谋取利益。

会员在社会交往中应当履行保密义务。会员应当警惕无意泄密的可能性，特别是警惕无意中向近亲属或关系密切的人员泄密的可能性。近亲属，是指配偶、父母、子女、兄弟姐妹、祖父母、外祖父母、孙子女、外孙子女。

另外，会员应当对拟接受的客户或拟受雇的工作单位向其披露的涉密信息保密。在终止与客户或工作单位的关系之后，会员仍然应当对在职业关系和商业关系中获知的信息保密。如果变更工作单位或获得新客户，会员可以利用以前的经验，但不应利用或披露以前职业活动中获知的涉密信息。会员应当明确在会计师事务所内部保密的必要性，采取有效措施，确保其下级员工以及为其提供建议和帮助的人员遵循保密义务。

会员在下列情况下可以披露涉密信息：

（1）法律法规允许披露，并且取得客户或工作单位的授权；

（2）根据法律法规的要求，为法律诉讼、仲裁准备文件或提供证据，以及向有关监管机构报告发现的违法行为；

（3）法律法规允许的情况下，在法律诉讼、仲裁中维护自己的合法权益；

（4）接受注册会计师协会或监管机构的执业质量检查，答复其询问和调查；

（5）法律法规、执业准则和职业道德规范规定的其他情形。

（六）良好职业行为

会员应当遵守相关法律法规，避免发生任何损害职业声誉的行为。

会员在向公众传递信息以及推介自己和工作时，应当客观、真实、得体，不得损害职业形象。

会员应当诚实、实事求是，不得有下列行为：

（1）夸大宣传提供的服务、拥有的资质或获得的经验；

（2）贬低或无根据地比较其他注册会计师的工作。

二、职业道德概念框架

（一）职业道德概念框架的内涵

中国注册会计师职业道德守则提出职业道德概念框架，以指导会员遵循职业道德基本原则，履行维护公众利益的职责。职业道德概念框架是指解决职业道德问题的思路和方法，用以指导注册会计师：（1）识别对职业道德基本原则的不利影响；（2）评价不利影响的严重程度；（3）必要时采取防范措施消除不利影响或将其降低至可接受的水平。职业道德概念框架适用于会员处理对职业道德基本原则产生不利影响的各种情形，其目的在于防止会员认为只要守则未明确禁止的情形就是允许的。

在运用职业道德概念框架时，会员应当运用职业判断。如果发现存在可能违反职业道德基本原则的情形，会员应当评价其对职业道德基本原则的不利影响。在评价不利影响的严重程度时，会员应当从性质和数量两个方面予以考虑。如果认为对职业道德基本原则的不利影响超出可接受的水平，会员应当确定是否能够采取防范措施消除不利影响或将其降低至可接受的水平。

在运用职业道德概念框架时，如果某些不利影响是重大的，或者合理的防范措施不可行或无法实施，会员可能面临不能消除不利影响或将其降至可接受水平的情形。如果无法采取适当的防范措施，注册会计师应当拒绝或终止所从事的特定专业服务，必要时与客户解除合约关系，或向其工作单位辞职。

（二）对遵循职业道德基本原则产生不利影响的因素

注册会计师对职业道德基本原则的遵循可能受到多种因素的不利影响。不利影响的性质和严重程度因注册会计师提供服务类型的不同而不同。可能对职业道德基本原则产生不利影响的因素包括自身利益、自我评价、过度推介、密切关系和外在压力。

（1）自身利益导致的不利影响。如果经济利益或其他利益对会员的职业判断或行为产生不当影响，将产生自身利益导致的不利影响。

（2）自我评价导致的不利影响。如果会员对其（或者其所在会计师事务所或工作单位的其他人员）以前的判断或服务结果做出不恰当的评价，并且将据此形成的判断作为当前服务的组成部分，将产生自我评价导致的不利影响。

（3）过度推介导致的不利影响。如果会员过度推介客户或工作单位的某种立场或意见，使其客观性受到损害，将产生过度推介导致的不利影响。

（4）密切关系导致的不利影响。如果会员与客户或工作单位存在长期或亲密的关系，而过于倾向他们的利益或认可他们的工作，将产生密切关系导致的不利影响。

（5）外在压力导致的不利影响。如果会员受到实际的压力或感受到压力（包括对会员实施不当影响的意图）而无法客观行事，将产生外在压力导致的不利影响。

（三）防范措施

防范措施是指可以消除不利影响或将其降至可接受水平的行动或其他措施。应对不利影响的防范措施包括下列两类：（1）法律法规和职业规范规定的防范措施；（2）在具体工作中采取的防范措施。

第三节　审计业务对独立性的要求

注册会计师在执行鉴证业务时必须保持独立。本节主要讨论注册会计师在执行鉴证业务时的独立性要求，以及注册会计师如何运用职业道德概念框架，以达到和保持独立性。

一、基本概念

（一）网络与网络事务所

1. 网络与网络事务所的定义

网络，是指由多个实体组成，旨在通过合作实现下列一个或多个目的的联合体：

（1）共享收益或分担成本；

（2）共享所有权、控制权或管理权；

（3）共享统一的质量控制政策和程序；

（4）共享同一经营战略；

（5）使用同一品牌；

（6）共享重要的专业资源。

网络事务所，是指属于某一网络的会计师事务所或实体。除非本章另有说明，如果某一会计师事务所被视为网络事务所，应当与网络中其他会计师事务所的审计客户保持独立。有关对网络事务所独立性的要求，适用于所有符合网络事务所定义的实体，而无论该实体（如咨询公司）本身是否为会计师事务所。除非另有说明，本章所称会计师事务所包括网络事务所。

2. 网络的确定

会计师事务所与其他会计师事务所或实体构成联合体，旨在增强提供专业服务的能力。这些联合体是否形成网络取决于具体情况，而不取决于会计师事务所或实体是否在法律上各自独立。在判断一个联合体是否形成网络时，注册会计师应当运用下列标准：一个理性且掌握充分信息的第三方，在权衡所有相关事实和情况后，是否很可能认为这些实体形成网络。判断事项举例如下：

（1）如果联合体之间分担的成本不重要，或分担的成本仅限于与开发审计方法、编制审计手册或提供培训课程有关的成本，则不应当被视为网络。如果会计师事务所与某一实体以联合方式提供服务或研发产品，虽然构成联合体，但不形成网络。

（2）如果一个实体与其他实体仅以联合方式应邀提供专业服务，虽然构成联合体，但不形成网络。

（3）如果一个联合体旨在通过合作，在各实体之间共享重要的专业资源，应被视为网络。专业资源包括：

1）能够使各会计师事务所交流诸如客户资料、收费安排和时间记录等信息的共享系统；

2）合伙人和员工；

3）技术部门，负责就鉴证业务中的技术或行业特定问题、交易或事项提供咨询；

4）审计方法或审计手册；

5）培训课程和设施。

注册会计师应当根据相关事实和情况，确定联合体共享的专业资源是否重要，并判断这些会计师事务所或实体是否为网络事务所。例如，名义上，一个联合体中的一家会计师事务所和其他几家税务所、评估机构或咨询公司没有使用同一品牌，但实质上，它们在人员及客户资源方面存在共享的情况，则上述实体属于同一网络。在下列情形中，共享的资源被视为不重要：

1）共享的资源仅限于共同的审计手册或审计方法；

2）共享培训资源，而并不交流人员、客户信息或市场信息；

3）没有一个共有的技术部门。

（二）公众利益实体

在评价对独立性产生不利影响的重要程度以及为消除不利影响或将其降低至可接受水平采取的必要防范措施时，注册会计师应当考虑实体涉及公众利益的程度。本章对注册会计师与属于公众利益实体的鉴证客户之间的独立性作出进一步规定。

公众利益实体包括上市公司和下列实体：

（1）法律法规界定的公众利益实体；

（2）法律法规规定按照上市公司审计独立性的要求接受审计的实体。

公众利益实体的定义较广泛，不仅包括上市公司，也包括一些非上市但按照上市公司审计独立性的要求接受审计的实体，如某些大型非上市金融企业。对于其债券在法律法规认可的证券交易所报价或挂牌，或是在法律法规认可的证券交易所或其他类似机构的监管下进行交易的实体，也应当作为公众利益实体对待。

如果其他实体拥有数量众多且分布广泛的利益相关者（包括其管理层、股东、顾客、供应商、债权人、利益相关者、政府、特殊利益团体和媒体等），注册会计师应当考虑将其作为公众利益实体对待。需要考虑的因素包括该实体业务的性质（如金融业务、保险业务）、实体的规模和员工的数量等。

（三）业务期间

注册会计师应当在业务期间和财务报表涵盖的期间独立于审计客户。业务期间自审计项目组开始执行审计业务之日起，至出具审计报告之日止。如果审计业务具有连续性，业务期间结束日应以其中一方通知解除业务关系或出具最终审计报告两者时间孰晚为准。

例如，会计师事务所于 2017 年 3 月 1 日开始执行审计业务，这项工作将从 2017 年 3 月 1 日开始实施并持续到 2018 年 4 月 6 日。财务报表涵盖的期间是 2017 年 1 月 1 日至 2017 年 12 月 31 日。那么，业务期间为 2017 年 3 月 1 日至最终审计报告出具之日，即 2018 年 4 月 6 日（如果会计师事务所继续为该企业提供审计服务，业务期间将会延伸至第二年）。自 2017 年 1 月 1 日开始，会计师事务所必须保持独立性，直到其终止作为客户的注册会计师这一角色。

如果一个实体委托会计师事务所对其财务报表发表意见，并且在该财务报表涵盖的期间或之后成为审计客户，会计师事务所应当确定下列因素是否对独立性产生不利影响：

（1）在财务报表涵盖的期间或之后、接受审计业务委托之前，与审计客户之间存在的经济利益或商业关系。

（2）以往向审计客户提供的服务。

如果在财务报表涵盖的期间或之后，在审计项目组开始执行审计业务之前，会计师事务所向审计客户提供了非鉴证服务，并且该非鉴证服务在审计期间不允许提供，会计师事务所应当评价提供的非鉴证服务对独立性产生的不利影响。如果不利影响超出可接受的水平，会计师事务所只有在采取防范措施消除不利影响或将其降低至可接受的水平的情况下，才能接受审计业务。

二、经济利益

（一）经济利益的种类

经济利益是指因持有某一实体的股权、债券和其他证券以及其他债务性的工具而拥有的利益，包括为取得这种利益享有的权利和承担的义务。经济利益包括直接经济利益和间接经济利益。

直接经济利益是指下列经济利益：（1）个人或实体直接拥有并控制的经济利益（包括

授权他人管理的经济利益）；（2）个人或实体通过投资工具拥有的经济利益，并且有能力控制这些投资工具，或影响其投资决策。间接经济利益是指个人或实体通过投资工具拥有的经济利益，但没有能力控制这些投资工具，或影响其投资决策。

在审计客户中拥有经济利益，可能因自身利益导致不利影响。不利影响存在与否及其严重程度取决于下列因素：（1）拥有经济利益人员的角色；（2）经济利益是直接的还是间接的；（3）经济利益的重要性。

（二）对独立性产生不利影响的情形及防范措施

1. 在审计客户中不被允许拥有的经济利益

以下列举了多种在审计客户中拥有直接经济利益或重大间接经济利益，将因自身利益产生非常严重的不利影响，导致没有防范措施能够将其降低至可接受的水平的情况。这些情况包括：

（1）会计师事务所、审计项目组成员或其主要近亲属不得在审计客户中拥有直接经济利益或重大间接经济利益。

审计项目组成员的定义中所包括的人员除了为执行审计业务成立的项目组外，还包括会计师事务所及网络事务所中能够直接影响审计业务结果的其他人员，例如，能对审计项目合伙人提出薪酬建议，以及进行直接指导、管理或监督的人员、为执行审计业务提供技术或行业具体问题、交易或事项的咨询的人员（如针对与审计相关的准备计提或价值评估工作进行复核的财务交易咨询部的专业人员），或对审计业务实施项目质量控制复核的人员等。

主要近亲属，是指配偶、父母或子女。

（2）当一个实体在审计客户中拥有控制性的权益，并且审计客户对该实体重要时，会计师事务所、审计项目组成员或其主要近亲属不得在该实体中拥有直接经济利益或重大间接经济利益。

（3）当其他合伙人与执行审计业务的项目合伙人同处一个分部时，其他合伙人或其主要近亲属不得在审计客户中拥有直接经济利益或重大间接经济利益。

执行审计业务的项目合伙人所处的分部并不一定是其所隶属的分部。当项目合伙人与审计项目组的其他成员隶属于不同的分部时，会计师事务所应当确定项目合伙人执行审计业务时所处的分部。例如，某一审计客户的大部分业务发生在北京，执行此审计业务时均由北京分部的项目组成员（除合伙人外）负责，而项目合伙人是从香港地区分部被委派往北京分部协助其业务发展的，其身份隶属于香港地区分部，在此情况下，项目合伙人执行审计业务所处的分部通常被认为是北京分部，因此，在北京分部的其他合伙人或其主要近亲属不得在审计客户中拥有直接经济利益或重大间接经济利益。

（4）为审计客户提供非审计服务的其他合伙人、管理人员或其主要近亲属不得在审计客户中拥有直接经济利益或重大间接经济利益。

2. 对审计项目组成员其他近亲属的要求

如果审计项目组某一成员的其他近亲属在审计客户中拥有直接经济利益或重大间接经济利益，将因自身利益产生非常严重的不利影响。其他近亲属，是指兄弟姐妹、祖父母、外祖父母、孙子女、外孙子女。不利影响的严重程度主要取决于下列因素：

（1）审计项目组成员与其他近亲属之间的关系；

（2）经济利益对其他近亲属的重要性。

会计师事务所应当评价不利影响的严重程度，并在必要时采取防范措施消除不利影响或将其降低至可接受的水平。防范措施主要包括：

（1）其他近亲属尽快处置全部经济利益，或处置全部直接经济利益并处置足够数量的间接经济利益，以使剩余经济利益不再重大；

（2）由审计项目组以外的注册会计师复核该成员已执行的工作；

（3）将该成员调离审计项目组。

3. 会计师事务所的退休金计划

如果审计项目组成员通过会计师事务所的退休金计划，在审计客户中拥有直接经济利益或重大间接经济利益，将因自身利益产生不利影响。注册会计师应当评价不利影响的严重程度，并在必要时采取防范措施消除不利影响或将其降低至可接受的水平。

4. 主要近亲属因受雇于审计客户而产生的经济利益

执行审计业务的项目合伙人所处分部的其他合伙人，或者向审计客户提供非审计服务的合伙人或管理人员，如果其主要近亲属在审计客户中拥有经济利益，只要其主要近亲属作为审计客户的员工有权（例如，通过退休金或股票期权计划）取得该经济利益，并且在必要时能够采取防范措施消除不利影响或将其降低至可接受的水平，则不被视为损害独立性。但是，如果其主要近亲属拥有或取得处置该经济利益的权利，例如，按照股票期权方案有权行使期权，则应当尽快处置或放弃该经济利益。

5. 在非审计客户中拥有经济利益

除了在审计客户中拥有经济利益外，会计师事务所、审计项目组成员和其主要近亲属在其他实体中拥有的经济利益也可能影响其独立性。

（1）审计客户也在该实体拥有经济利益。

会计师事务所、审计项目组成员或其主要近亲属在某一实体拥有经济利益，并且审计客户也在该实体拥有经济利益，可能因自身利益产生不利影响。

如果经济利益并不重大，并且审计客户不能对该实体施加重大影响，则不被视为损害独立性。

如果经济利益重大，并且审计客户能够对该实体施加重大影响，则没有防范措施能够将不利影响降低至可接受的水平。会计师事务所不得拥有此类经济利益。拥有此类经济利益的人员，在成为审计项目组成员之前，应当处置全部经济利益，或处置足够数量的经济利益，使剩余经济利益不再重大。

（2）审计客户的利益相关者同时在该实体拥有经济利益。

会计师事务所、审计项目组成员或其主要近亲属在某一实体拥有经济利益，并且知悉审计客户的董事、高级管理人员或具有控制权的所有者也在该实体拥有经济利益，可能因自身利益、密切关系或外在压力产生不利影响。不利影响存在与否及其严重程度主要取决于下列因素：

1）该项目组成员在审计项目组中的角色；

2）实体的所有权是由少数人持有还是由多数人持有；

3）经济利益是否使得投资者能够控制该实体，或对其施加重大影响；

4）经济利益的重要性。

注册会计师应当评价不利影响的严重程度，并在必要时采取防范措施消除不利影响或将其降低至可接受的水平。

防范措施主要包括：

（1）将拥有该经济利益的审计项目组成员调离审计项目组；

（2）由审计项目组以外的注册会计师复核该成员已执行的工作。

6. 受托管理人

如果会计师事务所、审计项目组成员或其主要近亲属作为受托管理人在审计客户中拥有直接经济利益或重大间接经济利益，将因自身利益产生不利影响。

如果下列人员作为受托管理人在审计客户中拥有直接经济利益或重大间接经济利益，也将因自身利益产生不利影响：

（1）与执行审计业务的项目合伙人处于同一分部的其他合伙人；

（2）向审计客户提供非审计服务的其他合伙人和管理人员；

（3）上述人员的主要近亲属。

只有在同时满足下列条件时，才允许拥有上述经济利益：

（1）审计项目组成员及其主要近亲属和会计师事务所均不是受托财产的受益人；

（2）委托人在审计客户中拥有的经济利益对委托人并不重大，例如，在审计客户中拥有的经济利益占委托人的资产净值低于某个百分比（如5%）及其在实体中并未拥有可影响实体运营或财务上等重要决策的控制权或表决权；

（3）委托人不能对审计客户施加重大影响；

（4）针对委托人在审计客户中拥有的经济利益，受托管理人及其主要近亲属和会计师事务所对其任何投资决策都不能施加重大影响。

7. 其他相关人员拥有经济利益

审计项目组成员应当确定下列人员在审计客户中拥有已知的经济利益是否因自身利益产生不利影响：

（1）除前述提及的人员外，会计师事务所合伙人、专业人员或其主要近亲属；

（2）与审计项目组成员存在密切私人关系的人员。

这些经济利益是否因自身利益产生不利影响主要取决于下列因素：

（1）会计师事务所的组织结构、经营模式和沟通机制；

（2）相关人员与审计项目组成员之间的关系。

注册会计师应当评价不利影响的严重程度，并在必要时采取防范措施消除不利影响或将其降低至可接受的水平。

防范措施主要包括：

（1）将存在密切私人关系的审计项目组成员调离审计项目组；

（2）不允许该审计项目组成员参与有关审计业务的任何重大决策；

（3）由审计项目组以外的注册会计师复核该审计项目组成员已执行的工作。

8. 通过继承、馈赠或因合并而获得经济利益

对会计师事务所、合伙人或其主要近亲属、员工或其主要近亲属的经济利益限制，也适用于通过继承、馈赠或因合并而获得的经济利益。

（1）如果会计师事务所获得经济利益，应当立即处置全部经济利益，或处置全部直接经济利益并处置足够数量的间接经济利益，以使剩余经济利益不再重大。

（2）如果审计项目组成员或其主要近亲属获得经济利益，应当立即处置全部经济利益，或处置全部直接经济利益并处置足够数量的间接经济利益，以使剩余经济利益不再重大。

（3）如果审计项目组以外的人员或其主要近亲属获得经济利益，应当在合理期限内尽快处置全部经济利益，或处置全部直接经济利益并处置足够数量的间接经济利益，以使剩余经济利益不再重大。在完成处置该经济利益前，会计师事务所应当确定是否需要采取防范措施。

三、贷款和担保以及商业关系、家庭和私人关系

（一）贷款和担保对独立性产生不利影响

1. 从银行或类似金融机构等审计客户取得贷款或获得贷款担保

会计师事务所、审计项目组成员或其主要近亲属从银行或类似金融机构等审计客户取得贷款，或获得贷款担保，可能对独立性产生不利影响。

如果审计客户不按照正常的程序、条款和条件提供贷款或担保，将因自身利益产生非常严重的不利影响，导致没有防范措施能够将其降低至可接受的水平。会计师事务所、审计项目组成员或其主要近亲属不得接受此类贷款或担保。

如果会计师事务所按照正常的贷款程序、条款和条件，从银行或类似金融机构等审计客户取得贷款，即使该贷款对审计客户或会计师事务所影响重大，也可能通过采取防范措施将因自身利益产生的不利影响降低至可接受的水平。

审计项目组成员或其主要近亲属从银行或类似金融机构等审计客户取得贷款，或由审计客户提供贷款担保，如果按照正常的程序、条款和条件取得贷款或担保，则不会对独立性产生不利影响。

2. 从不属于银行或类似金融机构等审计客户取得贷款或由其提供担保

会计师事务所、审计项目组成员或其主要近亲属从不属于银行或类似金融机构的审计客户取得贷款，或由审计客户提供贷款担保，将因自身利益产生非常严重的不利影响，导致没有防范措施能够将其降低至可接受的水平。

3. 向审计客户提供贷款或为其提供担保

会计师事务所、审计项目组成员或其主要近亲属向审计客户提供贷款或为其提供担保，将因自身利益产生非常严重的不利影响，导致没有防范措施能够将其降低至可接受的水平。

4. 在审计客户开立存款或交易账户

会计师事务所、审计项目组成员或其主要近亲属在银行或类似金融机构等审计客户开立存款或交易账户，如果账户按照正常的商业条件开立，则不会对独立性产生不利影响。

（二）商业关系

会计师事务所、审计项目组成员或其主要近亲属与审计客户或其高级管理人员之间，由于商务关系或共同的经济利益而存在密切的商业关系，可能因自身利益或外在压力产生严重的不利影响。这些商业关系主要包括：

（1）在与客户或其控股股东、董事、高级管理人员共同开办的企业中拥有经济利益；

（2）按照协议，将会计师事务所的产品或服务与客户的产品或服务结合在一起，并以双方名义捆绑销售；

（3）按照协议，会计师事务所销售或推广客户的产品或服务，或者客户销售或推广会计师事务所的产品或服务。

会计师事务所不得介入此类商业关系，如果存在此类商业关系，应当予以终止。如果此类商业关系涉及审计项目组成员，会计师事务所应当将该成员调离审计项目组。

如果审计项目组成员的主要近亲属与审计客户或其高级管理人员存在此类商业关系，注册会计师应当评价不利影响的严重程度，并在必要时采取防范措施消除不利影响或将其降低至可接受的水平。

（三）家庭和私人关系

如果审计项目组成员与审计客户的董事、高级管理人员，或所处职位能够对客户会计记录或被审计财务报表的编制施加重大影响的员工（以下简称“特定员工”）存在家庭和私人关系，可能会因自身利益、密切关系或外在压力产生不利影响。不利影响存在与否及其严重程度取决于多种因素，主要包括该成员在审计项目组的角色、其家庭成员或相关人员在客户中的职位以及关系的密切程度等。具体举例如下：

1. 审计项目组成员的主要近亲属处在重要职位

如果审计项目组成员的主要近亲属是审计客户的董事、高级管理人员或特定员工，或者在业务期间或财务报表涵盖的期间曾担任上述职务，则只有把该成员调离审计项目组，才能将对独立性的不利影响降低至可接受的水平。

2. 审计项目组成员的主要近亲属可以对客户的财务状况、经营成果和现金流量施加重大影响

如果审计项目组成员的主要近亲属在审计客户中所处职位能够对客户的财务状况、经营成果和现金流量施加重大影响，将对独立性产生不利影响。不利影响的严重程度主要取决于下列因素：

（1）主要近亲属在客户中的职位；

（2）该成员在审计项目组中的角色。

会计师事务所应当评价不利影响的严重程度，并在必要时采取防范措施消除不利影响或将其降低至可接受的水平。防范措施主要包括：

（1）将该成员调离审计项目组；

（2）合理安排审计项目组成员的职责，使该成员的工作不涉及其主要近亲属的职责范围。

3. 审计项目组成员的其他近亲属处在重要职位或可以对财务报表施加重大影响

如果审计项目组成员的其他近亲属是审计客户的董事、高级管理人员或特定员工，将

对独立性产生不利影响。不利影响的严重程度主要取决于下列因素：

（1）审计项目组成员与其他近亲属的关系；

（2）其他近亲属在客户中的职位；

（3）该成员在审计项目组中的角色。

会计师事务所应当评价不利影响的严重程度，并在必要时采取防范措施消除不利影响或将其降低至可接受的水平。防范措施主要包括：

（1）将该成员调离审计项目组；

（2）合理安排审计项目组成员的职责，使该成员的工作不涉及其他近亲属的职责范围。

四、与审计客户发生人员交流

（一）与审计客户发生雇佣关系

第一，一般规定。

如果审计客户的董事、高级管理人员或特定员工，曾经是审计项目组的成员或会计师事务所的合伙人，可能因密切关系或外在压力产生不利影响。

1. 审计项目组前任成员或前任合伙人担任审计客户的重要职位且与会计师事务所保持重要联系

如果审计项目组前任成员或会计师事务所前任合伙人加入审计客户，担任董事、高级管理人员或特定员工，并且与会计师事务所仍保持重要交往，将产生非常严重的不利影响，导致没有防范措施能够将其降低至可接受的水平。

2. 审计项目组前任成员或前任合伙人担任审计客户的重要职位但未与会计师事务所保持重要联系

如果审计项目组前任成员或会计师事务所前任合伙人加入审计客户，担任董事、高级管理人员或特定员工，但前任成员或前任合伙人与会计师事务所已经没有重要交往，因密切关系或外在压力产生的不利影响存在与否及其严重程度主要取决于下列因素：

（1）前任成员或前任合伙人在审计客户中的职位；

（2）前任成员或前任合伙人在其工作中与审计项目组交往的程度；

（3）前任成员或前任合伙人离开会计师事务所的时间长短；

（4）前任成员或前任合伙人以前在审计项目组或会计师事务所中的角色，如前任成员或前任合伙人是否负责与客户治理层或管理层保持定期联系。

会计师事务所应当评价不利影响的严重程度，并在必要时采取防范措施消除不利影响或将其降低至可接受的水平。防范措施主要包括：

（1）修改审计计划；

（2）向审计项目组分派经验更丰富的人员；

（3）由审计项目组以外的注册会计师复核前任审计项目组成员已执行的工作。

3. 前任合伙人加入的某一实体成为审计客户

如果会计师事务所前任合伙人加入某一实体，而该实体随后成为会计师事务所的审计客户，会计师事务所应当评价对独立性不利影响的严重程度，并在必要时采取防范措施消除不利影响或将其降低至可接受的水平。

4. 审计项目组某成员拟加入审计客户

如果审计项目组某一成员参与审计业务，当知道自己在未来某一时间将要或有可能加入审计客户时，将因自身利益产生不利影响。会计师事务所应当制定政策和程序，要求审计项目组成员在与审计客户协商受雇于该客户时，向会计师事务所报告。在接到报告后，会计师事务所应当评价不利影响的严重程度，并在必要时采取防范措施消除不利影响或将其降低至可接受的水平。防范措施主要包括：

（1）将该成员调离审计项目组；

（2）由审计项目组以外的注册会计师复核该成员在审计项目组中作出的重大判断。

第二，属于公众利益实体审计客户的特殊规定举例。

对于审计客户属于公众利益实体的情况，雇佣关系中还有一些特殊规定。例如，关键审计合伙人加入审计客户担任重要职位。

关键审计合伙人，是指项目合伙人、实施项目质量控制复核的负责人，以及审计项目组中负责对财务报表审计所涉及的重大事项作出关键决策或判断的其他审计合伙人。其他审计合伙人还可能包括负责审计重要子公司或分支机构的项目合伙人。

如果某一关键审计合伙人加入属于公众利益实体的审计客户，担任董事、高级管理人员或特定员工，将因密切关系或外在压力产生不利影响。

除非该合伙人不再担任关键审计合伙人后，该公众利益实体发布了已审计财务报表，其涵盖期间不少于 12 个月，并且该合伙人不是该财务报表的审计项目组成员，否则独立性将视为受到损害。从不再担任关键审计合伙人至最早可以加入客户的这一期间，称为“冷却期”。例如，假设会计师事务所审计一家以公历年为会计年度的上市公司的 2015 年度的财务报表。如果某审计项目组的前任关键审计合伙人曾为该客户 2015 年度审计工作执行任务，且该客户发布已审计 2016 年度财务报表的日期是 2017 年 3 月 31 日，此人最早可以加入该客户并担任董事、高级管理人员或特定员工的时间是在 2017 年 4 月 1 日。

（二）临时借调员工

如果会计师事务所向审计客户借出员工，可能因自我评价产生不利影响。会计师事务所只能短期向客户借出员工，并且借出的员工不得为审计客户提供中国注册会计师职业道德守则禁止提供的非鉴证服务，也不得承担审计客户的管理层职责。审计客户有责任对借调员工的活动进行指导和监督。

会计师事务所应当评价借出员工产生不利影响的严重程度，并在必要时采取防范措施消除不利影响或将其降低至可接受的水平。

防范措施主要包括：

（1）对借出员工的工作进行额外复核；

（2）合理安排审计项目组成员的职责，使借出员工不对其在借调期间执行的工作进行审计；

（3）不安排借出员工作为审计项目组成员。

（三）最近曾任审计客户的董事、高级管理人员或特定员工

如果审计项目组成员最近曾担任审计客户的董事、高级管理人员或特定员工，可能因

自身利益、自我评价或密切关系产生不利影响。例如，如果审计项目组成员在审计客户工作期间曾经编制会计记录，现又对据此形成的财务报表要素进行评价，则可能产生不利影响。

（四）兼任审计客户的董事或高级管理人员

如果会计师事务所的合伙人或员工兼任审计客户的董事或高级管理人员，将因自我评价和自身利益产生非常严重的不利影响，导致没有防范措施能够将其降低至可接受的水平。会计师事务所的合伙人或员工不得兼任审计客户的董事或高级管理人员。

五、与审计客户长期存在业务关系

（一）一般规定

会计师事务所长期委派同一名合伙人或高级员工执行某一客户的审计业务，将因密切关系和自身利益产生不利影响。不利影响的严重程度主要取决于下列因素：

（1）该人员加入审计项目组的时间长短；

（2）该人员在审计项目组中的角色；

（3）会计师事务所的组织结构；

（4）审计业务的性质；

（5）客户的管理团队是否发生变动；

（6）客户的会计和报告问题的性质或复杂程度是否发生变化。

会计师事务所应当评价因密切关系和自身利益产生的不利影响的严重程度，并在必要时采取防范措施消除不利影响或将其降低至可接受的水平。防范措施主要包括：

（1）将该人员轮换出审计项目组；

（2）由审计项目组以外的注册会计师复核该人员已执行的工作；

（3）定期对该业务实施独立的质量复核。

（二）关键审计合伙人对属于公众利益实体审计客户的任职时间

关键审计合伙人是指项目合伙人、实施项目质量控制复核的负责人，以及审计项目组中负责对财务报表审计所涉及的重大事项作出关键决策或判断的其他审计合伙人。一般来说，关键决策或判断的事项将对财务报表整体产生重大影响，作出这些决策或判断的其他审计合伙人则应视为关键审计合伙人。比如，负责对长期资产是否有重大减值或重大税项的不确定性作出结论的其他审计合伙人，应被视为关键审计合伙人。

如果审计客户属于公众利益实体，执行其审计业务的关键审计合伙人任职时间不得超过五年。如果某人在审计项目组担任的职务均属于关键审计合伙人，在确定其任职时间时，担任这些职务的年限需要合并计算。例如，某审计经理担任某上市公司 2014—2015 年度财务报表审计的签字注册会计师，其晋升为合伙人后担任 2016—2017 年度财务报表审计的项目合伙人。根据职业道德守则中关键审计合伙人和项目合伙人的定义，该合伙人作为关键审计合伙人的任职年限包括 2014 年、2015 年、2016 年及 2017 年。在任期结束后的两年内，该关键审计合伙人不得再次成为该客户的审计项目组成员或关键审计合伙人。该两年的冷却期应为连续的两个完整年度。只有在完成了冷却期后再次提供服务时，服务年限才可以重新计算。

在两年的冷却期内，该关键审计合伙人也不得有下列行为：

（1）参与该客户的审计业务；

（2）为该客户的审计业务实施质量控制复核；

（3）就有关技术或行业特定问题、交易或事项向项目组或该客户提供咨询；

（4）以其他方式直接影响业务结果。

在极其特殊的情况下，会计师事务所可能因无法预见和控制的情形而不能按时轮换关键审计合伙人。如果关键审计合伙人的连任对审计质量特别重要，并且通过采取防范措施能够消除对独立性产生的不利影响或将其降低至可接受的水平，则在法律法规允许的情况下，该关键审计合伙人在审计项目组的时限可以延长一年。

六、为审计客户提供非鉴证服务

会计师事务所向审计客户提供非鉴证服务，可能对独立性产生不利影响，包括因自我评价、自身利益和过度推介等产生的不利影响。在接受委托向审计客户提供非鉴证服务之前，会计师事务所应当确定提供该服务是否将对独立性产生不利影响。在评价某一特定非鉴证服务产生不利影响的严重程度时，会计师事务所应当考虑审计项目组认为提供其他相关非鉴证服务将产生的不利影响。如果没有防范措施能够将不利影响降低至可接受的水平，会计师事务所不得向审计客户提供该非鉴证服务。

在向审计客户提供非鉴证服务时，为避免承担管理层职责的风险，会计师事务所应当确保由管理层的成员负责作出重大判断和决策，评价服务的结果，并对依据服务结果采取的行动负责。

注册会计师可能为审计客户提供的非鉴证服务包括：编制会计记录和财务报表、评估服务、税务服务、内部审计服务、信息技术系统服务、诉讼支持服务、法律服务、招聘服务、公司理财服务等。

（一）编制会计记录和财务报表

会计师事务所向审计客户提供编制会计记录或财务报表等服务，随后又审计该财务报表，将因自我评价产生不利影响。

1. 沟通事项

在审计过程中，会计师事务所与审计客户管理层就下列事项进行沟通，通常不会对独立性产生不利影响：

（1）对会计准则或财务报表披露要求的运用；

（2）与财务报表相关的内部控制的有效性，以及资产、负债计量方法的适当性；

（3）会计调整分录的建议。

2. 提供特定技术支持

审计客户可能要求会计师事务所在下列方面提供技术支持，如果会计师事务所不承担审计客户的管理层职责，通常不会对独立性产生不利影响：

（1）解决账户调节问题；

（2）分析和积累监管机构要求提供的信息；

（3）将按照某种会计准则编制的财务报表，转换为按照另一种会计准则编制的财务报表。

3. 向非公众利益实体的审计客户提供日常性和机械性的工作

如果会计师事务所向不属于公众利益实体的审计客户提供编制会计记录和财务报表相关的服务，只要属于日常性和机械性的工作，并且已采取措施将因自我评价产生的不利影响降低至可接受的水平，则不会损害其独立性。

4. 非审计项目组成员向公众利益实体的审计客户提供日常性和机械性的工作

如果会计师事务所向属于公众利益实体的审计客户的分支机构或关联实体提供编制会计记录和财务报表的服务，只要提供的服务属于日常性、机械性的工作，且提供服务的人员不是审计项目组的成员，在满足下列条件之一的情况下，不会损害其独立性：

（1）接受服务的分支机构或关联实体从总体上对被审计财务报表不具有重要性；

（2）服务所涉及的事项从总体上对该分支机构或关联实体的财务报表不具有重要性。

除非出现紧急或极其特殊的情况，并征得相关监管机构的同意，会计师事务所不得向属于公众利益实体的审计客户提供下列编制会计记录和财务报表的服务：

（1）工资服务；

（2）编制所审计的财务报表；

（3）编制所审计财务报表依据的财务信息。

（二）评估服务

评估包括对未来发展趋势提出相关假设，运用适当的方法和技术，以确定资产、负债或企业整体的价值或价值区间。向审计客户提供评估服务可能产生自我评价的不利影响。

1. 对独立性不产生不利影响的评估业务

如果审计客户要求会计师事务所提供评估服务，以帮助其履行纳税申报义务或满足税务筹划目的，并且评估的结果不对财务报表产生直接影响，则通常不对独立性产生不利影响。

2. 对独立性产生不利影响的评估业务

在审计客户不属于公众利益实体的情况下，如果评估服务对被审计财务报表具有重大影响，并且评估结果涉及高度的主观性，则没有防范措施能够将因自我评价产生的不利影响降低至可接受的水平。会计师事务所不得向审计客户提供这种评估服务。

（三）内部审计服务

如果会计师事务所向审计客户提供内部审计服务，并在执行财务报表审计时利用内部审计的工作，将因自我评价对独立性产生不利影响。

如果会计师事务所人员在为审计客户提供内部审计服务时承担管理层职责，将产生非常严重的不利影响，导致没有防范措施能够将其降低至可接受的水平。会计师事务所人员在向审计客户提供内部审计服务时不得承担管理层职责。

为避免承担管理层职责，只有在同时满足下列条件时，会计师事务所才能为审计客户提供内部审计服务：

（1）审计客户承担设计、执行和维护内部控制的责任，并指定合适的、具有胜任能力的员工（最好是高级管理人员），始终负责内部审计活动；

（2）客户治理层或管理层复核、评估并批准内部审计服务的工作范围、风险和频率；

（3）客户管理层评价内部审计服务的适当性，以及执行内部审计发现的事项；

（4）客户管理层评价并确定应当实施内部审计服务提出的建议，并对实施过程进行管理；

（5）客户管理层向治理层报告注册会计师在内部审计服务中发现的重大问题和提出的建议。

七、收费

（一）收费结构

如果会计师事务所从某一审计客户收取的全部费用占其收费总额的比重很大，则对该客户的依赖及对可能失去该客户的担心将因自身利益或外在压力产生不利影响。不利影响的严重程度主要取决于下列因素：

（1）会计师事务所的业务类型及收入结构；

（2）会计师事务所成立时间的长短；

（3）该客户对会计师事务所是否重要。

会计师事务所应当评价不利影响的严重程度，并在必要时采取防范措施消除不利影响或将其降低至可接受的水平。防范措施主要包括：

（1）降低对该客户的依赖程度；

（2）实施外部质量控制复核；

（3）就关键的审计判断向第三方咨询，如向行业监管机构或其他会计师事务所咨询。

（二）逾期收费

如果审计客户长期未支付应付的审计费用，尤其是相当部分的审计费用在出具下一年度审计报告前仍未支付，可能因自身利益产生不利影响。

会计师事务所通常要求审计客户在审计报告出具前付清上一年度的审计费用。如果在审计报告出具后审计客户仍未支付该费用，会计师事务所应当评价不利影响存在与否及其严重程度，并在必要时采取防范措施消除不利影响或将其降低至可接受的水平。

可采取的防范措施包括由未参与执行审计业务的注册会计师提供建议，或复核已执行的工作等。

会计师事务所还应当确定逾期收费是否可能被视同向客户贷款，并且根据逾期收费的重要程度确定是否继续执行审计业务。

（三）或有收费

或有收费是指收费与否或收费多少取决于交易的结果或所执行工作的结果。如果一项收费是由法院或政府有关部门规定的，则该项收费不被视为或有收费。

会计师事务所在提供审计服务时，以直接或间接形式取得或有收费，将因自身利益产生非常严重的不利影响，导致没有防范措施能够将其降低至可接受的水平。会计师事务所不得采用这种收费安排。

会计师事务所在向审计客户提供非鉴证服务时，如果非鉴证服务以直接或间接形式取得或有收费，也可能因自身利益产生不利影响。

第三章

中国注册会计师执业准则

摘 要

审计准则作为规范注册会计师执行审计业务的权威性标准，对提高注册会计师执业质量、降低审计风险、维护社会公众利益具有重要的作用。2006 年 2 月 15 日由财政部发布、自 2007 年 1 月 1 日起在所有会计师事务所施行的中国注册会计师执业准则体系包括鉴证业务准则、相关服务准则和会计师事务所质量控制准则。本章主要介绍鉴证业务基本准则和业务质量控制准则。通过对本章的学习，能够熟悉中国注册会计师执业准则体系的框架及内容。

第一节 中国注册会计师执业准则概述

一、中国注册会计师执业准则的建设

审计准则作为规范注册会计师执行审计业务的权威性标准，其建设经历了三个阶段：

一是制定执业规则阶段（1988—1993 年）。中国注册会计师协会从 1988—1993 年先后发布了《注册会计师检查验证会计报表规则（试行）》等七个执业规则。这些执业规则对我国注册会计师行业走向正规化、法制化和专业化起到了积极作用。

二是建立准则体系阶段（1994—2003 年）。1993 年 10 月 31 日，第八届全国人民代表大会常务委员会第四次会议通过《中华人民共和国注册会计师法》，规定中国注册会计师协会依法拟订执业准则、规则，报国务院财政部门批准后施行。经财政部批准同意，中国注册会计师协会自 1994 年 5 月开始起草审计准则。到 2003 年，中国注册会计师协会先后分六批制定了审计准则，共计 48 个项目。

三是完善与提高阶段（2004 年至今）。2004 年以来，中国注册会计师协会在起草新准

则的同时，根据审计环境的变化、国际审计准则的最新发展和注册会计师执业的需要，有计划、有步骤地修订已颁布的准则。

审计准则的建设以及准则体系的基本建立，有效地适应了注册会计师执业的需要。审计准则已经成为注册会计师执业的必备指导，成为衡量注册会计师执业质量的依据。审计准则还是有关部门执法以及判断注册会计师执业质量的依据。

二、中国注册会计师执业准则体系框架

随着经济的发展和社会的需求，注册会计师的业务范围经历了由法定审计业务向其他领域拓展的过程。目前我国注册会计师承办业务类型较多，其中既有财务报表审计和审阅、内部控制审核等具有鉴证职能的业务，又有司法诉讼中涉及会计、审计、税务或其他事项的鉴证业务，还有代编财务信息、执行商定程序、管理咨询和税务咨询等不具有鉴证职能的业务。

根据我国实际情况和国际趋同的需要，中国注册会计师协会于 2006 年、2010 年、2016 年分别发布、修订和废止了一些审计准则。目前执行的有 52 项审计准则，其中最新颁布的是 2016 年 12 月 23 日，财政部印发《在审计报告中沟通关键审计事项》等 12 项中国注册会计师审计准则（新审计报告准则）。新审计报告准则自 2017 年 1 月 1 日和 2018 年 1 月 1 日，采取分批、分步骤实施执行。这标志着我国已建立起一套适应社会主义市场经济发展要求、顺应国际趋同大势的中国注册会计师执业准则体系。中国注册会计师执业准则体系包括鉴证业务准则、相关服务准则和会计师事务所质量控制准则。

（1）鉴证业务准则由鉴证业务基本准则统御，按照提供的保证程度和鉴证对象的不同，分为中国注册会计师审计准则、审阅准则和其他鉴证业务准则。其中，审计准则是执业准则的核心。

审计准则用以规范注册会计师执行历史财务信息的审计业务。在提供审计服务时，注册会计师对所审计信息不存在重大错报提供合理保证，并以积极方式提出结论。

审阅准则用以规范注册会计师执行历史财务信息的审阅业务。在提供审阅服务时，注册会计师对所审阅信息不存在重大错报提供有限保证，并以消极方式提出结论。

其他鉴证业务准则用以规范注册会计师执行历史财务信息审计或审阅以外的其他鉴证业务，根据鉴证业务的性质和业务约定的要求，提供有限保证或合理保证。

（2）相关服务准则用以规范注册会计师代编财务信息、执行商定程序、提供管理咨询等其他服务。在提供相关服务时，注册会计师不提供任何程度的保证。

（3）质量控制准则用以规范会计师事务所在执行各类业务时应当遵守的质量控制政策和程序，是对会计师事务所质量控制提出的制度要求。

三、中国注册会计师执业准则体系的特点

（一）体现了维护社会公众利益的宗旨

注册会计师执业准则体系更加突出了保护社会公众利益的宗旨，强化了注册会计师的执业责任，针对实务中暴露出的不足严格了程序，要求注册会计师切实承担起保护社会公众利益的责任。例如，针对“安然”事件暴露出的会计师事务所销毁不利工作底稿的问

题，《中国注册会计师审计准则第 1131 号——审计工作底稿》对审计工作底稿的归档期限和保存年限以及审计报告日后对审计工作底稿的变动作出了明确规定。

（二）体现了国际趋同的要求

注册会计师执业准则体系在体系结构、项目构成和基本内容上实现了与国际准则的趋同。

从体系结构看，按照国际趋同的要求，根据注册会计师提供服务性质的不同，对注册会计师执业准则体系进行了重构，实现了与国际准则体系的完全一致。

从项目构成看，除个别项目因对我国不适用而未被纳入外，我国注册会计师执业准则体系涵盖了国际审计准则的所有项目。

在审计准则的内容上，充分采用了国际审计准则所有的基本原则和核心程序，在审计的目标与原则、风险的评估与应对、审计证据的获取和分析、审计结论的形成和报告以及注册会计师执业责任的设定等所有重大方面，与国际审计准则保持一致。

（三）体现了风险导向审计的要求

中国注册会计师充分借鉴国际审计理念研究和实务探索的先进成果，制定了审计风险准则。审计风险准则要求注册会计师在执行审计业务时切实贯彻风险导向审计理念，以重大错报风险的识别、评估和应对为审计工作主线，做到有的放矢，避免审计工作的盲目性，提高审计的效率和效果。

审计风险准则是整个审计准则体系的核心准则，包括《中国注册会计师审计准则第 1101 号——注册会计师的总体目标和审计工作的基本要求》《中国注册会计师审计准则第 1211 号——通过了解被审计单位及其环境识别和评估重大错报风险》《中国注册会计师审计准则第 1231 号——针对评估的重大错报风险采取的应对措施》《中国注册会计师审计准则第 1301 号——审计证据》四个项目。同时，以审计风险准则为基础，在新制定和修订的其他准则中体现了审计风险准则的要求。

（四）体现了强化会计师事务所质量控制的要求

《会计师事务所质量控制准则第 5101 号——业务质量控制》系统地总结了近些年审计失败的经验教训，要求会计师事务所制定全面的质量控制制度，包括落实对业务质量的领导质量、确保职业道德规范得以遵守、客户关系和具体业务的接受与保持、人力资源、业务执行、业务工作底稿和监控七个方面。

第二节 中国注册会计师鉴证业务基本准则

中国注册会计师协会于 2006 年 2 月颁布了《中国注册会计师鉴证业务基本准则》（以下简称《基本准则》）。《基本准则》是鉴证业务准则的概念框架，旨在规范注册会计师执行鉴证业务，明确鉴证业务的目标和要素，确定审计准则、审阅准则、其他鉴证业务准则适用的鉴证业务类型。其主要内容包括鉴证业务的定义和目标、业务承接、鉴证业务的三方关系、鉴证对象、鉴证标准、证据、鉴证报告等。

一、鉴证业务的定义和目标

（一）鉴证业务的定义

鉴证业务是指注册会计师对鉴证对象信息提出结论，以增强除责任方之外的预期使用者对鉴证对象信息信任程度的业务。鉴证对象信息是按照标准对鉴证对象进行评价和计量的结果，如责任方按照会计准则和相关会计制度（即标准）对其财务状况、经营成果和现金流量（即鉴证对象）进行确认、计量和列报而形成的财务报表（即鉴证对象信息）。

鉴证业务分为基于责任方认定的业务和直接报告业务。

在基于责任方认定的业务中，责任方对鉴证对象进行评价或计量，鉴证对象信息以责任方认定的形式为预期使用者所获取。如在财务报表审计中，被审计单位管理层（即责任方）对财务状况、经营成果和现金流量（即鉴证对象）进行确认、计量和列报（即评价或计量）而形成的财务报表（即鉴证对象信息）即为责任方的认定，该财务报表可为预期使用者所获取，注册会计师针对财务报表出具审计报告。

在直接报告业务中，注册会计师直接对鉴证对象进行评价或计量，或者从责任方获取对鉴证对象评价或计量的认定，而该认定无法为预期使用者所获取，预期使用者只能通过阅读鉴证报告获取鉴证对象信息。如在内部控制鉴证业务中，注册会计师可能无法从管理层（即责任方）获取其对内部控制有效性的评价报告（即责任方认定），或虽然注册会计师能够获取该报告，但预期使用者无法获取该报告，注册会计师直接对内部控制的有效性（即鉴证对象）进行评价并出具鉴证报告，预期使用者只能通过阅读该鉴证报告获得内部控制有效性的信息（即鉴证对象信息）。

（二）鉴证业务的目标

鉴证业务的保证程度分为合理保证和有限保证。合理保证的保证水平要高于有限保证的保证水平。

合理保证的鉴证业务的目标是注册会计师将鉴证业务风险降至该业务环境下可接受的低水平，以此作为以积极方式提出结论的基础。如在历史财务信息审计中，要求注册会计师将审计风险降至该业务环境下可接受的低水平，对审计后的历史财务信息提供高水平保证（即合理保证），在审计报告中对历史财务信息以积极方式提出结论。

有限保证的鉴证业务的目标是注册会计师将鉴证业务风险降至该业务环境下可接受的水平，以此作为以消极方式提出结论的基础。如在历史财务信息审阅中，要求注册会计师将审阅风险降至该业务环境下可接受的水平（高于历史财务信息审计中可接受的低水平），对审阅后的历史财务信息提供低于高水平的保证（即有限保证），在审阅报告中对历史财务信息以消极方式提出结论。

二、业务承接

（一）承接鉴证业务的条件

在接受委托前，注册会计师应当初步了解业务环境。业务环境包括业务约定事项、鉴证对象特征、使用的标准、预期使用者的需求、责任方及其环境的相关特征，以及可能对鉴证业务产生重大影响的事项、交易、条件和惯例等其他事项。

在初步了解业务环境后，注册会计师应当考虑承接该业务是否符合独立性和专业胜任能力等相关职业道德规范的要求。例如，注册会计师是否独立于该项鉴证业务的委托人和责任方，是否具备与所承接的鉴证业务相适应的专业胜任能力等。只有认为符合独立性和专业胜任能力等相关职业道德规范的要求，并且拟承接的业务具备下列所有特征时，注册会计师才能将其作为鉴证业务予以承接：

（1）鉴证对象适当。

（2）使用的标准适当且预期使用者能够获取该标准。

（3）注册会计师能够获取充分、适当的证据以支持其结论。

（4）注册会计师的结论以书面报告形式表述，且表述形式与所提供的保证程度相适应。

（5）该业务具有合理的目的。如果鉴证业务的工作范围受到重大限制，或者委托人试图将注册会计师的名字和鉴证对象不适当地联系在一起，则该项业务可能不具有合理的目的。

当拟承接的业务不具备上述鉴证业务的所有特征，不能将其作为鉴证业务予以承接时，注册会计师可以提请委托人将其作为非鉴证业务（如商定程序、代编财务信息、管理咨询、税务咨询等相关服务业务），以满足预期使用者的需要。

（二）已承接鉴证业务的变更

对已承接的鉴证业务，如果没有合理理由，注册会计师不应将该项业务变更为非鉴证业务，或将合理保证的鉴证业务变更为有限保证的鉴证业务。

在实务中，注册会计师一般是应委托人的要求来变更业务类型的。委托人要求变更业务类型主要有以下三方面的原因：

（1）业务环境变化影响到预期使用者的需求。

（2）预期使用者对该项业务的性质存在误解。

（3）业务范围存在限制。

上述第（1）项和第（2）项原因通常被认为是变更业务的合理理由。当业务环境变化影响到预期使用者的需求，或预期使用者对该项业务的性质存在误解时，注册会计师可以应委托人的要求，考虑同意变更该项业务。

但如果有迹象表明该变更要求与错误的、不完整的或者不能令人满意的信息有关，注册会计师不应当认为该变更是合理的。

如果没有合理的理由，注册会计师不应当同意变更业务。如果注册会计师不同意变更业务，委托人又不同意继续执行原鉴证业务，注册会计师应当考虑解除业务约定，并考虑是否有义务向有关方面（例如委托单位董事会或股东会）说明解除业务约定的理由。

如果发生变更，注册会计师不应忽视变更前获取的证据。此外，注册会计师还需考虑变更业务对法律责任或业务约定条款的影响。如果变更业务引起业务约定条款的变更，注册会计师应当与委托人就新条款达成一致意见。

三、鉴证业务的要素

鉴证业务的要素，是指鉴证业务的三方关系、鉴证对象、鉴证标准、证据和鉴证报告。

（一）鉴证业务的三方关系

鉴证业务涉及的三方关系人包括注册会计师、责任方和预期使用者。责任方与预期使用者可能是同一方，也可能不是同一方。

三方之间的关系是，注册会计师对由责任方负责的鉴证对象或鉴证对象信息提出结论，以增强除责任方之外的预期使用者对鉴证对象信息的信任程度。

鉴证业务以提高鉴证对象信息的可信性为主要目的。由于鉴证对象信息（或鉴证对象）是由责任方负责的，因此，注册会计师的鉴证结论主要是向除责任方之外的预期使用者提供的。在某些情况下，责任方和预期使用者可能来自同一企业，但并不意味着两者就是同一方。例如，某公司同时设有董事会和监事会，监事会需要对董事会和管理层提供的信息进行监督。

由于鉴证结论有利于提高鉴证对象信息的可信性，有可能对责任方有用，因此，在这种情况下，责任方也会成为预期使用者之一，但不是唯一的预期使用者。例如，在财务报表审计中，责任方是被审计单位的管理层，此时被审计单位的管理层便是审计报告的预期使用者之一，但同时预期使用者还包括企业的股东、债权人、监管机构等。

因此，是否存在三方关系人是判断某项业务是否属于鉴证业务的重要标准之一。如果某项业务不存在除责任方之外的其他预期使用者，那么该业务不构成一项鉴证业务。

鉴证业务还会涉及委托人，但委托人不是单独存在的一方，委托人通常是预期使用者之一，委托人也可能由责任方担任。

（二）鉴证对象

1. 鉴证对象与鉴证对象信息的形式

在注册会计师提供的鉴证业务中存在多种不同类型的鉴证对象，相应地，鉴证对象信息也具有多种不同的形式。鉴证对象与鉴证对象信息具的形式主要包括：当鉴证对象为财务业绩或状况时（如历史或预测的财务状况、经营成果和现金流量），鉴证对象信息是财务报表；当鉴证对象为非财务业绩或状况时（如企业的运营情况），鉴证对象信息可能是反映效率或效果的关键指标；当鉴证对象为物理特征时（如设备的生产能力），鉴证对象信息可能是有关鉴证对象物理特征的说明文件；当鉴证对象为某种系统和过程时（如企业的内部控制或信息技术系统），鉴证对象信息可能是关于其有效性的认定；当鉴证对象为一种行为时（如遵守法律法规的情况），鉴证对象信息可能是对法律法规遵守情况或执行效果的声明。

2. 鉴证对象特征

鉴证对象具有不同的特征，可能表现为定性或定量、客观或主观、历史或预测、时点或期间。这些特征将对下列方面产生影响：第一，按照标准对鉴证对象进行评价或计量的准确性；第二，证据的说服力。

例如，当鉴证对象为遵守法规的情况时，它的特征是定性的；当鉴证对象为企业的财务业绩或状况时，它的特征就是定量的。当鉴证对象为企业未来的盈利能力时，它的特征是主观的、预测的；当鉴证对象为企业的历史财务状况时，它的特征就是客观的、历史的。当鉴证对象为企业注册资本的实收情况时，它的特征是时点的；当鉴证对象为企业内部控制过程时，它的特征就是期间的。

通常，如果鉴证对象的特征表现为定量的、客观的、历史的或时点的，评价和计量的准确性相对较高，注册会计师获取证据的说服力相对较强，相应地，对鉴证对象信息提供的保证程度也较高。

3. 不适当的鉴证对象

不适当的鉴证对象可能会误导预期使用者。如果注册会计师在承接业务后发现鉴证对象不适当，应当视其严重与广泛程度，出具保留结论或否定结论的报告。

不适当的鉴证对象还可能造成工作范围受到限制。如果注册会计师在承接业务后发现鉴证对象不适当，应当视工作范围受到限制的严重与广泛程度，出具保留结论或无法提出结论的报告。

在适当的情况下，注册会计师可以考虑解除业务约定。

（三）鉴证标准

1. 鉴证标准的定义

鉴证标准是指用于评价或计量鉴证对象的基准，当涉及列报时，还包括列报的基准（列报包括披露）。

运用职业判断对鉴证对象做出评价或计量，离不开适当的标准。标准是对所要发表意见的鉴证对象进行“度量”的一把“尺子”，责任方和注册会计师可以利用这把“尺子”对鉴证对象进行“度量”。

2. 鉴证标准的类型

标准可以是正式的规定，如编制财务报表所使用的会计准则和相关会计制度；也可以是某些非正式的规定，如单位内部制定的行为准则或确定的绩效水平。

3. 适当的标准应当具备的特征

注册会计师在运用职业判断对鉴证对象做出合理一致的评价或计量时，需要有适当的标准。标准是否适当、是否适用于具体的鉴证业务，同样离不开注册会计师的职业判断。适当的标准应当具备下列所有特征：

（1）相关性，相关的标准有助于得出结论，便于预期使用者做出决策。

（2）完整性，完整的标准不应忽略业务环境中可能影响结论的相关因素，当涉及列报时还包括列报的基准。

（3）可靠性，可靠的标准能够使能力相近的注册会计师在相似的业务环境中对鉴证对象做出合理一致的评价或计量。

（4）中立性，中立的标准有助于得出无偏向的结论。

（5）可理解性，可理解的标准有助于得出清晰、易于理解、不会产生重大歧义的结论。

注册会计师基于自身的预期、判断和个人经验对鉴证对象进行的评价和计量，不构成适当的标准。

4. 评价标准的适当性和适用性

注册会计师应当考虑运用于具体业务的标准是否具备上述特征，以评价该标准对此项业务的适用性。在具体鉴证业务中，注册会计师在评价标准各项特征的相对重要程度时，需要运用职业判断。

对于公开发布的标准，注册会计师通常不需要对标准的“适当性”进行评价，而只需评价该标准对具体业务的“适用性”。例如，在我国，会计标准由国家统一制定并强制执行，注册会计师无须评价会计标准是否适当，只需要判断责任方采用的标准是否适用于被鉴证单位即可。

对于专门制定的标准，注册会计师首先要对这些标准本身的“适当性”加以评价，否则，注册会计师连自己所用的“尺子”是否适当都不清楚，又如何用这把“尺子”去“度量”所要评价的鉴证对象。

（四）证据

注册会计师应当以职业怀疑态度来计划和执行鉴证业务，获取有关鉴证对象信息是否不存在重大错报的充分、适当的证据。在计划和执行鉴证业务时，注册会计师保持职业怀疑态度十分必要。它有助于降低注册会计师忽视异常情况的风险，有助于降低注册会计师在确定鉴证程序的性质、时间、范围及评价由此得出的结论时采用错误假设的风险，有助于避免注册会计师根据有限的测试范围过度推断总体实际情况的风险。

1. 职业怀疑态度

职业怀疑态度是指注册会计师以质疑的思维方式评价所获取证据的有效性，并对相互矛盾的证据以及引起对文件记录或责任方提供的信息的可靠性产生怀疑的证据保持警觉。

职业怀疑态度代表的是注册会计师执业时的一种精神状态，它有助于降低注册会计师在执业过程中可能遇到的风险。如果在执行业务过程中识别出的情况使其认为文件记录可能是伪造的或文件记录中的某些条款已发生变动，注册会计师应当做进一步调查，包括直接向第三方询证，或请专家鉴别，以评价文件记录的真伪。

2. 证据的充分性和适当性

（1）证据的充分性。证据的充分性是对证据数量的衡量，主要与注册会计师确定的样本量有关。所需证据的数量受鉴证对象信息重大错报风险的影响，即风险越大，可能需要的证据数量越多；所需证据的数量也受证据质量的影响，即证据质量越高，可能需要的证据数量越少。

（2）证据的适当性。证据的适当性是对证据质量的衡量，即衡量证据的相关性和可靠性。

尽管证据的充分性与适当性相关，但如果证据的质量存在缺陷，注册会计师仅靠获取更多的证据可能无法弥补其质量上的缺陷。

（3）证据的充分性和适当性还会受到鉴证对象特征的影响。针对一个期间的鉴证对象信息获取充分、适当的证据，通常要比针对一个时点的鉴证对象信息获取充分、适当的证据更困难。针对过程提出的结论通常限于鉴证业务涵盖的期间，注册会计师不应对该过程是否在未来以特定方式继续发挥作用提出结论。

（4）判断证据的充分性和适当性。注册会计师可以考虑获取证据的成本与所获取信息的有用性之间的关系，但不应仅以获取证据的困难和成本为由减少不可替代的程序。在评价证据的充分性和适当性以支持鉴证报告时，注册会计师应当运用职业判断，并保持职业怀疑态度。

3. 重要性

在确定证据收集程序的性质、时间和范围，评估鉴证对象信息是否存在错报时，注册会计师应当考虑重要性。

（1）重要性的含义。所谓重要性，是指鉴证对象信息中存在错报的严重程度。重要性取决于在具体环境下对错报金额和性质的判断。如果一项错报单独或连同其他错报可能影响预期使用者依据鉴证对象信息做出的经济决策，则该项错报是重大的。

重要性概念是基于成本效益原则的要求而产生的。由于现代社会日趋复杂，注册会计师执行鉴证业务所面对的信息量日益庞大，在这种情况下，要求注册会计师审查有关鉴证对象的全部信息既无必要也无可能，因此只能采取选择性测试的办法。为此，注册会计师需要抓住鉴证对象信息的重要方面和重要事项加以审查，并收集证据予以证实。

在考虑重要性时，注册会计师应当了解并评估哪些因素可能会影响预期使用者决策。

（2）注册会计师应当综合数量和性质两方面因素考虑重要性。在具体业务中评估重要性以及数量和性质因素的相对重要程度，需要注册会计师运用职业判断。

重要性与鉴证业务风险之间存在直接的关系，这种关系是一种反向的关系。重要性水平越高，鉴证业务风险越低；重要性水平越低，鉴证业务风险越高。注册会计师在确定证据收集程序的性质、时间和范围、评估鉴证对象信息是否不存在错报时，应当考虑这种反向关系。

4. 鉴证业务风险

（1）鉴证业务风险的含义。鉴证业务风险是指在鉴证对象信息存在重大错报的情况下，注册会计师提出不恰当结论的可能性。

（2）不同类型鉴证业务中可接受的鉴证业务风险水平。在合理保证的鉴证业务中，注册会计师应当将鉴证业务风险降至具体业务环境下可接受的低水平，以获取合理保证，作为以积极方式提出结论的基础。在有限保证的鉴证业务中，由于证据收集程序的性质、时间和范围与合理保证的鉴证业务不同，其风险水平高于合理保证的鉴证业务；但注册会计师实施的证据收集程序至少应当足以获取有意义的保证水平，作为以消极方式提出结论的基础。

（3）鉴证业务风险的内容。鉴证业务风险通常体现为重大错报风险和检查风险。重大错报风险是指鉴证对象信息在鉴证前存在重大错报的可能性。检查风险是指某一鉴证对象信息存在错报，该错报单独或连同其他错报是重大的，但注册会计师未能发现这种错报的可能性。

注册会计师对重大错报风险和检查风险的考虑受具体业务环境的影响，特别是受鉴证对象性质，以及所执行的是合理保证鉴证业务还是有限保证鉴证业务的影响。

5. 证据收集程序的性质、时间和范围

（1）证据收集程序的总体要求。证据收集程序的性质、时间和范围因具体业务的不同而不同。从理论上说，即便是针对同一项业务或同一个认定，也可能存在多种不同的证据收集程序。在审计实务中，尽管对证据收集程序进行明确而清晰的表述非常困难，但注册会计师也应当清楚表达证据收集程序，并以适当的形式运用于合理保证的鉴证业务和有限保证的鉴证业务。

合理保证的鉴证业务和有限保证的鉴证业务都需要运用鉴证技术和方法，收集充分、适当的证据。与合理保证的鉴证业务相比，有限保证的鉴证业务对证据收集程序的性质、时间、范围等方面是有意识地加以限制的。例如，财务报表审阅业务是一项有限保证的鉴证业务，在该业务中，注册会计师主要通过询问和分析程序来获取充分、适当的证据。

无论是合理保证的鉴证业务还是有限保证的鉴证业务，如果注意到某事项可能导致对鉴证对象信息是否需要做出重大修改产生疑问，注册会计师应当执行其他足够的程序，追踪这一事项，以支持鉴证结论。

(2) 绝对保证、合理保证和有限保证的区别。绝对保证是指注册会计师对鉴证对象信息整体不存在重大错报提供百分之百的保证。合理保证是一个与积累必要的证据相关的概念，它要求注册会计师通过不断修正的、系统的执业过程，获取充分、适当的证据，对鉴证对象信息整体提出结论，提供一种高水平但非百分之百的保证。与合理保证相比，有限保证在证据收集程序的性质、时间、范围等方面受到有意识的限制，它提供的是一种适度水平的保证。可以看出，三者提供的保证水平逐次递减。

由于下列因素的存在，将鉴证业务风险降至零几乎不可能，也不符合成本效益原则：

第一，选择性测试方法的运用。注册会计师要在合理的时间内以合理的成本完成鉴证任务，通常只能采用选取特定项目和抽样等选择性测试的方法对鉴证对象信息进行检查。选取特定项目实施鉴证程序的结果不能推断至总体，抽样也可能产生误差，在采用这两种方法的情况下，都不能百分之百地保证鉴证对象信息不存在重大错报。

第二，内部控制的固有局限性。例如，在决策时的人为判断可能出现错误或由于人为失误而导致内部控制失效；内部控制可能由于两个或更多的人员进行串通或管理层凌驾于内部控制之上而被规避；小型企业拥有的员工通常较少，限制了其职责分离的程度，业主凌驾于内部控制之上的可能性更大。

第三，大多数证据是说服性而非结论性的。证据的性质决定了注册会计师依靠的并非是完全可靠的证据。不同类型的证据，其可靠程度存在差异，即使是可靠程度最高的证据也有其自身的缺陷。例如，对应收账款进行函证，虽然提供的证据相对比较可靠，但受到被询证者是否认真对待询证函、是否能够保持独立性和客观性、是否熟悉所函证的事项等诸多因素的影响。尽管注册会计师在设计询证函时会考虑这些因素，但是很难百分之百地保证函证结果的可靠性。

第四，在获取和评价证据以及由此得出结论时涉及大量判断。在获取证据时，注册会计师须判断选择获取何种类型和何种来源的证据；获取证据之后，注册会计师要依据职业判断，对其充分性和适当性进行评价。依据证据得出结论时，更是离不开注册会计师的职业判断。

第五，在某些情况下鉴证对象具有特殊性。例如，鉴证对象是矿产资源的储量、艺术品的价值、计算机软件开发的进度等时，由于鉴证对象特殊，鉴证业务风险便不可能降至零。

6. 记录

(1) 记录重大事项。注册会计师应当记录重大事项，以提供证据支持鉴证报告，并证明其已按照鉴证业务准则的规定执行业务。至于某一事项是否属于重大事项，需要注册会计师根据具体情况进行判断。

对需要运用职业判断的所有重大事项，注册会计师应当记录推理过程和相关结论。如果对某些事项难以进行判断，注册会计师还应当记录得出结论时已知悉的有关事实。

（2）编制和保存工作底稿。注册会计师应当将鉴证过程中考虑的所有重大事项记录于工作底稿上。在运用职业判断确定工作底稿的编制和保存范围时，注册会计师应当考虑，使未曾接触该项鉴证业务的有经验的专业人士了解实施的鉴证程序，以及做出重大决策的依据。

（五）鉴证报告

注册会计师应当出具含有鉴证结论的书面报告，该鉴证结论应当说明注册会计师就鉴证对象信息获取的保证。注册会计师应当考虑其他报告责任，包括在适当时与治理层沟通。

1. 鉴证结论的两种表述形式

在基于责任方认定的业务中，注册会计师的鉴证结论可以采用下列两种表述形式：

（1）明确提及责任方认定，如“我们认为，责任方做出的‘根据××标准，内部控制在所有重大方面是有效的’这一认定是公允的”。

（2）直接提及鉴证对象和标准，如“我们认为，根据××标准，内部控制在所有重大方面是有效的”。

在直接报告业务中，注册会计师应当明确提及鉴证对象和标准。

在基于责任方认定的业务中，由于可以获取责任方认定，注册会计师是针对鉴证对象信息进行评价并出具报告的，鉴证对象信息也可以以责任方认定的形式为预期使用者所获取，注册会计师在鉴证报告中显然可以明确提及责任方认定。另外，直接提及鉴证对象和标准也不会给预期使用者带来误解。因此，注册会计师的鉴证结论采用上面的第（1）种和第（2）种表述形式均可。

在直接报告业务中，注册会计师可能无法从责任方获取其对鉴证对象评价或计量的认定；即便可以获取这种认定，该认定也无法为预期使用者所获取，预期使用者只能通过阅读鉴证报告获取鉴证对象信息。很显然，在直接报告业务中，提及责任方认定没有意义。因此，注册会计师应当直接对鉴证对象进行评价并出具鉴证报告，明确提及鉴证对象和标准，鉴证结论只能采用上述第（2）种表述形式。

2. 提出鉴证结论的积极方式和消极方式

提出鉴证结论的方式有两种——积极方式和消极方式，它们分别适用于合理保证的鉴证业务和有限保证的鉴证业务。区分两种鉴证结论提出方式，有助于向预期使用者传达不同业务的保证程度存在差异这一事实，以积极方式提出结论提供的保证水平高于以消极方式提出结论提供的保证水平。

在合理保证的鉴证业务中，注册会计师应当以积极方式提出结论，如“我们认为，根据××标准，内部控制在所有重大方面是有效的”或“我们认为，责任方做出的‘根据××标准，内部控制在所有重大方面是有效的’这一认定是公允的”。

在有限保证的鉴证业务中，注册会计师应当以消极方式提出结论，如“基于本报告所述的工作，我们没有注意到任何事项使我们相信，根据××标准，××系统在任何重大方面是无效的”或“基于本报告所述的工作，我们没有注意到任何事项使我们相信，责任方做出的‘根据××标准，××系统在所有重大方面是有效的’这一认定是不公允的”。

3. 注册会计师不能出具无保留结论报告的情况

（1）工作范围受到限制。工作范围受到限制可能导致注册会计师无法获取必要的证据以便将鉴证业务风险降至适当水平。对任何类型的鉴证业务，如果注册会计师的工作范围受到限制，注册会计师应当视受到限制的重大与广泛程度，出具保留结论或无法提出结论的报告。在某些情况下，注册会计师应当考虑解除业务约定。

（2）责任方认定未在所有重大方面做出公允表达或鉴证对象信息存在重大错报。如果注册会计师的结论提及责任方的认定或结论直接提及鉴证对象和标准，且该认定未在所有重大方面做出公允表达或鉴证对象信息存在重大错报，注册会计师应当视其影响的重大与广泛程度，出具保留结论或否定结论的报告。

4. 注册会计师姓名的使用

当注册会计师针对鉴证对象信息出具报告，或同意将其姓名与鉴证对象联系在一起时，则注册会计师与该鉴证对象发生了关联。

如果获知他人不恰当地将其姓名与鉴证对象相关联，注册会计师应当要求停止这种行为，并考虑采取其他必要的措施，包括将不恰当使用注册会计师姓名这一情况告知所有已知的使用者或征询法律意见。

第三节　质量控制准则

质量控制准则旨在规范会计师事务所的业务质量控制，明确会计师事务所及其人员的质量控制责任，适用于会计师事务所执行历史财务信息审计和审阅业务、其他鉴证业务及相关服务业务。

一、质量控制制度的目的

会计师事务所应当根据会计师事务所业务质量控制准则，制定质量控制制度，以合理保证：

（1）会计师事务所及其人员遵守法律法规、职业道德规范以及审计准则、审阅准则、其他鉴证业务准则和相关服务准则的规定。

（2）会计师事务所和项目负责人根据具体情况出具恰当的报告。项目负责人，是指会计师事务所中负责某项业务及其执行，并代表会计师事务所在业务报告上签字的主任会计师或经授权签字的注册会计师。

二、质量控制制度的要素

会计师事务所的质量控制制度应当包括针对下列要素而制定的政策和程序：对业务质量承担的领导责任；职业道德规范；客户关系和具体业务的接受与保持；人力资源；业务执行；业务工作底稿；监控。

会计师事务所应当将质量控制政策和程序形成书面文件，并传达到全体人员。

（一）对业务质量承担的领导责任

1. 对主任会计师的总体要求

会计师事务所内部重视质量的文化氛围，为会计师事务所质量控制设定了较好的基调，将对制定和实施质量控制制度产生广泛和积极的影响。明确质量控制制度的最终责任人，也对会计师事务所的业务质量控制起着决定作用。为此，会计师事务所应当制定政策和程序，培育以质量为导向的内部文化。这些政策和程序应当要求会计师事务所的主任会计师对质量控制制度承担最终责任。

2. 行动示范和信息传达

会计师事务所培育以质量为导向的内部文化，就是要在会计师事务所内形成和传播质量至上的内部文化。内部质量文化能否形成，有赖于会计师事务所各级管理层的努力。为此，会计师事务所的领导层及其做出的示范对会计师事务所的内部文化有重大影响。会计师事务所各级管理层应当通过清晰、一致及经常的行动示范和信息传达，强调质量控制政策和程序的重要性以及下列要求：

第一，按照法律法规、职业道德规范和业务准则的规定执行工作；

第二，根据具体情况出具恰当的报告。

3. 树立质量至上的意识

会计师事务所的领导层应当树立质量至上的意识。会计师事务所的领导层必须首先认识到，其经营策略应当满足会计师事务所执行所有业务都要保证质量这一前提条件。会计师事务所针对员工设计的有关业绩评价、薪酬及晋升（包括激励制度）的政策和程序，应当表明会计师事务所最重视的是质量，以形成正确的行为导向。

4. 委派质量控制制度运作人员

会计师事务所主任会计师对质量控制制度承担最终责任，为保证质量控制制度的具体运作效果，主任会计师必须委派适当的人员并授予其必要的权限，以帮助主任会计师正确履行其职责。

受会计师事务所主任会计师委派承担质量控制制度运作责任的人员，应当具有足够、适当的经验和能力以及必要的权限以履行其责任。要求承担质量控制制度运作责任的人员具有足够、适当的经验和能力，是为了使其能够识别和了解质量控制问题；要求具有必要的权限，是为了保证其能够实施质量控制政策和程序。

（二）职业道德规范

会计师事务所应当制定政策和程序，以合理保证会计师事务所及其人员遵守职业道德规范。会计师事务所及其人员执行任何类型的业务，都应当遵守职业道德规范所要求的客观、公正原则，保持专业胜任能力和应有的关注，并对执业过程中获知的信息保密。值得说明的是，执行鉴证业务还应当遵守独立性要求。

1. 遵守职业道德规范的具体措施

会计师事务所制定的政策和程序应当强调遵守职业道德规范的重要性，并通过必要的途径予以强化。这些途径有：

（1）会计师事务所领导层的示范。领导层应在会计师事务所内形成重视职业道德规范的氛围，并将相关政策和程序传达给会计师事务所员工。

（2）教育和培训。会计师事务所应向所有人员提供适用的专业文献和法律文献，并告知他们希望他们熟悉这些文献。会计师事务所还应要求所有人员定期接受职业道德培训，这种培训的内容既可涵盖会计师事务所有关职业道德规范的政策和程序，也可涵盖所有适用的法律法规中有关职业道德的要求。

（3）监控。会计师事务所可以通过定期检查，监督会计师事务所有关职业道德规范的政策和程序设计是否合理、运行是否有效，并采取适当行动，改进其设计和解决运行中存在的问题。

（4）对违反职业道德规范行为的处理。会计师事务所应当制定处理违反职业道德规范行为的政策和程序，指出违反职业道德规范的后果，并据此对违反职业道德规范的个人及时进行处理。会计师事务所可以为每位员工建立职业道德档案，记录个人违反职业道德规范的行为及其处理结果。

2. 满足独立性要求

会计师事务所应当制定政策和程序，以合理保证会计师事务所及其人员，包括聘用的专家和其他需要满足独立性要求的人员，保持职业道德规范要求的独立性。

会计师事务所应当重视及时向适当人员传达收集的相关信息，以帮助其满足独立性要求。

会计师事务所应当制定政策和程序，以合理保证能够获知违反独立性要求的情况，并采取适当行动予以解决。

会计师事务所一旦获知违反独立性政策和程序的情况，应当立即将相关信息告知有关项目负责人和会计师事务所的其他适当人员，如认为必要，还应当立即告知会计师事务所聘用的专家和关联会计师事务所的人员，以便他们采取适当的行动。

会计师事务所应当每年至少一次向所有受独立性要求约束的人员获取其遵守独立性政策和程序的书面确认函。

当有其他会计师事务所参与执行部分业务时，会计师事务所也可以考虑向其获取有关独立性的书面确认函。

会计师事务所应当制定政策和程序，以防范同一高级人员由于长期执行某一客户的鉴证业务而可能对独立性造成的威胁，如轮换执行人员或要求进行项目质量控制复核。

（三）客户关系和具体业务的接受与保持

1. 接受与保持客户关系和具体业务的总体要求

会计师事务所应当制定有关客户关系和具体业务接受与保持的政策和程序，以合理保证只有在下列情况下才能接受或保持客户关系和具体业务：

（1）已考虑客户的诚信，没有信息表明客户缺乏诚信；

（2）具有执行业务必要的素质、专业胜任能力、时间和资源；

（3）能够遵守职业道德规范。

在接受新客户的业务前，或决定是否保持现有业务或考虑接受现有客户的新业务时，会计师事务所应当根据具体情况获取上述信息。当识别出问题而又决定接受或保持客户关系或具体业务时，会计师事务所应当记录问题如何得到解决。

2. 考虑客户的诚信情况

（1）考虑的主要事项。针对有关客户的诚信，会计师事务所应当考虑的事项有：客户主要股东、关键管理人员、关联方及治理层的身份和商业信誉；客户的经营性质；客户主要股东、关键管理人员及治理层对内部控制环境和会计准则等的态度；客户是否过分考虑将会计师事务所的收费维持在尽可能低的水平；工作范围受到不适当限制的迹象；客户可能涉嫌洗钱或其他刑事犯罪行为的迹象；变更会计师事务所的原因。

（2）获取相关信息的途径。会计师事务所在评价客户诚信情况时，可以通过各种途径，获取与客户诚信相关的信息。例如，与为客户提供专业会计服务的现任或前任人员进行沟通，并与其讨论；向会计师事务所其他人员、监管机构、金融机构、法律顾问和客户的同行等第三方询问；从相关数据库中搜索客户的背景信息。如果通过上述途径无法充分获取与客户相关的信息，或这些信息可能显示客户不够诚信，会计师事务所应当评估其对业务风险的影响。如认为必要，会计师事务所可以考虑利用调查机构对客户的经营情况、管理人员及其他有问题的人员进行背景调查，并评价获取的与客户诚信相关的信息。

（四）人力资源

会计师事务所应当制定政策和程序，合理保证拥有足够的具有必要素质和专业胜任能力并遵守职业道德规范的人员，以使会计师事务所和项目负责人能够按照法律法规、职业道德规范和业务准则的规定执行业务，并根据具体情况出具恰当的报告。

会计师事务所制定的人力资源政策和程序应当解决的人事问题有：招聘；人员素质、专业胜任能力和职业发展；业绩评价、薪酬和晋升；项目组的委派。

1. 招聘

招聘是人力资源管理的首要环节，为此，会计师事务所应当制定招聘程序，以选择正直的、通过发展能够具备执行业务所需的必要素质和专业胜任能力的人员。

在招聘有经验的从业人员尤其是高级业务人员时，会计师事务所可执行额外的程序，如进行背景检查，询问是否存在未解决的法律问题等。

2. 人员素质、专业胜任能力和职业发展

由于执业环境和工作要求在不断发生变化，会计师事务所应当采取措施确保人员持续保持必要的素质和专业胜任能力。会计师事务所提高人员素质和专业胜任能力的途径包括：职业教育；职业发展，包括培训；工作经验；由经验更丰富的员工提供辅导。

如果不具备内部技术和培训资源或基于其他原因，会计师事务所可以利用具有适当资格的外部人员。

3. 业绩评价、薪酬和晋升

会计师事务所应当制定业绩评价、薪酬及晋升程序，对发展和保持专业胜任能力并遵守职业道德规范的人员给予应有的肯定和奖励。

会计师事务所通常针对每个层次的人员制定不同的业绩评价、薪酬及晋升的标准，并指定专人或专门机构对员工的业绩进行考核和做出晋升的决策。

4. 项目组的委派

在实务中，会计师事务所承接的每项业务都是委派给项目组具体办理的。委派项目组是否得当，直接关系到业务完成的质量。

（1）项目负责人的委派要求。会计师事务所应当对每项业务委派至少一名项目负责人。这样的规定对于明确每项业务的质量控制责任、确保业务质量有特别重要的作用。

会计师事务所应当根据具体情况委派适当人员担任项目负责人，并清楚界定和告知项目负责人的职责，以使其能够发挥对某项业务质量的控制作用。

（2）项目组其他成员的委派要求。会计师事务所应当委派具有必要素质、专业胜任能力和时间的员工，按照法律法规、职业道德规范和业务准则的规定执行业务，以使会计师事务所和项目负责人能够根据具体情况出具恰当的报告。

（五）业务执行

1. 指导、监督和复核

业务执行是指会计师事务所委派项目组按照法律法规、职业道德规范和业务准则的规定具体执行所承接的某项业务，使会计师事务所和项目负责人能够根据具体情况出具恰当的报告。业务执行是编制和实施业务计划，形成和报告业务结果的总称。由于业务执行对业务质量有直接的重大影响，是业务质量控制的关键环节，因此，会计师事务所应当要求项目负责人负责组织对业务执行实施指导、监督与复核。

会计师事务所应当制定政策和程序，以合理保证按照法律法规、职业道德规范和业务准则的规定执行业务，使会计师事务所和项目负责人能够根据具体情况出具恰当的报告。

2. 咨询

项目组在业务执行中时常会遇到各种各样的疑难问题或者争议事项。当这些问题和事项在项目组内不能得到解决时，有必要向项目组之外的适当人员咨询。

咨询包括与会计师事务所内部或外部具有专门知识的人员在适当专业层次上进行的讨论，以解决疑难问题或争议事项。

会计师事务所对咨询的具体要求一般包括：形成良好咨询文化；合理确定咨询事项；适当确定被咨询者；充分提供相关事实；考虑利用外部咨询；完整记录咨询情况。

项目组就疑难问题或争议事项向其他专业人士咨询所形成的记录，应当经被咨询者认可。

3. 意见分歧

在业务执行中，时常可能会出现项目组内部、项目组与被咨询者之间以及项目负责人与项目质量控制复核人员之间的意见分歧。会计师事务所应当制定政策和程序，以处理和解决意见分歧。

（1）处理意见分歧的总体要求。注册会计师处理意见分歧应当符合下列两点要求：第一，会计师事务所应当制定政策和程序，以处理和解决项目组内部、项目组与被咨询者之间以及项目负责人与项目质量控制复核人员之间的意见分歧；第二，形成的结论应当得以记录和执行。

会计师事务所应当认识到对业务问题的意见出现分歧是正常现象，只有经过充分的讨论，才有利于意见分歧的解决。会计师事务所应当制定切实可行的政策和程序，例如，向适当的其他执业者、会计师事务所、职业团体或监管机构进行咨询，以解决这些分歧。

（2）对出具报告的影响。只有意见分歧得到解决，项目负责人才能出具报告。如果在意见分歧得到解决前，项目负责人就出具报告，不仅有失应有的谨慎，而且容易导致出具不恰当的报告，难以合理保证实现质量控制的目标。

4. 项目质量控制复核

（1）项目质量控制复核的总体要求。为了保证特定业务执行的质量，除了需要项目组实施组内复核外，会计师事务所还应当制定政策和程序，对特定业务实施项目质量控制复核，并在出具报告前完成项目质量控制复核。

项目质量控制复核，是指会计师事务所挑选不参与该业务的人员，在出具报告前，对项目组做出的重大判断和在准备报告时形成的结论做出客观评价的过程。

对特定业务实施项目质量控制复核，充分体现了分类控制、突出重点的质量控制理念。值得注意的是，项目质量控制复核并不能减轻项目负责人的责任，更不能替代项目负责人的责任。

（2）项目质量控制复核对象的确定。会计师事务所制定的项目质量控制复核政策和程序应当包括下列要求：

第一，对所有上市实体财务报表审计实施项目质量控制复核。

第二，明确标准，据此评价所有其他的历史财务信息审计和审阅、其他鉴证和相关服务业务，以确定是否应当实施项目质量控制复核。

第三，对所有符合标准的业务实施项目质量控制复核。

在实务中，会计师事务所除对上市实体财务报表审计业务必须实施项目质量控制复核外，还可以自行建立判断标准，确定对那些涉及公众利益的范围较大，或已识别出存在重大异常情况或较高风险的特定业务，实施项目质量控制复核。例如，被审计单位虽非上市实体，但系提供金融服务的实体（银行、证券公司、保险公司）。

（3）项目质量控制复核的时间。会计师事务所的政策和程序应当要求在出具报告前完成项目质量控制复核。项目质量控制复核人员应当在业务执行过程中的适当阶段及时实施复核，以使重大事项在报告日前得到满意解决。

如果项目合伙人不接受项目质量控制复核人员的建议，并且重大事项未得到满意解决，项目合伙人不应当出具报告。只有在按照会计师事务所处理意见分歧的程序解决重大事项后，项目合伙人才能出具报告。

（4）项目质量控制复核人员的资格标准。会计师事务所应当制定政策和程序，明确被委派的项目质量控制复核人员应符合下列要求：

第一，履行职责需要的技术资格，包括必要的经验和权限。

第二，在不损害其客观性的前提下，提供业务咨询的程度。

（六）业务工作底稿

1. 业务工作底稿的归档要求

（1）遵守及时性原则。会计师事务所在出具业务报告后，及时将工作底稿归整为最终业务档案，不仅有利于保证业务工作底稿的安全、完整，还便于使用和检索业务工作底稿。

（2）确定适当的归档期限。在遵循及时性原则的前提下，会计师事务所应当根据业务的具体情况，确定适当的业务工作底稿归档期限。鉴证业务的工作底稿的归档期限为业务报告日后 60 天内。

（3）针对客户同一财务信息执行不同业务时的归档要求。如果针对客户的同一财务信息执行不同的委托业务，出具两个或多个不同的报告，会计师事务所应当将其视为不同的业务，根据制定的政策和程序，在规定的归档期限内分别将业务工作底稿归整为最终业务档案。

2. 业务工作底稿的管理要求

会计师事务所应当制定政策和程序，以满足下列要求：

(1) 安全保管业务工作底稿并对业务工作底稿保密。

(2) 保证业务工作底稿的完整性。

(3) 便于使用和检索业务工作底稿。

(4) 按照规定的期限保存业务工作底稿。

3. 业务工作底稿的保密

除特定情况外，会计师事务所应当对业务工作底稿包含的信息予以保密。

4. 业务工作底稿的保存期限

鉴证业务包括历史财务信息审计和审阅业务、其他鉴证业务，会计师事务所应当自业务报告日起，对业务工作底稿至少保存10年。如果法律法规有更高的要求，还应保存更长的时间。

5. 业务工作底稿的所有权

业务工作底稿的所有权属于会计师事务所。会计师事务所可自主决定是否允许客户获取业务工作底稿部分内容，或摘录部分工作底稿，但披露这些信息不得损害会计师事务所执行业务的有效性。对鉴证业务，披露这些信息不得损害会计师事务所及其人员的独立性。

(七) 监控

1. 监控的总体要求

会计师事务所应当制定监控政策和程序，以合理保证质量控制制度中的政策和程序是相关、适当的，并正在有效运行。这些监控政策和程序应当包括持续考虑和评价会计师事务所的质量控制制度，如定期选取已完成的业务进行检查。

2. 监控人员

对会计师事务所质量控制制度的监控应当由具有专业胜任能力的人员实施。会计师事务所可以委派主任会计师、副主任会计师或具有足够、适当经验和权限的其他人员履行监控责任。

3. 监控内容

对会计师事务所质量控制制度实施监控的内容包括：质量控制制度设计的适当性；质量控制制度运行的有效性。

4. 实施检查

(1) 检查的周期。会计师事务所应当周期性地选取已完成的业务进行检查，周期最长不得超过3年。在每个周期内，应对每个项目负责人的业务至少选取一项进行检查。

(2) 确定检查的时间、人员与范围。会计师事务所在选取单项业务进行检查时，可以不事先告知相关项目组。

参与业务执行或项目质量控制复核的人员不应承担该项业务的检查工作。

在确定检查的范围时，会计师事务所可以考虑外部独立检查的范围或结论，但这些检查并不能替代自身的内部监控。

5. 监控结果的处理

(1) 确定所发现缺陷的影响与性质。会计师事务所应当评价实施监控程序发现的缺陷的影响。

（2）适时将缺陷及补救措施告知相关人员。会计师事务所应当将实施监控程序发现的缺陷及建议采取的适当补救措施，告知相关项目负责人及其他适当人员。这样的规定是为了便于相关人员及时采取适当的行动。

（3）提出改进措施。

（4）监控结果表明出具的报告不适当时的处理。如果实施监控程序的结果表明出具的报告可能不适当，或在执行业务过程中遗漏了应有的程序，会计师事务所应当确定采取适当的进一步行动，以遵守法律法规、职业道德规范和相关业务准则的规定。同时，会计师事务所应当考虑征询法律意见。

（5）定期告知监控结果。会计师事务所应当每年至少一次将质量控制制度的监控结果传达给项目负责人及会计师事务所内部的其他适当人员，以使会计师事务所及其相关人员能够在其职责范围内及时采取适当的行动。

第四章

审计目标

摘 要

本章内容属于审计基本理论中的重要内容，贯彻了“认定→具体审计目标→审计程序→审计证据”的审计模式。本章的主要内容是审计目标，主要包括审计总目标、管理当局的认定、具体审计目标、实现审计总目标的三个审计阶段。

第一节 审计目标概述

一、财务报表审计总体目标

目标是对行为的指导，是行为想要达到的境地或标准。审计目标是在一定历史环境下，人们通过审计实践活动所期望达到的境地或最终结果，它包括财务报表审计总体目标以及与各类交易、账户余额和披露相关的审计目标两个层次。

（一）总体目标

审计的目的是提高财务报表预期使用者对财务报表的信赖程度。这一目的可以通过注册会计师对财务报表是否在所有重大方面按照适用的财务报告编制基础编制发表审计意见得以实现。就大多数通用目的财务报告编制基础而言，注册会计师针对财务报表是否在所有重大方面按照财务报告编制基础编制并实现公允反映发表审计意见。因此，执行财务报表审计工作时，注册会计师的总体目标是：（1）对财务报表整体是否不存在由于舞弊或错误导致的重大错报获取合理保证，使得注册会计师能够对财务报表是否在所有重大方面按照适用的财务报告编制基础编制发表审计意见；（2）按照审计准则的规定，根据审计结果对财务报表出具审计报告，并与管理层和治理层沟通。

（二）评价财务报表的合法性

在评价财务报表是否按照适用的财务报告编制基础编制时，注册会计师应当考虑下列内容：

（1）选择和运用的会计政策是否符合适用的财务报告编制基础，并适合于被审计单位的具体情况。

（2）管理层作出的会计估计是否合理。

（3）财务报表反映的信息是否具有相关性、可靠性、可比性和可理解性。

（4）财务报表是否作出充分披露，使财务报表使用者能够理解重大交易和事项对被审计单位财务状况、经营成果和现金流量的影响。

（三）评价财务报表的公允性

在评价财务报表是否作出公允反映时，注册会计师应当考虑下列内容：

（1）经管理层调整后的财务报表是否与注册会计师对被审计单位及其环境的了解一致。

（2）财务报表的列报、结构和内容是否合理。

（3）财务报表是否真实地反映了交易和事项的经济实质。

（四）财务报表审计的作用和局限性

注册会计师应当按照审计准则的规定，对财务报表整体是否不存在由于舞弊或错误导致的重大错报获取合理保证，以作为发表审计意见的基础。由于审计存在固有限制，注册会计师据以得出结论和形成审计意见的大多数审计证据是说服性而非结论性的，因此，审计只能提供合理保证，不能提供绝对保证。虽然财务报表使用者可以根据财务报表和审计意见对被审计单位未来生存能力或管理层的经营效率、经营效果作出某种判断，但审计意见本身并不是对被审计单位未来生存能力或管理层经营效率、经营效果提供的保证。

（五）目标的导向作用

财务报表审计的目标对注册会计师的审计工作发挥着导向作用，它界定了注册会计师的责任范围，直接影响注册会计师计划和实施审计程序的性质、时间安排和范围，决定了注册会计师如何发表审计意见。

二、审计工作前提

（一）审计工作前提

财务报表是由被审计单位管理层在治理层的监督下编制的。管理层和治理层（如适用）认可与财务报表相关的责任，是注册会计师执行审计工作的前提，构成注册会计师按照审计准则的规定执行审计工作的基础。与管理层和治理层责任相关的执行审计工作的前提，是指管理层和治理层（如适用）认可并理解其应当承担下列责任，这些责任构成注册会计师按照审计准则的规定执行审计工作的基础：

（1）按照适用的财务报告编制基础编制财务报表，并使其实现公允反映（如适用）。

（2）设计、执行和维护必要的内部控制，以使财务报表不存在由于舞弊或错误导致的重大错报。

（3）向注册会计师提供必要的工作条件，包括允许注册会计师接触与编制财务报表相关的所有信息（如记录、文件和其他事项），向注册会计师提供审计所需的其他信息，允许注册会计师在获取审计证据时不受限制地接触其认为必要的内部人员和其他相关人员。

（二）注册会计师的责任

按照《审计准则》的规定对财务报表发表审计意见是注册会计师的责任。为履行这一职责，注册会计师应当遵守相关职业道德要求，按照《审计准则》的规定计划和实施审计工作，获取充分、适当的审计证据，并根据获取的审计证据得出合理的审计结论，发表恰当的审计意见。注册会计师通过签署审计报告确认其责任。

财务报表审计不能减轻被审计单位管理层和治理层的责任。法律法规要求管理层和治理层对编制财务报表承担责任，有利于从源头上保证财务信息质量。管理层和治理层理应对编制财务报表承担完全责任。尽管在审计过程中，注册会计师可能向管理层和治理层提出调整建议，甚至在不违反独立性的前提下为管理层编制财务报表提供协助，但管理层仍然对编制财务报表承担责任，并通过签署财务报表确认这一责任。

如果财务报表存在重大错报，而注册会计师通过审计没有能够发现，也不能因为财务报表已经注册会计师审计这一事实而减轻管理层和治理层对财务报表的责任。

三、执行审计工作的基本要求

（一）遵守审计准则

审计准则是衡量注册会计师执行财务报表审计业务的权威性标准，涵盖从接受业务委托到出具审计报告的整个过程，注册会计师在执业过程中应当遵守审计准则的要求。《中华人民共和国注册会计师法》第二十一条规定：注册会计师执行审计业务，必须按照执业准则、规则确定的工作程序出具报告。

（二）遵守职业道德守则

注册会计师应当遵守与财务报表审计相关的职业道德要求，包括遵守有关独立性的要求。注册会计师受到与财务报表审计相关的职业道德要求的约束。

《会计师事务所对执行财务报表审计和审阅、其他鉴证和相关服务业务实施的质量控制》规定了会计师事务所建立和保持有关审计业务的质量控制制度的责任，同时规定了会计师事务所应当制定政策和程序，以合理保证会计师事务所及其人员遵守相关职业道德要求的责任。

（三）保持职业怀疑

在计划和实施审计工作时，注册会计师应当保持职业怀疑，认识到可能存在导致财务报表发生重大错报的情形。职业怀疑是指注册会计师执行审计业务的一种态度，包括采取质疑的思维方式，对可能表明由于错误或舞弊导致错报的迹象保持警觉，以及对审计证据进行审慎评价。职业怀疑意味着，在进行询问和实施其他审计程序时，注册会计师不能因轻信管理层和治理层的诚信而满足于说服力不够的审计证据。相应地，为得出审计结论，注册会计师不应使用管理层声明替代应当获取的充分、适当的审计证据。例如，注册会计师不能仅凭管理层声明，而对重要的应收账款不进行函证就得出应收账款余额存在的结论。

职业怀疑要求对诸如下列情形保持警觉：

（1）存在相互矛盾的审计证据。

（2）引起对作为审计证据的文件记录和对询问的答复的可靠性产生怀疑的信息。

（3）表明可能存在舞弊的情况。

（4）表明需要实施除审计准则规定外的其他审计程序的情形。

（四）合理运用职业判断

在计划和实施审计工作时，注册会计师应当运用职业判断。职业判断对于适当地执行审计工作是必不可少的。其理由是，如果没有将相关的知识和经验运用于具体的事实和情况，就不可能理解相关职业道德要求和审计准则的规定，并在整个审计过程中作出有依据的决策。

注册会计师需要在整个审计过程中运用职业判断，并作出适当记录。对此，审计准则要求注册会计师编制的审计工作底稿，应当使未曾接触该项审计工作的有经验的专业人士了解在对重大事项得出结论时作出的重大职业判断。如果有关决策不被该业务的具体事实和情况所支持或者缺乏充分、适当的审计证据，职业判断并不能成为作出决策的正当理由。

第二节　具体审计目标的确定

审计总目标是注册会计师审计工作最终要达到的结果，而要指导具体审计工作，需要对审计总目标具体化，制定具体审计目标。具体审计目标必须根据审计总目标和被审计单位管理层的认定来确定。

一、被审计单位管理层认定

认定是指管理层对财务报表各组成要素的确认、计量、列报作出的明确或隐含的表达。审计目标与被审计单位管理当局的认定是密切相关的，因为注册会计师审计的目标是对被审计单位财务报表是否合法、公允发表意见。注册会计师要发表意见，就必须有充分、适当的审计证据；为了收集充分适当的审计证据，就要实施必要的审计程序；之所以采取某种审计程序，是为了实现某种审计具体目标，而审计具体目标是由审计总目标和被审计单位管理当局的认定来决定的。可见，审计目标与认定是相关的。审计目标实际上是对被审计单位会计报表的认定进行再认定。

注册会计师对所审计期间的各类交易和事项运用的认定通常分为以下类别。

（一）各类交易和事项相关的认定

1. 发生的认定

发生的认定，即记录的交易和事项已发生，且与被审计单位有关。例如，企业虚构销货交易，将未发生的销货交易记录在销售日记账，即违反了该认定。

发生的认定所要解决的问题是管理层是否把那些不曾发生的交易挤入了财务报表，它主要与财务报表组成要素的高估有关，但要注意发生的认定并不涉及金额是否正确。

2. 完整性的认定

完整性的认定，即所有应当记录的交易和事项均已记录。例如，企业发生一笔购货交易，但未记录在总账和明细账上，即违反了该认定。

完整性的认定所要解决的问题是：管理层是否把应包括的项目给遗漏或者省略了。与发生的认定正好相反，它主要与财务报表组成要素的低估有关，但它也不涉及所报告的金额是否正确。

3. 准确性的认定

准确性的认定，即与交易和事项有关的金额及其他数据已恰当记录。例如，在销货交易中，发出商品的数量与发票上所列的数量不符，或者开发票所使用的价格与实际的销售价格不符，则违反了该认定。

如上所述，发生的认定和完整性的认定只涉及交易而不涉及金额，而准确性的认定所解决的是金额问题。例如，企业有一笔向其关联方的借款未记入账内，则违反了完整性的认定。如果该笔借款为 10 万元，而只记了 8 万元，则属于违反了准确性的认定。

4. 截止的认定

截止的认定，即交易和事项已记录于一个正确的会计期间。例如，将应属于下一个会计期间的购货交易记录在本会计期间，或将本会计期间的购货交易拖后记录在下一个会计期间，则违反了该认定。

5. 分类的认定

分类的认定，即交易和事项已记录于恰当的账户。例如，将赊销交易记录为现销交易，则违反了该认定。

（二）期末账户余额相关的认定

1. 存在的认定

存在的认定，即记录的资产、负债和所有者权益是存在的。例如，在原材料明细账中记录了某笔不存在的购入原材料，则违反了该认定。

2. 权利和义务的认定

权利和义务的认定，即记录的资产由被审计单位拥有或控制，记录的负债是被审计单位应当履行的偿还义务。例如，将其他单位寄存的存货计入本单位存货的期末余额，则违反了权利认定；而将不属于本单位的应付账款记入账内，则违反了义务认定。

3. 完整性的认定

完整性的认定，即所有应当记录的资产、负债和所有者权益均已记录。例如，向关联方借入的一笔借款未包括在负债总额中，就是违反了该认定。

4. 计价和分摊的认定

计价和分摊的认定，即资产、负债和所有者权益以恰当的金额包括在财务报表中，与之相关的计价或分摊调整已恰当记录。金额的恰当，是指既要遵守相关会计准则、会计制度的规定，同时数字处理也要正确。例如，固定资产原始成本的初始计量既要遵守《企业会计准则第 4 号——固定资产》的规定，同时数字的计算也要精确。此外还有累计折旧的计量和计算。所以这一认定包含总值估价的恰当性、净值估价的恰当性（包括会计估计的合理性）及数字计算的精确性。

（三）列报相关的认定

1. 发生及权利和义务的认定

发生及权利和义务的认定，即披露的交易、事项和其他情况已发生且与被审计单位有关。如果将没有发生的或与本单位无关的交易、事项和其他情况包括在财务报表中，则违反了该认定。

2. 完整性的认定

完整性的认定，即所有应当包括在财务报表中的披露均已包括。例如，对于应收账款坏账准备的披露，除了应列报在资产负债表“应收账款”项目内，企业还应当在财务报表附注中清晰说明坏账的确认标准、坏账准备的计提方法和计提比例，如果是上市公司还应当在附注中披露其他有关事项。

3. 分类和可理解性的认定

分类和可理解性的认定，即财务信息已被恰当地列报和描述，且披露内容表述清楚。例如，资产负债表“长期负债”项目中一年内将要到期的长期负债列报为流动负债。

4. 准确性和计价的认定

准确性和计价的认定，即财务信息和其他信息已公允披露，且金额恰当。例如，资产负债表“应付账款”项目的金额应根据应付账款明细账和预付账款明细账的余额分析列报。

二、具体审计目标

明确了管理层的认定，注册会计师应当详细运用各类交易、账户余额、列报的认定确定具体审计目标，作为评估重大错报风险以及设计与实施进一步审计程序的基础，确认管理层的认定，实现审计总目标。

（一）与各类交易和事项相关的审计目标

（1）根据发生认定确定的具体审计目标是：确认已记录的交易是真实的。例如，确认被审计单位期末是否将没有收到代销清单的委托代销商品确认为收入。

（2）根据完整性认定确定的具体审计目标是：确认已发生的交易确实已经记录。例如，确认被审单位是否漏记应付账款。

（3）根据准确性认定确定的具体审计目标是：已记录的交易是按正确金额反映的。例如，确认被审单位外购存货的采购成本是否包括购买价款、相关税费及其他可归属于采购成本的费用。

（4）根据截止认定确定的具体审计目标是：接近于财务报表日的交易记录于恰当的期间。例如，确认被审单位应属于本期的销货交易是否推到下期确认，或把应属于下期的销货交易提前到本期确认。

（5）根据分类认定确定的具体审计目标是：被审计单位记录的交易经过适当分类。例如，确认被审单位是否将交易性金融资产记录在持有至到期投资。

（二）与期末账户余额相关的审计目标

（1）根据存在认定确定的具体审计目标是：记录的金额确实存在。例如，确认企业是否将不存在的存货记录在期末存货余额中。

（2）根据权利和义务认定推导的审计目标是：资产归属于被审计单位，负债属于被审计单位的义务。例如，确认被审计单位是否将已抵押给他人的存货仍计入本企业的存货。

（3）根据完整性认定推导的审计目标是：已存在的金额均已记录。例如，确认被审单位是否将某企业应付账款记录在应付账款明细账。

（4）根据计价和分摊认定推导的审计目标是：资产、负债和所有者权益以恰当的金额包括在财务报表中，与之相关的计价或分摊调整已恰当记录。

（三）与列报相关的审计目标

各类交易和账户余额的认定正确并不意味着列报认定就一定正确，而只是列报认定正确的基础。因为关于财务报表的列报和披露还有专门的一些规定，财务报表的列报还可能因被审计单位的错误或舞弊等而产生重大错报。因此，实现了各类交易和账户余额的具体审计目标后，注册会计师仍应当对各类交易、账户余额及相关事项在财务报表中列报的正确性实施审计。

（1）根据发生及权利和义务认定推定的审计目标是：发生的交易、事项或与被审计单位有关的交易和事项包括在财务报表中。例如，确认已被抵押的固定资产，由于其权利受到限制，是否在财务报表中列报。

（2）根据完整性认定推定的审计目标是：所有应当包括在财务报表中的披露均已包括。例如，确认关联方和关联交易，以验证其在财务报表中是否得到充分披露。

（3）根据分类和可理解性推定的审计目标是：财务信息已被恰当地列报和描述，且披露内容表述清楚。例如，确认财务报表附注中是否已披露存货的主要类别。

（4）根据准确性和计价推定的审计目标是：财务信息和其他信息已被公允披露，且金额恰当。例如，确认财务报表附注是否分别对原材料、在产品和产成品等存货成本核算方法作了恰当说明。

关于管理层认定和具体审计目标的对应关系，可见表 4－1。

表 4－1　　管理层认定与具体审计目标

管理层认定		具体审计目标
各类交易和事项相关的认定	发生	已记录的交易是真实的
	完整性	已发生的交易确实已经记录
	准确性	已记录的交易是按正确金额反映的
	截止	接近于财务报表日的交易记录于恰当的期间
	分类	被审计单位记录的交易经过适当分类
期末账户余额相关的认定	存在	记录的金额确实存在
	权利和义务	资产归属于被审计单位，负债属于被审计单位的义务
	完整性	已存在的金额均已记录
	计价和分摊	资产、负债和所有者权益以恰当的金额包括在财务报表中，与之相关的计价或分摊调整已恰当记录
列报相关的认定	发生及权利和义务	发生的交易、事项，或与被审计单位有关的交易和事项包括在财务报表中
	完整性	所有应当包括在财务报表中的披露均已包括
	分类和可理解性	财务信息已被恰当地列报和描述，且披露内容表述清楚
	准确性和计价	财务信息和其他信息已被公允披露，且金额恰当

第三节　审计过程与审计目标的实现

审计过程就是注册会计师从接受委托到收集证据再到最后发表意见、出具报告的整个过程，也就是实现审计目标的过程。审计过程一般包括以下五个环节。

一、接受业务委托

注册会计师审计业务是一项高风险的业务，会计师事务所要保证审计质量、降低审计风险、避免法律诉讼，必须慎重地选择被审单位，不论是对新客户还是对老客户，都应当按执业准则的要求决定是否接受客户委托的业务。在接受委托前，注册会计师应当初步了解业务环境。业务环境包括业务约定事项、审计对象特征、使用的标准、预期使用者的需求、责任方及其环境的相关特征，以及可能对审计业务产生重大影响的事项、交易、条件和惯例等其他事项。

在初步了解业务环境后，只有认为符合独立性和专业胜任能力等相关职业道德规范的要求，并且拟承接的业务具备下列所有特征，注册会计师才能将其作为审计业务予以承接：

（1）鉴证对象适当。

（2）使用的标准适当且预期使用者能够获取该标准。

（3）注册会计师能够获取充分、适当的证据以支持其结论。

（4）注册会计师的结论以书面报告形式表述，且表述形式与所提供的保证程度相适应。

（5）该业务具有合理的目的。如果鉴证业务的工作范围受到重大限制，或委托人试图将注册会计师的名字和鉴证对象不适当地联系在一起，则该业务可能不具有合理的目的。

接受业务委托阶段的主要工作包括：了解业务环境；决定是否接受委托；与被审计单位商定委托业务具体约定事项，包括明确审计业务的性质和范围、商定审计收费、明确被审计单位应协助的工作等；签订审计业务约定书。

二、计划审计工作

签订审计业务约定书后，注册会计师就应当开始具体审计工作。但在执行具体审计程序之前，应当先制订科学、合理的审计计划。审计过程中有效执行审计计划，不但可以有效保证获得充分、适当的审计证据，将审计风险降至可接受的低水平，而且可以更合理地分配审计资源，提高审计效率。一般来说，计划审计工作主要包括：在本期审计业务开始时开展初步业务活动；制定总体审计策略；制订具体审计计划等。要注意的是，计划审计工作不是审计过程的一个孤立阶段，而是一个持续的、不断修正的过程，根据具体情况不断修订审计计划应贯穿于整个审计业务的始终。

三、实施风险评估程序

风险导向审计是当今主流的审计方法，它要求注册会计师以重大错报风险的识别、评估和应对为审计工作的主线，以提高审计效率和效果。《中国注册会计师审计准则第1211号——通过了解被审计单位及其环境识别和评估重大错报风险》作为专门规范风险评估的准则，规定注册会计师必须实施风险评估程序，以足够识别和评估财务报表重大错报风险，设计和实施进一步审计程序。所谓风险评估程序，是指注册会计师实施的了解被审计单位及其环境并识别和评估财务报表重大错报风险的程序。一般来说，实施风险评估程序的主要工作包括：了解被审计单位及其环境，识别和评估财务报表层次，以及各类交易、账户余额、列报的认定层次的重大错报风险，包括确定需要特别考虑的重大错报风险（即特别风险）以及仅通过实质性程序无法应对的重大错报风险等。

四、实施控制测试和实质性程序

注册会计师实施风险评估程序是为了识别和评估重大错报风险，而要应对审计风险，注册会计师还应当运用职业判断，针对评估的财务报表层次重大错报风险确定总体应对措施，并针对评估的认定层次重大错报风险设计和实施进一步审计程序，包括实施控制测试（必要时或决定测试时）和实质性程序，以将审计风险降至可接受的低水平。

注册会计师实施控制测试，以获取内部控制运行有效性的审计证据；计划和实施实质性程序，以应对评估的重大错报风险。实质性程序包括实质性分析程序和对各类交易、账户余额、列报的细节测试。

在财务报表审计中，注册会计师必须通过实施风险评估程序、控制测试（必要时或决定测试时）和实质性程序，才能获取充分、适当的审计证据，得出合理的审计结论，作为形成审计意见的基础。

五、完成审计工作和编制审计报告

注册会计师在完成财务报表所有循环的进一步审计程序后，还应当按照有关审计准则的规定做好审计完成阶段的工作，并根据所获取的各种证据，合理运用专业判断，形成适当的审计意见。本阶段的主要工作有：审计期初余额、比较数据、期后事项和或有事项；考虑持续经营问题和获取管理层声明；汇总审计差异，并提请被审计单位调整或披露；复核审计工作底稿和财务报表；与管理层和治理层沟通；评价审计证据，形成审计意见；编制审计报告等。

第五章

审计计划

摘 要

本章属于审计基本理论中非常重要的章节，其中，审计重要性和审计风险等内容是注册会计师审计理论的基石。本章共分四节，第一节初步业务活动是注册会计师承接业务的起点；第二节审计业务约定书是明确会计师事务所与委托方的权利义务的法律文件；第三节主要介绍审计计划的两个层次——总体审计策略和具体审计计划；第四节重点介绍审计重要性的含义及运用，以及审计风险的含义及计算模型。

第一节 初步业务活动

一、计划审计工作前的初步业务活动

（一）初步业务活动的目的

在计划审计工作前开展初步业务活动的目的在于确保在计划审计工作时达到下列要求：

（1）注册会计师已具备执行业务所需要的独立性和专业胜任能力。

（2）不存在因管理层诚信问题而影响注册会计师保持该项业务意愿的情况。

（3）与被审计单位不存在对业务约定条款的误解。

（二）初步业务活动的内容

在本期审计业务开始时，注册会计师应当开展下列初步业务活动。

1. 针对保持客户关系和具体审计业务实施相应的质量控制程序

注册会计师应当按照《中国注册会计师审计准则第 1121 号——对财务报表审计实施的质量控制》及《质量控制准则第 5101 号——会计师事务所对执行财务报表审计和审阅、

其他鉴证和相关服务业务实施的质量控制》中与客户关系和具体业务的接受与保持相关的规定，开展初步业务活动。

注册会计师应当开展下列初步业务活动：

（1）针对保持客户关系和具体审计业务实施相应的质量控制程序。

（2）评价遵守相关职业道德要求的情况。

（3）就审计业务约定条款达成一致意见。

2. 评价遵守职业道德规范的情况，包括评价独立性

注册会计师职业道德规范要求项目组成员恪守独立、客观、公正的原则，保持专业胜任能力和应有的关注，并对审计过程中获知的信息保密。注册会计师应当按照质量控制准则的规定达到包括独立性在内的有关职业道德要求。

3. 就业务约定条款与被审计单位达成一致理解

会计师事务所在作出接受或保持客户关系及具体审计业务的决策后，就应当与被审计单位就审计业务约定条款达成一致意见，签订审计业务约定书，以避免双方对审计业务的理解产生分歧而影响审计工作的进行。

值得注意的是，上述业务活动实际上是贯穿于审计业务的全过程的，而不仅仅是在其他审计工作前开展，只是在安排其他审计工作前开展以上初步业务活动有助于确保注册会计师已具备执行业务所需要的独立性和专业胜任能力，不存在因管理层诚信问题而影响注册会计师保持该项业务意愿的情况，而且与被审计单位不存在对业务约定条款的不同解。

二、审计的前提条件

（一）财务报告编制基础

承接鉴证业务的条件之一是《中国注册会计师鉴证业务基本准则》中提及的标准适当，且能够为预期使用者获取。适当的标准使注册会计师能够运用职业判断对鉴证对象作出合理一致的评价或计量。就审计准则而言，适用的财务报告编制基础为注册会计师提供了用以审计财务报表（包括公允反映，如相关）的标准。

（二）就管理层的责任达成一致意见

按照审计准则的规定执行审计工作的前提是管理层已认可并理解其承担的责任。

（1）按照适用的财务报告编制基础编制财务报表，并使其实现公允反映（如适用）。

（2）设计、执行和维护必要的内部控制，以使财务报表不存在由于舞弊或错误导致的重大错报。

（3）向注册会计师提供必要的工作条件，包括允许注册会计师接触与编制财务报表相关的所有信息（如记录、文件和其他事项），向注册会计师提供审计所需要的其他信息，允许注册会计师在获取审计证据时不受限制地接触其认为必要的内部人员和其他相关人员。

（三）确认的形式

按照《中国注册会计师审计准则第 1341 号——书面声明》的规定，注册会计师应当要求管理层就其已履行的某些责任提供书面声明。如果管理层不认可其责任，或不同意提供书面声明，注册会计师将不能获取充分、适当的审计证据。在这种情况下，注册会计师

承接此类审计业务是不恰当的，除非法律法规另有规定。如果法律法规要求承接此类审计业务，注册会计师可能需要向管理层解释这种情况的重要性及其对审计报告的影响。

第二节 审计业务约定书

审计业务约定书是指会计师事务所与被审计单位签订的，用以记录和确认审计业务的委托与受托关系、审计目标和范围、双方的责任以及报告的格式等事项的书面协议。会计师事务所承接任何审计业务，都应与被审计单位签订审计业务约定书。

注册会计师在具体审计业务开始时应当开展下列初步业务活动：一是针对保持客户关系和具体审计业务实施相应的质量控制程序；二是评价遵守相关职业道德要求的情况；三是就审计业务约定条款达成一致意见。

一、审计业务约定书的基本内容

审计业务约定书的具体内容和格式可能因被审计单位的不同而不同，但应当包括以下主要内容：

（1）财务报表审计的目标与范围。

（2）注册会计师的责任。

（3）管理层的责任。

（4）指出用于编制财务报表所适用的财务报告编制基础。

（5）提及注册会计师拟出具的审计报告的预期形式和内容，以及对在特定情况下出具的审计报告可能不同于预期形式和内容的说明。

二、审计业务约定书的特殊考虑

（一）考虑特定需要

如果情况需要，注册会计师还应当考虑在审计业务约定书中列明下列内容：

（1）详细说明审计工作的范围，包括提及适用的法律法规、审计准则，以及注册会计师协会发布的职业道德守则和其他公告。

（2）对审计业务结果的其他沟通形式。

（3）说明由于审计和内部控制的固有限制，即使审计工作按照审计准则的规定得到恰当的计划和执行，仍不可避免地存在某些重大错报未被发现的风险。

（4）计划和执行审计工作的安排，包括审计项目组的构成。

（5）管理层确认将提供书面声明。

（6）管理层同意向注册会计师及时提供财务报表草稿和其他所有附带信息，以使注册会计师能够按照预定的时间表完成审计工作。

（7）管理层同意告知注册会计师在审计报告日至财务报表报出日之间注意到的可能影响财务报表的事实。

（8）收费的计算基础和收费安排。

（9）管理层确认收到审计业务约定书并同意其中的条款。

（10）在某些方面对利用其他注册会计师和专家工作的安排。

（11）对审计涉及的内部审计人员和被审计单位其他员工工作的安排。

（12）在首次审计的情况下，与前任注册会计师（如存在）沟通的安排。

（13）说明对注册会计师责任可能存在的限制。

（14）注册会计师与被审计单位之间需要达成进一步协议的事项。

（15）向其他机构或人员提供审计工作底稿的义务。

（二）组成部分的审计

如果母公司的注册会计师同时也是组成部分注册会计师，需要考虑下列因素，决定是否向组成部分单独致送审计业务约定书：

（1）组成部分注册会计师的委托人。

（2）是否对组成部分单独出具审计报告。

（3）与审计委托相关的法律法规的规定。

（4）母公司占组成部分的所有权份额。

（5）组成部分管理层相对于母公司的独立程度。

（三）连续审计

对于连续审计，注册会计师应当根据具体情况评估是否需要对审计业务约定条款作出修改，以及是否需要提醒被审计单位注意现有的条款。

注册会计师可以决定不在每期都致送新的审计业务约定书或其他书面协议。然而，下列因素可能导致注册会计师修改审计业务约定条款或提醒被审计单位注意现有的业务约定条款：

（1）有迹象表明被审计单位误解审计目标和范围。

（2）需要修改约定条款或增加特别条款。

（3）被审计单位高级管理人员近期发生变动。

（4）被审计单位所有权发生重大变动。

（5）被审计单位业务的性质或规模发生重大变化。

（6）法律法规的规定发生变化。

（7）编制财务报表采用的财务报告编制基础发生变更。

（8）其他报告要求发生变化。

（四）审计业务约定条款的变更

（1）变更审计业务约定条款的要求。在完成审计业务前，如果被审计单位或委托人要求将审计业务变更为保证程度较低的业务，注册会计师应当确定是否存在合理理由予以变更。

如果没有合理的理由，注册会计师不应同意变更业务。如果注册会计师不同意变更审计业务约定条款，而管理层又不允许继续执行原审计业务，注册会计师应当：1）在适用的法律法规允许的情况下，解除审计业务约定；2）确定是否有约定义务或其他义务向治理层、所有者或监管机构等报告该事项。

（2）变更为审阅业务或相关服务业务的要求。在同意将审计业务变更为审阅业务或相关服务业务前，接受委托按照审计准则执行审计工作的注册会计师，除考虑上述（1）中提及的事项外，还需要评估变更业务对法律责任或业务约定的影响。

如果注册会计师认为将审计业务变更为审阅业务或相关服务业务具有合理理由，截至变更日已执行的审计工作可能与变更后的业务相关，相应地，注册会计师需要执行的工作和出具的报告会适用于变更后的业务。为避免引起报告使用者的误解，对相关服务业务出具的报告不应提及原审计业务和在原审计业务中已执行的程序。只有将审计业务变更为执行商定程序业务，注册会计师才可在报告中提及已执行的程序。

第三节　总体审计策略和具体审计计划

一、计划审计工作的意义及内容

（一）计划审计工作的意义

注册会计师应当计划审计工作，使审计业务以有效的方式得到执行。计划审计工作对于注册会计师顺利完成审计工作和控制审计风险具有非常重要的意义。恰当合理的审计计划有助于注册会计师关注重点审计领域，合理分配审计资源，及时发现和解决问题，有效控制审计风险，保证审计工作的质量，提高审计工作的效率。同时，充分的审计计划还有助于注册会计师对项目组成员进行合理分工，并对其工作进行指导、监督和复核，协调其他注册会计师和专家的工作。

（二）计划审计工作的两个层次

计划审计工作包括针对审计业务制定总体审计策略和具体审计计划两个层次，以将审计风险降至可接受的低水平。

（三）计划审计工作中的相关问题

1. 计划审计工作的参与者

计划审计工作是整个审计过程的基础。古人云“凡事预则立，不预则废”，可见计划工作的重要性，很多关键决策往往在这个阶段作出，如确定可接受的审计风险水平和初步判断重要性水平、项目人员的配置等。鉴于计划审计工作的重要性，项目负责人和项目组其他关键成员应当参与计划审计工作，利用其经验和见解提高计划过程的效率和效果。

2. 审计过程中对计划的更改

计划审计工作并非审计业务的一个孤立阶段，而是一个持续的、不断修正的过程，贯穿于整个审计业务的始终。因为审计计划只是对审计工作的预先规划，而在实际执行计划过程中常会出现预期计划与实际不一致的情况。例如，在计划审计阶段，注册会计师执行风险评估程序获取关于销售与收款循环内部控制制度的证据，认为相关内控设计合理并被执行，未评估为高风险并计划执行控制测试，而在执行控制测试时获取的证据却表明该内部控制制度并没有被有效执行，这时注册会计师需要及时对审计计划进行修订和补充，修正原来的风险评估结果，并基于修正的风险评估结果修改计划的审计方案。

正是由于未预期事项、条件的变化或在实施审计程序中获取的审计证据等原因，注册会计师应当在审计过程中对总体审计策略和具体审计计划作出必要的更新和修改。

3. 对计划审计工作的记录

注册会计师应当记录总体审计策略和具体审计计划，包括在审计工作过程中作出的任何重大更改。注册会计师对计划审计工作记录的形式和范围，取决于被审计单位的规模、复杂程度、重要性，具体审计业务的情况，以及对其他审计工作记录的范围等事项。

注册会计师对总体审计策略的记录，应当包括为恰当计划审计工作和向项目组传达重大事项而作出的关键决策。例如，注册会计师应当记录对审计的范围、时间及执行所作出的关键决策。

注册会计师对具体审计计划的记录，可以使用标准的审计程序表或审计工作完成核对表，但应当根据具体审计业务的情况作出适当修改。

注册会计师应当记录对总体审计策略和具体审计计划作出的重大更改及其理由，以及对导致此类更改的事项、条件或审计程序结果所采取的应对措施。

4. 与治理层和管理层的沟通

虽然总体审计策略和具体审计计划是注册会计师的责任，但是注册会计师可以就总体审计策略和具体审计计划的某些内容与治理层和管理层进行沟通。例如，可以就审计的时间安排和总体策略、审计工作中受到的限制及治理层和管理层对审计工作的额外要求等进行沟通。实际上，在整个审计过程都需要与治理层和管理层沟通，沟通能够使治理层和管理层了解注册会计师的审计范围、审计时间等，配合注册会计师审计程序的顺利执行，如注册会计师实施的存货监盘程序需要被审计单位的配合，所以沟通也有助于协调计划的审计程序与被审计单位人员工作之间的关系，使审计业务更易于执行和管理，提高审计的效率与效果。

但是，当就总体审计策略和具体审计计划中的内容与治理层、管理层进行沟通时，注册会计师应当保持职业谨慎，以防止由于具体审计程序易于被管理层或治理层所预见而损害审计工作的有效性。

二、总体审计策略

（一）总体审计策略的含义及内容

总体审计策略是用来确定审计范围、审计时间和审计方向，并指导制订具体审计计划的。注册会计师应当为审计工作制定总体审计策略。

注册会计师应当在总体审计策略中清楚地说明下列内容，并且应当根据实施风险评估程序的结果予以调整：

（1）向具体审计领域调配的资源，包括向高风险领域分派有适当经验的项目组成员，就复杂的问题利用专家完成工作等。

（2）向具体审计领域分配资源的数量，包括安排到重要存货存放地观察存货盘点的项目组成员的数量，对其他注册会计师工作的复核范围，对高风险领域安排的审计时间预算等。

（3）何时调配这些资源，包括是在期中审计阶段还是在关键的截止日期调配资源等。

（4）如何管理、指导、监督这些资源的利用，包括预期何时召开项目组预备会和总结会，预期项目负责人和经理如何进行复核，是否需要实施项目质量控制复核等。

（二）制定总体审计策略应考虑的事项

1. 审计范围

注册会计师应当确定审计业务的特征，包括采用的会计准则和相关会计制度、特定行业的报告要求以及被审计单位组成部分的分布等，以确定审计范围。此外，在确定审计范围时，注册会计师通常还需要考虑其他注册会计师参与组成部分审计的范围、拟利用在以前期间审计工作中获取的审计证据的程度、需审计的业务是否需要具备专门知识、外币业务的核算方法及外币财务报表折算和合并方法、内部审计工作的可利用性及对内部审计工作的拟依赖程度等事项。

2. 报告目标、时间安排及所需沟通

为了计划审计业务的报告目标、审计的时间安排和所需沟通的性质，注册会计师需要考虑被审计单位的财务报告时间表，与管理层和治理层就审计工作的性质、范围和时间所举行的会议的组织工作，讨论预期签发报告和其他沟通文件的类型及提交时间，通报审计工作进展及审计结果的方式，项目组成员之间预期沟通的性质和时间安排，是否需要跟第三方沟通等事项。

3. 审计方向

为确定项目组的工作方向，应考虑影响审计业务的重要因素，包括确定适当的重要性水平，初步识别可能存在较高的重大错报风险的领域，初步识别重要的被审计单位组成部分和账户余额，评价是否需要针对内部控制的有效性获取审计证据，识别被审计单位、所处行业、财务报告要求及其他相关方面最近发生的重大变化等。

三、具体审计计划

（一）总体审计策略与具体审计计划的关系

总体审计策略和具体审计计划的制订过程紧密联系，并且两者的内容也紧密相关。

总体审计策略一经制定，注册会计师就应当针对总体审计策略中所识别的不同事项，制订具体审计计划，并考虑通过有效利用审计资源以实现审计目标。总体审计策略是制订具体审计计划的指导，而制订具体审计计划反过来又会影响总体审计策略，注册会计师应当根据实施风险评估程序的结果，对总体审计策略的内容予以调整，这两项计划活动是内在紧密联系的。因此，在审计实务中，为使计划审计工作更有成效及效率，注册会计师可以将制定总体审计策略和具体审计计划相结合进行，也可以采用将总体审计策略和具体审计计划合并为一份审计计划文件的方式。

（二）具体审计计划的内容

注册会计师应当为审计工作制订具体审计计划。具体审计计划比总体审计策略更加详细，其内容主要是为获取充分、适当的审计证据以将审计风险降至可接受的低水平，项目组成员拟实施的审计程序的性质、时间和范围。具体包括风险评估程序、计划实施的进一步审计程序和其他审计程序。

1. 风险评估程序

风险评估程序，即为了足够识别和评估财务报表重大错报风险，注册会计师计划实施风险评估程序的性质、时间和范围。

2. 进一步审计程序

进一步审计程序，即针对评估的认定层次的重大错报风险，注册会计师计划实施进一步审计程序的性质、时间和范围。注册会计师的进一步审计程序需要根据风险评估程序的结果，识别和评估重大错报风险，并针对评估的认定层次重大错报风险计划实施。

3. 其他审计程序

其他审计程序，即注册会计师针对审计业务需要实施的其他审计程序。计划的其他审计程序可以包括上述进一步审计程序的计划中没有涵盖的，根据其他审计准则的要求、针对特定项目注册会计师应当执行的既定程序。例如，阅读含有已审计财务报表的文件中的其他信息，与被审计单位律师直接沟通等。注册会计师应根据被审计单位的具体情况确定特定项目并执行相应的审计程序。

第四节　审计重要性与审计风险

审计重要性和审计风险是注册会计师审计理论的基石，它们贯穿于注册会计师审计的全过程。

注册会计师在计划审计工作时应当考虑导致财务报表发生重大错报的原因，在了解被审计单位及其环境的基础上确定可接受的重要性水平，并随着审计过程的推进，评价对重要性的判断是否仍然合理。同时，注册会计师应当对各类交易、账户余额、列报认定层次的重要性进行评估，以确定进一步审计程序的性质、时间和范围，将审计风险降至可接受的低水平。而在评价错报的影响、确定审计意见类型时，注册会计师也应当考虑重要性水平。可见，重要性原则运用贯穿于审计全过程。

财务报表审计的目的就是对财务报表发表审计意见，财务报表存在重大错报但注册会计师发表不恰当审计意见的可能性就是审计风险。注册会计师在计划审计工作时，就应当了解被审计单位及其环境，以评估重大错报风险，进而针对评估的重大错报风险实施总体应对措施及进一步审计程序，将审计风险降至可接受的低水平。所以可以说，注册会计师的审计过程就是对审计风险的识别、评估和应对的过程。

一、审计重要性

（一）重要性的含义

重要性概念通常可从下列方面进行理解：

（1）如果合理预期错报（包括漏报）单独或汇总起来可能影响财务报表使用者依据财务报表作出的经济决策，则通常认为错报是重大的。

（2）对重要性的判断是根据具体环境作出的，并受错报的金额或性质的影响，或受两者共同作用的影响。

（3）判断某事项对财务报表使用者是否重大，是在考虑财务报表使用者整体共同的财务信息需求的基础上作出的。由于不同财务报表使用者对财务信息的需求可能差异很大，因此不考虑错报对个别财务报表使用者可能产生的影响。

在审计开始时，就必须对重大错报的规模和性质做出一个判断，这包括制定财务报表层次的重要性和特定交易类别、账户余额和披露的重要性水平。当错报金额高于整体重要性水平时，就很可能被合理预期将对使用者根据财务报表做出的经济决策产生影响。

注册会计师使用整体重要性水平（将财务报表作为整体）的目的有：（1）决定风险评估程序的性质、时间安排和范围；（2）识别和评估重大错报风险；（3）确定进一步审计程序的性质、时间安排和范围。在整个业务过程中，随着审计工作的进展，注册会计师应当根据所获得的新信息更新重要性。在形成审计结论阶段，要使用整体重要性水平和为了特定交易类别、账户余额和披露而制定的较低金额的重要性水平来评价已识别的错报对财务报表的影响和对审计报告中审计意见的影响。

（二）重要性水平的确定

在计划审计工作时，注册会计师应当确定一个合理的重要性水平，以发现在金额上重大的错报。注册会计师在确定计划的重要性水平时，需要考虑对被审计单位及其环境的了解、审计的目标、财务报表各项目的性质及其相互关系、财务报表项目的金额及其波动幅度。

1. 财务报表整体的重要性

由于财务报表审计的目标是注册会计师通过执行审计工作对财务报表发表审计意见，因此，注册会计师应当考虑财务报表整体的重要性。只有这样，才能得出财务报表是否公允反映的结论。注册会计师在制定总体审计策略时，应当确定财务报表整体的重要性。

确定多大错报会影响到财务报表使用者所做决策，是注册会计师运用职业判断的结果。很多注册会计师根据所在会计师事务所的惯例及自己的经验，考虑重要性。注册会计师通常先选择一个恰当的基准，再选用适当的百分比乘以该基准，从而得出财务报表整体的重要性。

确定重要性需要运用职业判断。通常先选定一个基准，再乘以某一百分比作为财务报表整体的重要性。

适当的基准取决于被审计单位的具体情况，包括各类报告收益（如税前利润、营业收入、毛利和费用总额）以及所有者权益或净资产。例如，对于以营利为目的的实体，通常以经常性业务的税前利润作为基准。

为选定的基准确定百分比需要运用职业判断。百分比和选定的基准之间存在一定的联系，如经常性业务的税前利润对应的百分比通常比营业收入对应的百分比要高。例如，对以营利为目的的制造行业实体，注册会计师可能认为经常性业务的税前利润的5%是适当的；而对非营利组织，注册会计师可能认为总收入或费用总额的1%是适当的。百分比无论是高一些还是低一些，只要符合具体情况，都是适当的。

2. 特定类别交易、账户余额或披露的重要性水平

根据被审计单位的特定情况，如果存在一个或多个特定类别的交易、账户余额或披

露，其发生的错报金额虽然低于财务报表整体的重要性，但合理预期可能影响财务报表使用者依据财务报表作出的经济决策，注册会计师还应当确定适用于这些交易、账户余额或披露的一个或多个重要性水平。

3. 实际执行的重要性

实际执行的重要性，是指注册会计师确定的低于财务报表整体的重要性的一个或多个金额，旨在将未更正和未发现错报的汇总数超过财务报表整体的重要性的可能性降至适当的低水平。如果适用，实际执行的重要性还指注册会计师确定的低于特定类别的交易、账户余额或披露的重要性水平的一个或多个金额。

确定实际执行的重要性并非简单机械的计算，需要注册会计师运用职业判断，并考虑下列因素的影响：（1）对被审计单位的了解（这些了解在实施风险评估程序的过程中得到更新）；（2）前期审计工作中识别出的错报的性质和范围；（3）根据前期识别出的错报对本期错报作出的预期。

通常而言，实际执行的重要性通常为财务报表整体重要性的50%～75%。接近财务报表整体重要性50%的情况：（1）经常性审计，以前年度审计调整较多；（2）项目总体风险较高（如处于高风险行业，经常面临较大市场压力，首次承接的审计项目或者需要出具特殊目的报告等）。接近财务报表整体重要性75%的情况：（1）经常性审计，以前年度审计调整较少；（2）项目总体风险较低（如处于低风险行业，市场压力较小）。

（三）审计过程中修改重要性

由于存在下列原因，注册会计师可能需要修改财务报表整体的重要性和特定类别的交易、账户余额或披露的重要性水平（如适用）：（1）审计过程中情况发生重大变化（如决定处置被审计单位的一个重要组成部分）；（2）获取新信息；（3）通过实施进一步审计程序，注册会计师对被审计单位及其经营的了解发生变化。例如，注册会计师在审计过程中发现，实际财务成果与最初确定财务报表整体的重要性时使用的预期本期财务成果相比存在很大差异，则需要修改重要性。

（四）评价审计过程中识别出的错报

错报，是指某一财务报表项目的金额、分类、列报或披露，与按照适用的财务报告编制基础应当列示的金额、分类、列报或披露之间存在的差异；或根据注册会计师的判断，为使财务报表在所有重大方面实现公允反映，需要对金额、分类、列报或披露作出的必要调整。错报可能是由于错误或舞弊导致的。

1. 累积识别出的错报

注册会计师可能将低于某一金额的错报界定为明显微小的错报，对这类错报不需要累积，因为注册会计师认为这些错报的汇总数明显不会对财务报表产生重大影响。这些明显微小的错报，无论单独或者汇总起来，无论从规模、性质或其发生的环境来看都是明显微不足道的。如果不确定一个或多个错报是否明显微小，就不能认为这些错报是明显微小的。

为了帮助注册会计师评价审计过程中累积的错报的影响以及与管理层和治理层沟通错报事项，将错报区分为事实错报、判断错报和推断错报。

（1）事实错报，即毋庸置疑的错报。这类错报产生于被审计单位收集和处理数据的错误、对事实的忽略或误解，或故意舞弊行为。例如，注册会计师在审计测试中发现最近销售商品的实际收入为 15 000 元，但账面记录的金额却为 10 000 元。因此，营业收入和应收账款分别被低估了 5 000 元，这里被低估的 5 000 元就是已识别的对事实的具体错报。

（2）判断错报。由于注册会计师认为管理层对会计估计作出不合理的判断或不恰当地选择和运用会计政策而导致的差异。

（3）推断错报。注册会计师对总体存在的错报作出的最佳估计数，涉及根据在审计样本中识别出的错报来推断总体的错报。推断错报通常包括：通过测试样本估计出的总体的错报减去在测试中发现的已经识别的具体错报；通过实质性分析程序推断出的估计错报。

2. 对审计过程中识别出的错报的考虑

错报一般不会孤立发生，一项错报的发生还可能表明存在其他错报。例如，注册会计师识别出由于内部控制失效而导致的错报，或被审计单位广泛运用不恰当的假设或评估方法而导致的错报，均可能表明还存在其他错报。

抽样风险和非抽样风险可能导致某些错报未被发现。审计过程中累积错报的汇总数接近按照《中国注册会计师审计准则第 1221 号——计划和执行审计工作时的重要性》的规定确定的重要性，则表明存在比可接受的低风险水平更大的风险，即未被发现的错报连同审计过程中累积错报的汇总数，可能超过重要性。

注册会计师可能要求管理层检查某类交易、账户余额或披露，以使管理层了解注册会计师识别出的错报的发生原因，并要求管理层采取措施以确定这些交易、账户余额或披露实际发生错报的金额，以及对财务报表作出适当的调整。

3. 错报的沟通和更正

及时与适当层级的管理层沟通错报事项是重要的，因为这能使管理层评价这些事项是否为错报，并采取必要行动，如有异议则告知注册会计师。适当层级的管理层通常是指有责任和权限对错报进行评价并采取必要行动的人员。

管理层更正所有错报（包括注册会计师通报的错报），能够保持会计账簿和记录的准确性，降低由于与本期相关的、非重大的且尚未更正的错报的累积影响而导致未来期间财务报表出现重大错报的风险。

4. 评价未更正错报的影响

未更正错报，是指注册会计师在审计过程中累积的且被审计单位未予更正的错报。在评价未更正错报的影响之前，注册会计师可能有必要依据实际的财务结果对重要性作出修改。如果在审计过程中获知了某项信息，而该信息可能导致注册会计师确定与原来不同的财务报表整体重要性或者特定类别交易、账户余额或披露的一个或多个重要性水平（如适用），注册会计师应当予以修改。因此，在注册会计师评价未更正错报的影响之前，可能已经对重要性或重要性水平（如适用）作出重大修改。但是，如果注册会计师对重要性或重要性水平（如适用）进行的重新评价导致需要确定较低的金额，则应重新考虑实际执行的重要性和进一步审计程序的性质、时间安排和范围的适当性，以获取充分、适当的审计证据，作为发表审计意见的基础。

注册会计师需要考虑每一单项错报，以评价其对相关类别的交易、账户余额或披露的影响，包括评价该项错报是否超过特定类别的交易、账户余额或披露的重要性水平（如适用）。如果注册会计师认为某一单项错报是重大的，且该项错报不太可能被其他错报抵销，注册会计师通常认为财务报表整体存在重大错报。对于同一账户余额或同一类别的交易内部的错报，这种抵销可能是适当的。然而，在得出抵销非重大错报是适当的这一结论之前，需要考虑可能存在其他未被发现的错报的风险。

确定一项分类错报是否重大，需要进行定性评估。即使分类错报超过了在评价其他错报时运用的重要性水平，注册会计师可能仍然认为该分类错报对财务报表整体不产生重大影响。例如，分类错报对负债或其他合同条款的影响，对单个财务报表项目或小计数的影响，以及对关键比率的影响。即使分类错报超过了在评价其他错报时运用的重要性水平，注册会计师可能仍然认为该分类错报对财务报表整体不产生重大影响。

在某些情况下，即使某些错报低于财务报表整体的重要性，但因与这些错报相关的某些情况，在将其单独或连同在审计过程中累积的其他错报一并考虑时，注册会计师也可能将这些错报评价为重大错报。例如，某项错报的金额虽然低于财务报表整体的重要性，但对被审计单位的盈亏状况有决定性的影响，注册会计师应认为该项错报是重大错报。

下列情况也可能影响注册会计师对错报的评价：

（1）错报对遵守监管要求的影响程度。

（2）错报对遵守债务合同或其他合同条款的影响程度。

（3）错报与会计政策的不正确选择或运用相关，这些会计政策的不正确选择或运用对当期财务报表不产生重大影响，但可能对未来期间财务报表产生重大影响。

（4）错报掩盖收益的变化或其他趋势的程度（尤其是在结合宏观经济背景和行业状况进行考虑时）。

（5）错报对用于评价被审计单位财务状况、经营成果或现金流量的有关比率的影响程度。

（6）错报对财务报表中列报的分部信息的影响程度。例如，错报事项对某一分部或对被审计单位的经营或盈利能力有重大影响的其他组成部分的重要程度。

（7）错报对增加管理层薪酬的影响程度。例如，管理层通过达到有关奖金或其他激励政策规定的要求以增加薪酬。

（8）相对于注册会计师所了解的以前向财务报表使用者传达的信息（如盈利预测），错报是重大的。

（9）错报对涉及特定机构或人员的项目的相关程度。例如，与被审计单位发生交易的外部机构或人员是否与管理层成员有关联关系。

（10）错报涉及对某些信息的遗漏，尽管适用的财务报告编制基础未对这些信息作出明确规定，但是注册会计师根据职业判断认为这些信息对财务报表使用者了解被审计单位的财务状况、经营成果或现金流量是重要的。

（11）错报对其他信息（如包含在“管理层讨论与分析”或“经营与财务回顾”中的信息）的影响程度，这些信息与已审计财务报表一同披露，并被合理预期可能影响财务报表使用者作出的经济决策。

二、审计风险

（一）审计风险的含义

审计风险是指财务报表存在重大错报而注册会计师发表不恰当审计意见的可能性。由于审计业务属于合理保证业务，所以注册会计师应将审计业务的风险降至可接受的低水平，以便能够合理保证所审计的财务报表不含有重大错报。审计风险取决于重大错报风险和检查风险。审计风险、重大错报风险和检查风险之间的关系用数学模型表示为：

$$审计风险=重大错报风险\times检查风险$$

（二）重大错报风险

重大错报风险是指财务报表在审计前存在重大错报的可能性。在设计审计程序以确定财务报表整体是否存在重大错报时，注册会计师应当从财务报表层次和各类交易、账户余额、列报（包括披露，下同）认定层次考虑重大错报风险。

认定层次的重大错报风险又可以进一步细分为固有风险和控制风险。

固有风险是指在考虑相关的内部控制之前，某类交易、账户余额或披露的某一认定易于发生错报（该错报单独或连同其他错报可能是重大的）的可能性。

控制风险是指某类交易、账户余额或披露的某一认定发生错报，该错报单独或连同其他错报是重大的，但没有被内部控制及时防止或发现并纠正的可能性。控制风险取决于与财务报表编制有关的内部控制的设计和运行的有效性。由于控制的固有局限性，某种程度的控制风险始终存在。

需要特别说明的是，由于固有风险和控制风险不可分割地交织在一起，有时无法单独进行评估，本教材通常不再单独提到固有风险和控制风险，而是将这两者合并称为“重大错报风险”。

（三）检查风险

1. 检查风险的概念

检查风险是指某一认定存在错报，该错报单独或连同其他错报是重大的，但注册会计师未能发现这种错报的可能性。

2. 检查风险的确定

根据审计风险的数学模型，注册会计师通过风险评估程序了解被审计单位及其环境，评估重大错报风险，在既定的审计风险水平下，检查风险的计算模型为：

$$检查风险=\frac{审计风险}{重大错报风险}$$

可见，检查风险是根据评估的重大错报风险水平确定的。例如，假设针对某一认定，注册会计师将可接受的审计风险水平设定为5%，注册会计师实施风险评估程序后将重大错报风险评估为20%，则根据这一模型，可接受的检查风险为25%。

3. 检查风险与重大错报风险的关系

根据审计风险数学模型，在既定的审计风险水平下，可接受的检查风险水平与认定层次重大错报风险的评估结果呈反向关系。即评估的重大错报风险越高，可接受的检查风险越低；评估的重大错报风险越低，可接受的检查风险越高。因此，注册会计师应执行风险评估程序，合理评估重大错报风险，重大错报风险评估的水平越高，注册会计师执行审计程序所要获取的审计证据就越要充分适当，从而才能将检查风险降至可接受的低水平。

（四）审计的固有限制

不应期望注册会计师将审计风险降至零，事实上注册会计师也不可能将审计风险降至零，因此不能对财务报表不存在由于舞弊或错误导致的重大错报获取绝对保证。这是由于审计存在固有限制，导致注册会计师据以得出结论和形成审计意见的大多数审计证据是说服性而非结论性的。审计的固有限制源于财务报告的性质、审计程序的性质和在合理的时间内以合理的成本完成审计的需要。

1. 财务报告的性质

管理层编制财务报表，需要根据被审计单位的事实和情况运用适用的财务报告编制基础，在这一过程中需要作出判断。此外，许多财务报表项目涉及主观决策、评估或一定程度的不确定性，并且可能存在一系列可接受的解释或判断。因此，某些财务报表项目的金额本身就存在一定的变动幅度，这种变动幅度不能通过实施追加的审计程序来消除。

2. 审计程序的性质

注册会计师获取审计证据的能力受到实务和法律上的限制。

3. 财务报告的及时性和成本效益的权衡

虽然审计中的困难、时间或成本等事项本身，不能作为注册会计师省略不可替代的审计程序或满足于说服力不足的审计证据的正当理由。但制定适当的审计计划有助于保证执行审计工作需要的充分的时间和资源。尽管如此，信息的相关性及其价值会随着时间的推移而降低，所以需在信息的可靠性和成本之间进行权衡。要求注册会计师处理所有可能存在的信息是不切实际的，基于信息存在错误或舞弊，除非能够提供反证的假设而竭尽可能地追查每一个事项也是不切实际的。正是因为认识到这一点，财务报表使用者的期望是，注册会计师在合理的时间内以合理的成本对财务报表形成审计意见。

由于审计的固有限制，即使按照审计准则的规定适当地计划和执行审计工作，也不可避免地存在财务报表的某些重大错报可能未被发现的风险。相应地，完成审计工作后发现由于舞弊或错误导致的财务报表重大错报，其本身并不表明注册会计师没有按照审计准则的规定执行审计工作。尽管如此，审计的固有限制并不能作为注册会计师满足于说服力不足的审计证据的理由。注册会计师是否按照审计准则的规定执行了审计工作，取决于注册会计师在具体情况下实施的审计程序，由此获取的审计证据的充分性和适当性，以及根据总体目标和对审计证据的评价结果而出具审计报告的恰当性。

三、重要性与审计风险的关系

重要性与审计风险之间存在反向关系。重要性水平越高，审计风险越低；重要性水平越低，审计风险越高。这里所说的重要性水平高低指的是金额的大小。通常来说，5 万元的重要性水平比 1 万元的重要性水平高。在理解两者之间的关系时必须注意，重要性水平是注册会计师从财务报表使用者的角度进行判断的结果。如果重要性水平是 5 万元，则意味着低于 5 万元的错报不会影响到财务报表使用者的决策，此时注册会计师需要通过执行有关审计程序合理保证能发现高于 5 万元的错报。如果重要性水平是 1 万元，则金额在 1

万元以上的错报就会影响财务报表使用者的决策，此时注册会计师需要通过执行有关审计程序合理保证能发现金额在 1 万元以上的错报。显然，重要性水平为 1 万元时审计不出这样的重大错报的可能性即审计风险，要比重要性水平为 5 万元时的审计风险高。审计风险越高，越要求注册会计师收集更多更有效的审计证据，以将审计风险降至可接受的低水平。因此，重要性和审计证据之间也是反向变动关系。

值得注意的是，注册会计师不能通过不合理地人为调高重要性水平来降低审计风险。因为重要性是依据重要性概念中所述的判断标准确定的，而不是由主观期望的审计风险水平决定。

由于重要性和审计风险存在上述反向关系，而且这种关系对注册会计师将要执行的审计程序的性质、时间和范围有直接的影响，因此，注册会计师应当综合考虑各种因素，合理确定重要性水平。

第六章

审计证据与审计工作底稿

摘　要

本章内容属于审计基本理论中的重要内容，也是注册会计师审计实务的理论基础，因为注册会计师审计的过程就是收集审计证据，记录于审计工作底稿，发表审计意见的过程。本章的主要内容有两部分，第一部分是审计证据，主要介绍审计证据的特征、获取审计证据的程序及方法；第二部分是审计工作底稿，主要介绍审计工作底稿的含义、审计工作底稿控制程序、审计工作底稿的基本要素及审计工作底稿的归档。

第一节　审计证据

一、审计证据的含义及内容

（一）审计证据的含义

《中国注册会计师审计准则第 1301 号——审计证据》对审计证据的含义进行了规定：审计证据是指注册会计师为了得出审计结论和形成审计意见而使用的信息。审计证据包括构成财务报表基础的会计记录所含有的信息和从其他来源获取的信息。

（二）审计证据的内容

根据审计证据的含义，审计证据的内容包括两个方面，即财务报表依据的会计记录中含有的信息和其他信息。会计记录是编制财务报表的基础，构成注册会计师执行财务报表审计业务所需获取的审计证据的重要部分。而只依据会计记录中含有的信息并不足以为发表审计意见提供充分的审计证据，注册会计师还应当获取用作审计证据的其他信息。会计记录和其他信息两者缺一不可，只有将两者结合在一起，才能将审计风险降至可接受的低水平，为注册会计师发表审计意见提供合理基础。

1. 财务报表依据的会计记录中含有的信息

财务报表依据的会计记录一般包括对初始分录的记录和支持性记录，如支票、电子资金转账记录、发票、合同、总账、明细账、记账凭证和未在记账凭证中反映的对财务报表的其他调整，以及支持成本分配、计算、调节和披露的手工计算表和电子数据表。依据会计记录编制财务报表是被审计单位管理层的责任，而注册会计师应当测试这些会计记录以获取审计证据。

2. 可用作审计证据的其他信息

可用作审计证据的其他信息主要包括以下内容：

（1）注册会计师从被审计单位内部或外部获取的会计记录以外的信息，如被审计单位会议记录、内部控制手册、询证函的回函、分析师的报告、与竞争者的比较数据等。

（2）通过询问、观察和检查等审计程序获取的信息，如通过检查存货获取存货存在性的证据等。

（3）自身编制或获取的可以通过合理推断得出结论的信息，如注册会计师编制的各种计算表、分析表等。

二、审计证据的特性

充分性和适当性是审计证据的两大特性。注册会计师应当保持职业怀疑态度，运用职业判断，评价审计证据的充分性和适当性，作为得出合理审计结论、发表审计意见的基础。这里的职业怀疑态度是指注册会计师以质疑的思维方式评价所获取审计证据的有效性，并对相互矛盾的审计证据，以及引起对文件记录或管理层和治理层提供的信息的可靠性产生怀疑的审计证据保持警觉。

（一）审计证据的充分性

审计证据的充分性是指审计证据的数量足以证明注册会计师的审计意见，它是对审计证据数量的衡量，主要与注册会计师确定的样本量有关。例如，对被审单位应收账款实施函证程序，从 500 个样本的总体中抽取 400 个样本所获取的证据就要比抽取 200 个样本所取得的证据更充分。

注册会计师需要获取的审计证据的数量受错报风险的影响。在可接受的审计风险水平一定的情况下，重大错报风险越大，需要的审计证据可能越多。要保证审计质量，降低审计风险，就必须有足够数量的审计证据。但是，并不意味着审计证据的数量越多越好，由于受到时间、空间或成本的限制，注册会计师的审计工作应在保证审计质量的前提下提高审计效率，应根据具体情况确定所需要的足够数量的审计证据。

（二）审计证据的适当性

审计证据的适当性是对审计证据质量的衡量，即审计证据在支持各类交易、账户余额、列报（包括披露）的相关认定，或发现其中存在错报方面具有相关性和可靠性。审计证据的适当性包括相关性和可靠性两个方面，只有既相关又可靠的审计证据才是适当的、高质量的审计证据。

1. 审计证据的相关性

审计证据的相关性是指审计证据与审计目标之间的联系程度，只有获取与审计目标相关联的审计证据才能证实管理层的认定，实现审计目标。例如，注册会计师怀疑被审单位应收账款明细账中某顾客的应收账款可能是虚构的，要确认应收账款是否存在，这时注册会计师应当向该顾客发出询证函进行函证，以确认应收账款的存在；如果注册会计师要确认应收账款是否完整，则通过函证所取得的证据就与完整性目标不相关。

可见，审计证据的相关性必须结合具体审计目标来考虑。在确定审计证据的相关性时，注册会计师应当考虑：

（1）特定的审计程序可能只为某些认定提供相关的审计证据，而与其他认定无关。例如，检查有形资产的审计主要与交易、账户余额、列报（包括披露）的“存在或发生”的相关认定直接相关，但不一定与“权利和义务”的认定相关。

（2）针对同一项认定可以从不同来源获取审计证据或获取不同性质的审计证据。例如，注册会计师可以向银行函证和检查银行对账单，来获取与银行存款存在相关的审计证据。

（3）只与特定认定相关的审计证据并不能替代与其他认定相关的审计证据。例如，与存货实物存在认定相关的审计证据并不能替代与存货权利认定相关的审计证据。

2. 审计证据的可靠性

审计证据的可靠性是指审计证据的可信赖程度。例如，注册会计师取得的律师声明书就比获取的管理层声明书更可靠。

审计证据的可靠性受其来源和性质的影响，并取决于获取审计证据的具体环境。注册会计师通常按照下列原则考虑审计证据的可靠性：

（1）从外部独立来源获取的审计证据比从其他来源获取的审计证据更可靠。从外部独立来源获取的审计证据由于未经过被审计单位人员的接触，其被篡改、伪造的可能性就较小，可靠程度就较高。例如律师声明书、银行询证函回函、应收账款询证函回函、应付账款询证函回函等，可靠程度都较高。而从其他来源获取的审计证据由于经过被审计单位人员的接触，就增加了其被篡改、伪造的可能性，相应的可靠程度就低。例如，银行询证函回函就比银行对账单更可靠。

（2）内部控制有效时内部生成的审计证据比内部控制薄弱时内部生成的审计证据更可靠。设计合理并且执行有效的内部控制可以防止和发现重大错误和舞弊的发生，提高内部记录的可靠性。相反，不存在内控或内控薄弱时，被审计单位发生重大错误或舞弊的可能性就大，所提供的内部记录可信赖程度就低。例如，内控健全有效时提供的存货盘点表就比内部控制薄弱时提供的存货盘点表更可靠。

（3）直接获取的审计证据比间接获取或推论得出的审计证据更可靠。例如，注册会计师重新计算的当年计提的累计折旧比被审单位提供的当年计提的累计折旧的证据更可靠。

（4）以文件、记录形式（无论是纸质、电子或其他介质）存在的审计证据比口头形式的审计证据更可靠。俗话说“空口无凭”，口头证据的可靠性是最低的。口头证据本身并不足以证明事实的真相，往往需要得到其他相应证据的支持，但口头证据可以提供一些重要线索，为进一步审查确认所用。如注册会计师可以向存货保管人员询问有关存货的保管情况，如果得知有部分残次冷背的存货，注册会计师应对这部分存货获取其他审计证据，以证实这部分存货的存在、计价等认定。

（5）从原件获取的审计证据比从传真或复印件获取的审计证据更可靠。注册会计师可审查原件是否有被涂改或伪造的迹象，排除伪证，提高证据的可信赖程度。而传真件或复印件容易变造或伪造，可靠性较低。

注册会计师在按照上述原则评价审计证据的可靠性时，还应当注意可能出现的重要例外情况。例如，审计证据虽是从独立的外部来源获得，但如果该证据是由不知情者或不具备资格者提供，则审计证据也可能是不可靠的。同样，如果注册会计师不具备评价证据的专业能力，那么即使是直接获取的证据，也可能不可靠。例如，如果注册会计师无法区分人造玉石与天然玉石，那么他对天然玉石存货的检查就不可能提供有关天然玉石是否实际存在的可靠证据。

（三）充分性与适当性的关系

充分性和适当性是审计证据的两个重要特征，两者缺一不可，只有充分且适当的审计证据才是有证明力的，才能为得出合理的审计结论、发表恰当的审计意见提供基础。

审计证据的质量也会影响注册会计师需要获取的审计证据的数量。审计证据质量越高，需要的审计证据可能越少。例如，应收账款的积极式函证比消极式函证所取得的审计证据的质量要高，所以单纯采用积极式函证就可以比单纯采用消极式函证的函证数量少一些。但如果审计证据的质量存在缺陷，注册会计师仅靠获取更多的审计证据可能无法弥补其质量上的缺陷。例如，注册会计师应当获取与应付账款完整性相关的证据，而实际获取的却是有关存在的证据，审计证据与审计目标不相关，即使获取的证据再多，也证明不了应付账款的完整性。同样地，如果注册会计师获取的证据不可靠，那么证据数量再多也难以起到证明作用。例如员工串通舞弊，注册会计师获取证据可靠性很差，那么仅靠多获取证据也难以起到证明作用。

（四）评价充分性和适当性时的特殊考虑

1. 对文件记录真伪的考虑

审计工作通常并不涉及鉴定文件记录的真伪，而且注册会计师也不是鉴定文件记录真伪的专家，但应当考虑用作审计证据的信息的可靠性，并考虑与这些信息生成与维护相关的控制的有效性。

如果在审计过程中识别出的情况使其认为文件记录可能是伪造的，或文件记录中的某些条款已发生变动，注册会计师应当作出进一步调查，包括直接向第三方询证，或考虑利用专家的工作以评价文件记录的真伪。例如，发现某销售发票有伪造或篡改的迹象，注册会计师应当作进一步的调查，并考虑是否存在舞弊的可能性，必要时，应当通过适当方式聘请专家鉴定该发票的真伪。

2. 使用被审计单位生成信息的考虑

如果在实施审计程序时使用被审计单位生成的信息，注册会计师应当就这些信息的准确性和完整性获取审计证据。例如，被审计单位使用财务软件生成会计记录，注册会计师可能首先需要利用计算机辅助审计技术来重新计算这些信息，测试与信息生成有关的控制等，然后再实施下一步审计程序。

3. 证据相互矛盾的考虑

如果从不同来源获取的审计证据或获取的不同性质的审计证据不一致，表明某项审计证据不可靠，注册会计师应当追加必要的审计程序。

4. 获取审计证据时对成本的考虑

注册会计师可以考虑获取审计证据的成本与所获取信息的有用性之间的关系，但不应以获取审计证据的困难和成本为由减少不可替代的审计程序。

三、获取审计证据的具体程序

注册会计师可以采用检查、观察、询问、函证、重新计算、重新执行和分析程序等具体审计程序来获取审计证据。

在实施风险评估程序、控制测试或实质性程序时，注册会计师可根据需要单独或综合运用上述程序，以获取充分、适当的审计证据。

（一）检查

检查是指注册会计师对被审计单位内部或外部生成的，以纸质、电子或其他介质形式存在的记录或文件进行审查，或对资产进行实物审查。

检查记录或文件是注册会计师对被审计单位内部或外部生成的，以纸质、电子或其他介质形式存在的记录或文件进行审查。检查记录或文件的目的是对财务报表所包含或应包含的信息进行验证。例如，被审计单位通常对每一笔销售交易都保留一份顾客订单、一张发货单和一份销售发票副本。这些凭证对于注册会计师验证被审计单位记录的销售交易的正确性是有用的证据。检查记录或文件所获取的审计证据的可靠程度取决于记录或文件的来源和性质。检查银行对账单所获取的审计证据比检查银行日记账所获取的审计证据更可靠。

检查有形资产是注册会计师对资产实物进行审查，主要适用于有实物形态的资产项目，如存货、现金、有价证券、应收票据和固定资产等。检查有形资产可为确认其存在性认定提供可靠的审计证据，但不一定能够为权利和义务或计价认定提供可靠的审计证据。

（二）观察

观察是指注册会计师察看相关人员正在从事的活动或执行的程序。例如，对客户执行的存货盘点或控制活动进行观察。观察提供的审计证据仅限于观察发生的时点，并且在相关人员已知被观察时，相关人员从事活动或执行程序可能与日常的做法不同，从而影响注册会计师对真实情况的了解。所以这一程序所获取的审计证据的可靠性受所选择的观察时点、观察的人员的影响。

（三）询问

询问是指注册会计师以书面或口头方式，向被审计单位内部或外部的知情人员获取财务信息和非财务信息，并对答复进行评价的过程。知情人员对询问的答复可能会为注册会计师提供尚未获悉的信息或佐证证据，也可能提供与已获悉信息存在重大差异的信息。注册会计师应当根据询问结果考虑修改审计程序或实施追加的审计程序。通过询问所获取的审计证据的可靠性较差，它本身不足以发现认定层次存在的重大错报，也不足以测试内部控制运行的有效性，但可以为注册会计师提供审计线索，注册会计师应当在询问的基础上实施其他审计程序以获取充分、适当的审计证据。

（四）函证

函证是指注册会计师为了获取影响财务报表或相关披露认定的项目的信息，通过直接来自第三方对有关信息和现存状况的声明，获取和评价审计证据的过程。例如，向被审单位银行函证其银行存款、银行借款，以获取审计证据。由于函证所获取的审计证据直接来自第三方，所以其证据的可靠性比较高。

（五）重新计算

重新计算是指注册会计师以人工方式或使用计算机辅助审计技术，对记录或文件中的数据计算准确性进行核对。例如，注册会计师对本期计提的累计折旧、坏账准备等的重新计算。这一程序主要与股价或分摊认定相关，而且由于是注册会计师亲自获取的审计证据，其可靠性也比较高。

（六）重新执行

重新执行是指注册会计师以人工方式或使用计算机辅助审计技术，重新独立执行作为被审计单位内部控制组成部分的程序或控制。这一程序主要与内部控制运行有效性的审计证据相关。

（七）分析程序

分析程序是指注册会计师通过研究不同财务数据之间以及财务数据与非财务数据之间的内在关系，对财务信息作出评价。分析程序还涉及调查识别出与其他相关信息不一致或与预期数据严重偏离的波动和关系。

四、审计程序的分类

以上七个具体审计程序如果按审计程序的性质和目的分类，可以分为风险评估程序、控制测试（必要时或决定测试时）和实质性程序。

（一）风险评估程序

注册会计师应当实施风险评估程序，以此作为评估财务报表层次和认定层次重大错报风险的基础。风险评估程序为注册会计师确定重要性水平、识别需要特别考虑的领域、设计和实施进一步审计程序等工作提供了重要基础，有助于注册会计师合理分配审计资源，获取充分、适当的审计证据。关于如何实施风险评估程序，可参见本书第八章有关内容，或参见《中国注册会计师审计准则第 1211 号——通过了解被审计单位及其环境识别和评估重大错报风险》及其指南。

（二）控制测试

实施控制测试的目的是测试内部控制在防止、发现并纠正认定层次重大错报方面的运行有效性，从而支持或修正重大错报风险的评估结果，据以确定实质性程序的性质、时间和范围。关于如何实施控制测试程序，可参见本书第八章，或参见《中国注册会计师审计准则第 1231 号——针对评估的重大错报风险采取的应对措施》及其指南。

但是控制测试并不是每次财务报表审计都必须要实施的程序，只有当存在下列情形之一时，实施控制测试才是必要的：

（1）在评估认定层次重大错报风险时，预期控制的运行是有效的，注册会计师应当实施控制测试以支持结果。

（2）仅实施实质性程序不足以提供有关认定层次的充分、适当的审计证据，注册会计师应当实施控制测试，以获取内部控制有效性的审计证据。

（三）实质性程序

注册会计师应当针对评估的重大错报风险设计和实施实质性程序，以应对评估的重大错报风险。实质性程序包括对各类交易、账户余额、列报的细节测试以及实质性分析程序。

注册会计师对重大错报风险的评估是一种判断，可能无法充分识别所有的重大错报风险，并且由于内部控制存在固有局限性，无论对重大错报风险的评估结果如何，注册会计师都应当针对所有重大的各类交易、账户余额、列报实施实质性程序。

因此，注册会计师必须执行实质性程序，以获取充分、适当的审计证据。关于如何实施实质性程序，可参见本书第八章，或参见《中国注册会计师审计准则第 1231 号——针对评估的重大错报风险采取的应对措施》及其指南。

由此可见，风险评估程序和实质性程序是每次财务报表审计都应实施的必要程序，控制测试则不是。在财务报表审计中，注册会计师必须通过实施风险评估程序、控制测试（必要时或决定测试时）和实质性程序，才能获取充分、适当的审计证据，得出合理的审计结论，作为形成审计意见的基础。

五、分析程序在财务报表审计中的应用

（一）分析程序的含义及作用

1. 分析程序的含义

分析程序是指注册会计师通过研究不同财务数据之间以及财务数据与非财务数据之间的内在关系，对财务信息作出评价。通常，某些财务数据之间以及财务数据与非财务数据之间存在一定的内在关系，除非情况发生变化，这种关系将持续存在。例如，销售毛利与营业收入之间一般有某种关系存在，除非售价、销售组合或成本结构等发生变动，否则该关系将维持不变。分析财务数据之间以及财务数据与非财务数据之间的内在关系，是分析程序的切入点，也是分析程序区别于其他审计程序的主要特征。

分析程序还包括调查识别出与其他相关信息不一致或与预期数据严重偏离的波动和关系。如果注册会计师在实施分析程序时识别出与其他相关信息不一致或与预期数据严重偏离的波动和关系，可能表明财务报表存在重大错报风险。注册会计师应结合其他审计程序，对异常项目作进一步调查，以获取对差异的合理解释或存在重大错报风险的佐证证据。

分析程序已广泛应用于财务报表审计的各个阶段。

2. 分析程序的作用

（1）用作风险评估程序，以了解被审计单位及其环境。

注册会计师实施风险评估程序的目的在于了解被审计单位及其环境，并评估财务报表层次和认定层次的重大错报风险，分析程序用于风险评估过程也同样是这一目的。注册会计师在风险评估过程中实施分析程序，有助于发现财务报表中的异常变化，或者预期发生而未发生的变化，从而识别出存在潜在重大错报风险的领域。实施分析程序还有助于注册会计师发现财务状况、经营情况发生变化的信息和征兆，以识别可能表明被审计单位持续经营能力问题的事项。

（2）当使用分析程序比细节测试能更有效地将认定层次的检查风险降至可接受的水平时，分析程序可以用作实质性程序。

在针对评估的重大错报风险实施进一步审计程序时，如果认为使用分析程序比细节测试能更有效地将认定层次的检查风险降至可接受的水平，注册会计师可以考虑将分析程序用作实质性程序，单独或结合其他细节测试，以收集充分、适当的审计证据。

（3）在审计结束或临近结束时用以对财务报表进行总体复核。

在审计结束或临近结束的总体复核阶段，注册会计师可以运用分析程序，在已收集的审计证据的基础上，对财务报表整体的合理性作最终把握，评价报表仍然存在重大错报风险而未被发现的可能性，考虑是否需要追加审计程序，以便为发表审计意见提供合理基础。

（二）分析程序用作风险评估程序

注册会计师在将分析程序用作风险评估程序时，应当遵守《中国注册会计师审计准则第1211号——通过了解被审计单位及其环境识别和评估重大错报风险》的相关规定。注册会计师可以将分析程序与询问、检查和观察程序结合运用，以获取对被审计单位及其环境的了解，识别和评估财务报表层次及具体认定层次的重大错报风险。

在运用分析程序时，注册会计师应重点关注关键的账户余额、趋势和财务比率关系等方面，对其形成一个合理的预期，并与被审计单位记录的金额、依据记录金额计算的比率或趋势相比较。如果运用分析程序的结果显示的比率、比例或趋势与注册会计师对被审计单位及其环境的了解不一致，并且被审计单位管理层无法提出合理的解释，或者无法取得相关的支持性文件证据，注册会计师应当考虑其是否表明被审计单位的财务报表存在重大错报风险。例如，注册会计师通过对被审计单位及其环境的了解，得知被审计单位所在行业的整体市场环境萎缩，毛利率普遍下降。因此，注册会计师预期被审计单位在整体供产销形势没有大的变化的情况下，毛利率也应有所下降。但是，通过实施分析程序得出被审计单位本期实际毛利率与上期基本一致，注册会计师据此认为被审计单位的销售收入或销售成本可能存在重大错报风险，应给予足够的关注。

需要注意的是，风险评估程序中运用的分析程序的主要目的在于识别那些可能表明财务报表存在重大错报风险的异常变化。因此，所使用的数据汇总性比较强，其对象主要是财务报表中账户余额及其相互之间的关系；所使用的分析程序通常包括对账户余额变化的分析，并辅之以趋势分析和比率分析。

与实质性分析程序相比，在风险评估过程中使用的分析程序所进行比较的性质、预期值的精确程度，以及所进行的分析和调查的范围，都并不足以提供很高的保证水平。

（三）分析程序用作实质性程序

注册会计师应当针对评估的认定层次重大错报风险设计和实施实质性程序。实质性程序包括对各类交易、账户余额、列报的细节测试以及实质性分析程序。用作实质性程序的分析程序称为实质性分析程序。

1. 运用的目的

当使用分析程序比细节测试能更有效地将认定层次的检查风险降至可接受的水平时，

注册会计师可以考虑单独或结合细节测试，运用实质性分析程序，收集充分、适当的审计证据。此时运用分析程序可以减少细节测试的工作量，降低审计风险，节约审计成本，提高审计工作的效率和效果。

尽管分析程序有特定的作用，但并未要求注册会计师在实施实质性程序时必须使用分析程序。此外，相对于细节测试而言，实质性分析程序能够达到的精确度可能受到种种限制，所提供的证据在很大程度上是间接证据，证明力相对较弱。从审计过程整体来看，注册会计师不能仅依赖实质性分析程序。

2. 实质性分析程序的适用性

分析程序在运用时有一定的前提，并不适用于所有的财务报表认定，如果数据之间不存在稳定的可预期关系，注册会计师将无法运用实质性分析程序。因此，实质性分析程序通常更适用于在一段时期内存在可预期关系的大量交易。

在信赖实质性分析程序的结果时，注册会计师应当考虑实质性分析程序存在的风险，即分析程序的结果显示数据之间虽存在可预期关系而实际上却存在重大错报。例如，由于管理层虚构被审计期间利润，粉饰经营业绩，使被审计单位的平均利润水平接近于行业平均水平，而实际的利润水平是落后于行业的平均水平的。在这种情况下，注册会计师实施分析程序时使用行业比较数据可能会被误导。

在确定实质性分析程序对特定认定的适用性时，注册会计师应当考虑下列因素：

（1）评估的重大错报风险。由于实质性分析程序所获取证据的精确程度受到一定的限制，所以评估的重大错报风险水平越高，注册会计师在使用实质性分析程序时越应当谨慎。尤其是针对特别风险注册会计师仅实施实质性程序时，应结合使用细节测试，以获取充分、适当的审计证据。

（2）针对同一认定的细节测试。在对同一认定实施细节测试的同时实施实质性分析程序可能是适当的。

（四）分析程序用作总体复核

1. 运用的目的

在审计结束或临近结束时，注册会计师运用分析程序的目的是确定财务报表整体是否与其对被审计单位的了解一致。在这一阶段必须运用分析程序，是强制要求。

2. 总体复核阶段分析程序的特点

在总体复核阶段实施的分析程序主要强调并解释财务报表项目自上个会计期间以来发生的重大变化，以证实财务报表中列报的所有信息与注册会计师对被审计单位及其环境的了解一致，与注册会计师取得的审计证据一致。

另外，因为在总体复核阶段实施的分析程序并非是为了对特定账户余额和披露提供实质性的保证，因此并不如实质性分析程序那样详细和具体，而往往集中在财务报表层次。

3. 再评估重大错报风险

在运用分析程序进行总体复核时，如果识别出以前未识别的重大错报风险，注册会计师应当重新考虑对全部或部分各类交易、账户余额、列报评估的风险是否恰当，并在此基础上重新评价之前计划的审计程序是否充分，是否有必要追加审计程序。

第二节 审计工作底稿

一、审计工作底稿的含义和性质

（一）审计工作底稿的含义及编制目的

1. 含义

审计工作底稿，是指注册会计师对制订的审计计划、实施的审计程序、获取的相关审计证据，以及得出的审计结论做出的记录。审计工作底稿是审计证据的载体，反映了整个审计过程，是注册会计师在审计过程中形成的审计工作记录和获取的资料。

2. 编制目的

注册会计师应当及时编制审计工作底稿，以实现下列目的：

（1）提供充分、适当的记录，作为注册会计师形成审计结论、发表审计意见的直接依据，是审计报告的基础。

（2）提供证据，证明注册会计师已按照审计准则和相关法律法规的规定计划和执行了审计工作。在会计师事务所因执业质量而涉及诉讼或有关监管机构进行执业质量检查时，审计工作底稿能够提供证据，证明会计师事务所是否按照审计准则的规定执行了审计工作。

（二）审计工作底稿的存在形式和范围

1. 审计工作底稿的存在形式

审计工作底稿可以以纸质、电子或其他介质形式存在。

随着信息技术的广泛运用，审计工作底稿的形式已从传统的纸质形式扩展到电子或其他介质形式。但无论审计工作底稿以哪种形式存在，会计师事务所都应当针对审计工作底稿设计和实施适当的控制。会计师事务所应当按照《会计师事务所质量控制准则第 5101 号——业务质量控制》的规定，对审计工作底稿实施适当的控制程序，以满足以下要求：（1）安全保管审计工作底稿并对审计工作底稿保密；（2）保证审计工作底稿的完整性；（3）便于对审计工作底稿的使用和检索；（4）按照规定的期限保存审计工作底稿。

对每项具体审计业务，无论以哪种形式存在的审计工作底稿都应一并归档，以便于会计师事务所内部的质量控制和外部执业检查或调查。

2. 审计工作底稿的范围

审计工作底稿通常包括总体审计策略、具体审计计划、分析表、问题备忘录、重大事项概要、询证函回函、管理层声明书、核对表、有关重大事项的往来信件（包括电子邮件），以及对被审计单位文件记录的摘要或复印件等。

此外，审计工作底稿通常还包括业务约定书、管理建议书、项目组内部或项目组与被审计单位举行会议的记录、与其他人士（如其他注册会计师、律师、专家等）的沟通文件及错报汇总表等。

但审计工作底稿通常不包括已被取代的审计工作底稿的草稿或财务报表的草稿、对不全面或初步思考的记录、因存在印刷错误或其他错误而作废的文本，以及重复的文件记录等。

二、审计工作底稿的编制

（一）编制审计工作底稿的总体要求

注册会计师编制的审计工作底稿，其格式、内容因具体审计业务的性质、评估的重大风险水平等不同而不同，但无论谁编制的工作底稿，都应当使得未曾接触该项审计工作的有经验的专业人士清楚地了解以下内容：

（1）按照审计准则的规定实施的审计程序的性质、时间和范围。

（2）实施审计程序的结果和获取的审计证据。

（3）就重大事项得出的结论。

这里所谓的有经验的专业人士，是指对审计过程、相关法律法规和审计准则的规定、被审计单位所处的经营环境以及与被审计单位所处行业相关的会计和审计问题等方面有合理了解的人士，包括被审计单位的股东、政府有关部门等。

（二）确定审计工作底稿的格式、内容和范围时须考虑的因素

在确定审计工作底稿的格式、内容和范围时，注册会计师应当考虑下列因素。

1. 实施审计程序的性质

注册会计师实施的审计程序不同，编制的审计工作底稿的格式、内容和范围可能也不同。例如，注册会计师实施观察存货内部控制制度执行情况所编制的工作底稿，与测试存货计价计算存货成本所编制的审计工作底稿是不同的。

2. 已识别的重大错报风险

识别和评估的重大错报风险水平不同，注册会计师实施的审计程序和获取的审计证据可能也不相同。通常重大错报风险水平越高，注册会计师越要实施较多的审计程序并获取更多审计证据，使审计风险水平降至可接受的水平，因此所编制的审计工作底稿越详细、内容越多且范围越广。

3. 在执行审计工作和评价审计结果时需要作出判断的范围

注册会计师通常在不同程度上需要运用职业判断选择和实施审计程序，以及评价审计结果。作出职业判断时所考虑的因素及范围可能使注册会计师编制出不同内容和范围的审计工作底稿。

4. 已获取审计证据的重要程度

注册会计师实施的审计程序不同，可能会获取不同的审计证据，即便同一项审计程序也可能获取到不同的审计证据，而这些审计证据的相关性和可靠性也会有所不同，有的证据的证明力强，而有的证据的证明力则较弱，注册会计师可能区分不同的审计证据作有选择性的记录。因此，审计证据的重要程度也会影响审计工作底稿的格式、内容和范围。

5. 已识别的例外事项的性质和范围

注册会计师在执行审计程序时常会发现有例外事项，而例外事项的性质不同，可能会导致审计工作底稿的格式、内容和范围不同。例如，注册会计师在实施应收账款函证程序

时发现，某顾客的函证回函表明存在不符事项，如果实施恰当程序后发现该不符事项是由于双方的记账时间不一致造成的，并未构成错报，注册会计师可能只在审计工作底稿中解释例外事项发生的原因及其影响。反之，如果该例外事项构成重大错报，注册会计师需要执行额外的审计程序，获取更多的审计证据，由此编制的审计工作底稿的内容会更丰富，范围会更广。

6. 当从已执行审计工作或获取审计证据的记录中不易确定结论或结论的基础时，记录结论或结论基础的必要性

在某些情况下，特别是涉及复杂事项时，注册会计师仅将已执行的审计工作或获取的审计证据记录下来，可能使其他注册会计师不容易分析得出合理审计结论或结论的基础，因此，注册会计师应当考虑在工作底稿中进一步说明记录得出结论的基础及其结论。

7. 使用的审计方法和工具

使用的审计方法和工具可能影响审计工作底稿的格式、内容和范围。例如，使用计算机辅助审计技术和采用人工方式实施审计程序时测试范围可能不同，由此形成的审计工作底稿在格式、范围等方面可能也会有所不同。

（三）审计工作底稿的要素

虽然审计工作底稿的形式有好几种，但审计工作底稿通常包括下列全部或部分要素：

（1）被审计单位名称。

（2）审计项目名称。

（3）审计项目时点或期间。

（4）审计过程记录。

（5）审计结论。

（6）审计标识及其说明。

（7）索引号及编号。

（8）编制者姓名及编制日期。

（9）复核者姓名及复核日期。

（10）其他应说明事项。

三、审计工作底稿的归档

注册会计师应当按照会计师事务所质量控制政策和程序的规定，及时将审计工作底稿归整为最终审计档案。

（一）审计工作底稿归档的期限及性质

1. 审计工作底稿归档的期限

审计工作底稿的归档期限为审计报告日后60日内。如果注册会计师未能完成审计业务，审计工作底稿的归档期限为审计业务终止后的60日内。如果会计师事务所受托对同一客户的同一财务信息执行不同的委托业务，出具两个或两个以上的报告，则会计师事务所应当将其视为不同的业务，在规定的归档期限内分别将审计工作底稿归整为最终审计档案。

2. 审计工作底稿归档的性质

在审计报告日后将审计工作底稿归整为最终审计档案是一项事务性的工作，不涉及实

施新的审计程序或得出新的结论。

如果在归档期间对审计工作底稿做出的变动属于事务性的，注册会计师可以做出变动，主要包括：

（1）删除或废弃被取代的审计工作底稿。

（2）对审计工作底稿进行分类、整理和交叉索引。

（3）对审计档案归整工作的完成进行核对并签字认可。

（4）记录在审计报告日前获取的、与审计项目组相关成员进行讨论并取得一致意见的审计证据。

（二）审计工作底稿归档后的变动

一般情况下，在完成最终审计档案的归档工作后，不需要对审计工作底稿进行修改或增加。注册会计师发现有必要修改现有审计工作底稿或增加新的审计工作底稿的情形主要有以下两种：

第一，注册会计师已实施了必要的审计程序，取得了充分、适当的审计证据并得出了恰当的审计结论，但审计工作底稿的记录不够充分。

第二，审计报告日后，发现例外情况要求注册会计师实施新的或追加审计程序，或导致注册会计师得出新的结论。

无论修改或增加的性质如何，注册会计师均应当记录下列事项：

（1）修改或增加审计工作底稿的时间和人员，以及复核的时间和人员。

（2）修改或增加审计工作底稿的具体理由。

（3）修改或增加审计工作底稿对审计结论产生的影响。

修改现有审计工作底稿主要是指在保持原审计工作底稿所记录的信息，即在对原记录信息不予删除（包括涂改、覆盖等方式）的前提下，采用增加新信息的方式予以修改。

在完成最终审计档案的归整工作后，注册会计师不得在规定的保存期届满前删除或废弃审计工作底稿。

（三）审计工作底稿的保存期限

会计师事务所应当自审计报告日起，对审计工作底稿至少保存 10 年。如果注册会计师未能完成审计业务，会计师事务所应当自审计业务中止日起，对审计工作底稿至少保存 10 年。

在完成最终审计档案的归档工作后，注册会计师不得在规定的保存期届满前删除或废弃审计工作底稿。

第七章

审计抽样

摘要

本章第一节首先介绍了审计抽样的定义、种类，审计程序对审计抽样和其他选取测试项目的方法的影响，在此基础上讨论了抽样风险和非抽样风险及其控制。第二节讨论了在审计抽样中样本设计的基本要求以及影响样本规模的因素，在此基础上重点介绍了选取样本的几种基本方法——随机数表或计算机辅助审计技术选样、系统选样、随意选样和金额加权选样，以及对样本实施的审计程序的考虑。第三节在对样本误差讨论的基础上重点介绍了推断总体误差的三种方法——差额估计法、比率估计法、均值估计法。本章的基本学习要求是在理解概念的基础上熟悉选样方法和推断总体误差的方法。

第一节　审计抽样概述

随着企业规模的扩大和经营复杂程度的不断上升，使得注册会计师实施详细审计变得既不可行又没有必要。为了在合理的时间内以合理的成本完成审计工作，审计抽样应运而生。审计抽样就是帮助注册会计师确定实施审计程序的范围，以获取充分、适当的审计证据，得出合理的结论，作为形成审计意见的基础。

一、审计抽样的定义

审计抽样（即抽样），是指注册会计师对具有审计相关性的总体中低于百分之百的项目实施审计程序，使所有抽样单元都有被选取的机会，为注册会计师针对整个总体得出结论提供合理基础。审计抽样能够使注册会计师获取和评价有关所选取项目某一特征的审计证据，以形成或有助于形成有关总体的结论。总体，是指注册会计师从中选取样本并期望据此得出结论的整个数据集合。

审计抽样应当具备三个基本特征：（1）对某类交易或账户余额中低于百分之百的项目实施审计程序；（2）所有抽样单元都有被选取的机会；（3）审计测试的目的是评价该账户余额或交易类型的某一特征。

审计抽样并非在所有审计程序中都可以使用。注册会计师拟实施的审计程序将对运用审计抽样产生重要影响。风险评估程序通常不涉及审计抽样。注册会计师通常实施的询问、观察和分析程序也不适宜抽样。

二、抽样风险与非抽样风险

在获取审计证据时，注册会计师应当运用职业判断，评估重大错报风险，并设计进一步审计程序，以确保将审计风险降至可接受的低水平。审计风险取决于重大错报风险和检查风险。抽样风险和非抽样风险可能影响重大错报风险的评估和检查风险的确定。

（一）抽样风险

抽样风险是指注册会计师根据样本得出的结论，与对总体全部项目实施与样本同样的审计程序得出的结论存在差异的可能性。例如，实施控制测试时，注册会计师在100个样本项目中发现2个偏差，并由此认为控制运行有效。但实际上，该总体的实际偏差率为8%，注册会计师本该作出控制未有效运行的结论。注册会计师错误地接受总体，是因为样本特征与总体实际特征不一致。

抽样风险可分为以下两种类型：

（1）在实施控制测试时，注册会计师推断的控制有效性高于其实际有效性的风险，有时被称为信赖过度风险；或在实施细节测试时，注册会计师推断某一重大错报不存在实际上存在的风险，有时被称为误受风险。无论是信赖过度风险还是误受风险，都将影响审计的效果，并可能导致注册会计师发表不恰当的审计意见。

（2）在实施控制测试时，注册会计师推断的控制有效性低于其实际有效性的风险，有时被称为信赖不足风险；或在实施细节测试时，注册会计师推断某一重大错报存在实际上不存在的风险，有时被称为误拒风险。无论是信赖不足风险还是误拒风险，都将影响审计的效率。

只要使用了审计抽样，抽样风险就会存在。对特定样本而言，抽样风险与样本规模呈反方向变动：样本规模越大，抽样风险越小；样本规模越小，抽样风险越大。因此，无论是控制测试还是细节测试，注册会计师都可以通过扩大样本规模来控制抽样风险。

（二）非抽样风险

非抽样风险是指由于某些与样本规模无关的因素而导致注册会计师得出错误结论的可能性。也就是说，注册会计师即使对某类交易或账户余额的所有项目实施某种审计程序，也可能仍未能发现重大错报或控制失效。

审计过程中，非抽样风险产生的原因包括：

（1）注册会计师选择的总体不适合于测试目标。

（2）注册会计师未能适当地定义控制偏差或错报，导致注册会计师未能发现样本中存在的偏差或错报。

（3）注册会计师选择了不适于实现特定目标的审计程序。例如，注册会计师依赖应收账款函证来揭露未入账的应收账款。

（4）注册会计师未能适当地评价审计发现的情况。例如，注册会计师错误解读审计证据导致没有发现误差；对所发现误差的重要性的判断有误，从而忽略了性质十分重要的误差，也可能导致得出不恰当的结论。

（5）其他原因。

非抽样风险虽然不能量化控制，但注册会计师可以通过对业务的指导、监督与复核，以及设计更合适的审计程序等，来降低非抽样风险。

三、统计抽样和非统计抽样

注册会计师在运用审计抽样时，既可以使用统计抽样方法，也可以使用非统计抽样方法，这取决于注册会计师的职业判断。统计抽样，是指同时具备下列特征的抽样方法：（1）随机选取样本项目；（2）运用概率论评价样本结果，包括计量抽样风险。不同时具备以上两个特征的抽样方法为非统计抽样。

注册会计师应当根据具体情况并运用职业判断，确定使用统计抽样或非统计抽样方法，以最有效率地获取审计证据。注册会计师在统计抽样与非统计抽样方法之间进行选择时主要考虑成本效益。统计抽样的优点在于能够客观地计量抽样风险，并通过调整样本规模精确地控制风险，这是与非统计抽样最重要的区别。另外，统计抽样还有助于注册会计师高效地设计样本，计量所获取证据的充分性，以及定量评价样本结果。但统计抽样又可能发生额外的成本。非统计抽样如果设计适当，也能提供与统计抽样方法同样有效的结果。注册会计师使用非统计抽样时，也必须考虑抽样风险并将其降至可接受水平，但无法精确地测定出抽样风险。

不管是统计抽样还是非统计抽样，两种方法都要求注册会计师在设计、实施和评价样本时运用职业判断。另外，对选取的样本项目实施的审计程序通常也与使用的抽样方法无关。

第二节　样本的设计与选取

一、样本的设计

在设计审计样本时，注册会计师应当考虑审计程序的目标和抽样总体的属性。注册会计师应当根据所获取的审计证据的性质，以及与该审计证据相关的可能的误差情况或其他特征，界定误差构成条件和抽样总体。

（一）总体

如前所述，总体是指注册会计师从中选取样本并据此得出结论的整套数据。总体既可以是交易或余额的所有项目，也可以是交易或余额中的部分项目。例如，对应收账款期末余额实施抽样，当余额中不包括重大或异常项目时，则抽样总体应该是构成期末余额的所有项目。当注册会计师已经使用选取特定项目的方法将个别重大或异常项目单独挑选出来测试，只对剩余的余额进行抽样，则总体只是构成应收账款期末余额的部分项目。

注册会计师应当确保总体的适当性和完整性。适当性是指注册会计师所确定的总体适合于特定的审计目标，包括适合于测试的方向。例如，注册会计师的审计目标是测试应付账款的高估，总体可以定义为应付账款清单。但在测试应付账款的低估时，总体就不是应付账款清单，而是后来支付的证明、未付款的发票、供货商的对账单、没有销售发票对应的收货报告，或能提供低估应付账款的审计证据的其他总体。完整性是指审计对象总体应包括需得出结论的整套数据的全部项目。

（二）分层

如果总体项目存在重大的变异性，注册会计师应当考虑分层。

分层是指将一个总体划分为多个子总体的过程，每个子总体由一组具有相同特征（通常为货币金额）的抽样单元组成。分层可以降低每一层中项目的变异性，从而在抽样风险没有成比例增加的前提下缩小样本规模。

当实施细节测试时，注册会计师通常按照货币金额对某类交易或账户余额进行分层，以将更多的审计资源投入到大额项目中。也可以按照显示较高误差风险的某一特定特征对总体进行分层。对某一层中的样本项目实施审计程序的结果，只能用于推断构成该层的项目。如果对整个总体作出结论，注册会计师应当考虑与构成整个总体的其他层有关的重大错报风险。表 7-1 为应收账款函证分层的示例。

表 7-1　　应收账款函证分层

明细户余额	账户个数	函证的明细户数量
大于 10 000 元	20	20
5 000～10 000 元	50	20
小于 5 000 元	100	10
合计	170	50

（三）样本规模

样本规模是指从总体中选取样本项目的数量。在确定样本规模时，注册会计师应当考虑能否将抽样风险降至可接受的低水平。样本规模受到下列多种因素的影响：

（1）可接受的抽样风险。可接受的抽样风险水平越低，需要的样本规模越大。

（2）可容忍误差。可容忍误差是指注册会计师能够容忍的最大误差。在其他因素既定的条件下，可容忍误差越大，所需的样本规模越小。

（3）预计总体误差。对总体的预计误差率或误差额的评估，有助于设计审计样本和确定样本规模。预计总体误差即注册会计师预期在审计过程中发现的误差。预计总体误差越大，可容忍误差也应当越大。在既定的可容忍误差下，当预计总体误差增加时，所需的样本规模增大。

（4）总体变异性。总体变异性是指总体的某一特征（如金额）在各项目之间的差异程度。总体项目的变异性越低，通常样本规模越小。注册会计师可以通过分层降低总体变异性。

（5）总体规模。当总体非常小时，总体规模对样本规模才会产生影响。

表 7-2 列示了影响样本规模的因素以及这些因素在控制测试和细节测试中的表现形式。

表 7-2　影响样本规模的因素

影响因素	控制测试	细节测试	与样本规模的关系
可接受的抽样风险	可接受的信赖过度风险	可接受的误受风险	反向变动
可容忍误差	可容忍偏差率	可容忍错报	反向变动
预计总体误差	预计总体偏差率	预计总体错报	同向变动
总体变异性	—	总体变异性	同向变动
总体规模	总体规模	总体规模	影响很小

二、样本的选取

（一）基本要求

在选取样本时，应使所有的抽样单元都有被选取的机会，这是审计抽样的基本特征。无论使用统计抽样或非统计抽样方法，所有的审计抽样均要求注册会计师选取的样本对总体来讲具有代表性，否则就无法根据样本结果推断总体。

（二）基本方法

选取样本的基本方法，包括使用随机数表或计算机辅助审计技术选样、系统选样、随意选样和金额加权选样。

1. 使用随机数表或计算机辅助审计技术选样

使用随机数表或计算机辅助审计技术选样又称随机数选样。使用随机数表选样需以总体中的每一项目都有不同的编号为前提。应用随机数表选样的步骤如下：

（1）对总体项目进行编号，建立总体中的项目与表中数字的一一对应关系。一般情况下，编号可利用总体项目中原有的某些编号，如凭证号、支票号、发票号等。所需使用的随机数的位数一般由总体项目数或编号位数决定。例如，从 0001～2000 连续编号的支票中，抽取 10 张进行检查，以 5 位随机数表的前 4 位数字建立总体项目与表中数字的一一对应关系。

（2）确定连续选取随机数的方法。即从随机数表中选择一个随机起点和一个选号路线。随机起点和选号路线可以任意选择，但一经选定就不得改变。

（3）按照确定的起点和选号路线依次查找符合总体项目编号要求的数字，即选中样本。从随机数表中任选一行或任何一栏开始，按照一定的方向（上下、左右均可）依次查找，符合总体项目编号要求的数字，即为选中的号码，与此号码相对应的总体项目即为选取的样本项目，一直到选足所需的样本量为止。如上例，从随机数表（见表 7-3）的第一行第一列开始，使用前四位随机数，逐行向右查找，则选中的样本为 1785，0158，1248，0897，0741，0903，1644，0941，0020，1770 编号的 10 个记录。

表 7-3　随机数表

行＼列	1	2	3	4	5	6	7	8	9	10
1	32044	17859	29655	92114	40582	69037	01584	12487	77184	46505
2	23821	96070	82592	81642	08971	07411	09037	81530	56195	98425
3	82383	94987	16441	28677	95961	78346	37916	09416	42438	48432
4	68310	21792	71635	86089	38157	95620	96718	79554	00209	17705
5	94856	76940	22165	01414	01413	37231	05509	37489	56459	52983

随机数表选样不仅使总体中每个抽样单元被选取的概率相等，而且使相同数量的抽样单元组成的每种组合被选取的概率相等，尤其适合于统计抽样。

2. 系统选样

系统选样也称等距选样，是指按照相同的间隔从审计对象总体中等距离地选取样本的一种选样方法。采用系统选样法，首先要计算选样间距，确定选样起点，然后再根据间距顺序地选取样本。选样间距的计算公式如下：

$$选样间距=\frac{总体规模}{样本规模}$$

例如，如果销售发票的总体范围是 652～3 151，设定的样本量是 125，那么选样间距为 20［＝（3 152－652）÷125］。注册会计师必须从 0 到 19 中选取一个随机数作为抽样起点。如果随机选择的数码是 9，那么第一个样本项目是发票号码为 661（＝652＋9）的那一张，其余的 124 个项目是 681（＝661＋20），701（＝681＋20）……依此类推直至第 3141 号。

系统选样方法的主要优点是使用方便，可用于无限总体，对总体中的项目也不需要编号。但是，使用系统选样方法要求总体必须是随机排列的，否则容易发生较大的偏差。

3. 随意选样

随意选样也叫任意选样，是指注册会计师不带任何偏见地选取样本，即注册会计师不考虑样本项目的性质、大小、外观、位置或其他特征而选取总体项目。随意选样的主要缺点在于很难完全无偏见地选取样本项目，即这种方法难以彻底排除注册会计师的个人偏好对选取样本的影响，因而很可能使样本失去代表性。

4. 金额加权选样

在实施细节测试时，特别是测试高估时，将构成某类交易或账户余额的每一货币单位（而不是每张发票或每笔业务）作为抽样单元，通常效率很高。注册会计师通常从总体中选取特定货币单位（如 3 000 元），然后检查包含这些货币单位的特定项目。使用这种方法定义抽样单元时，大额项目因被选取的机会更大而获得更多的审计资源，且样本规模降低。金额加权选样示例见表 7-4。

表 7-4　金额加权选样

发票编号	发票金额（元）	累计金额（元）	选中的测试项目
1119	600	600	
1120	4 500	5 100	√

续前表

发票编号	发票金额（元）	累计金额（元）	选中的测试项目
1121	300	5 400	
1122	800	6 200	√
1123	3 500	9 700	√

三、对样本实施审计程序

注册会计师应当针对选取的每个项目，实施适合于具体审计目标的审计程序。对选取的样本项目实施审计程序，旨在发现并记录样本中存在的误差。如果选取的项目不适合实施计划的审计程序，注册会计师通常应使用替代项目。如果因凭证缺失等原因导致注册会计师无法对所选取的项目实施已设计的审计程序，且不能针对该项目实施适当的替代审计程序，注册会计师通常应考虑将该项目视作误差。

第三节　抽样结果的评价

一、分析样本误差

在实施控制测试时，误差是指控制偏差；在实施细节测试时，误差是指金额错报。注册会计师应当考虑样本的结果、已识别的所有误差的性质和原因及其对具体审计目标和审计的其他方面可能产生的影响，并对样本结果中的所有误差进行定性分析。

（一）控制测试时对误差的考虑

当实施控制测试时，注册会计师应当获取控制在整个拟信赖的期间有效运行的充分、适当的审计证据。当识别出控制的运行存在误差时，注册会计师应当进行专门调查，并考虑：第一，已识别的误差对财务报表的直接影响；第二，内部控制的有效性及其对审计方法的影响。如果对偏差的分析表明是故意违背了既定的内部控制政策或程序，注册会计师应考虑存在重大舞弊的可能性。在这种情况下，注册会计师应当确定实施的控制测试能否提供适当的审计证据，是否需要增加控制测试，或是否需要使用实质性程序应对潜在的错报风险。

（二）系统性误差的处理

在分析发现的误差时，注册会计师可能注意到许多误差具有共同的特征。在这种情况下，注册会计师应当考虑识别出总体中具有共同特征的全部项目，并将审计程序延伸至所有这些项目。这些误差有可能是故意的，并显示可能存在舞弊。

（三）异常误差

异常误差是指由某一孤立事件引起的误差，该事件只有在特定条件下才会重复发生，因而异常误差对总体误差不具有代表性。如果将某一误差视为异常误差，注册会计师应当实施追加的审计程序，以高度确信该误差对总体误差不具有代表性。追加的审计程序取决于具体情况，但应能为注册会计师提供充分、适当的审计证据，以证明该误差并不影响总体的剩余部分。

二、推断总体误差

在实施控制测试时，由于样本的误差率就是总体的误差率，所以注册会计师无须推断总体误差。在实施细节测试时，注册会计师应根据样本中发现的误差金额推断总体误差金额。根据样本中已发现的错漏报推断总体误差的方法主要有差额估计法、比率估计法、均值估计法。

（一）差额估计法

差额估计法是以样本实际金额与账面金额的平均差额来估计总体实际金额与账面金额的平均差额，然后再以这个平均差额乘以总体规模，从而求出总体的实际金额与账面金额的差额（即总体错报）的一种方法。差额估计法的计算公式如下：

$$平均错报=\frac{样本实际金额与账面金额的差额}{样本规模}$$

$$推断的总体错报=平均错报\times总体规模$$

例如，注册会计师从总体规模为 1 000 的存货项目中选取了 200 个项目进行检查。总体的账面金额总额为 1 040 000 元。注册会计师逐一比较 200 个样本项目的审定金额和账面金额，并将账面金额（208 000 元）和审定金额（196 000 元）之间的差异加总为 12 000 元。用 12 000 元的差额除以样本项目个数 200，得到样本平均错报 60 元。用这个平均错报乘以总体规模，计算出总体错报为 60 000（=60×1 000）元。

（二）比率估计法

比率估计法是指以样本的实际金额与账面金额之间的比率关系来估计总体实际金额与账面金额之间的比率关系，然后再以这个比率去乘总体的账面金额，从而求出估计的总体实际金额的一种抽样方法。比率估计法的计算公式如下：

$$比率=\frac{样本审定金额}{样本账面金额}$$

$$估计的总体实际金额=总体账面金额\times比率$$

$$推断的总体错报=估计的总体实际金额-总体账面金额$$

如果上例中注册会计师使用比率估计抽样，样本审定金额合计与样本账面金额的比例则为 0.94（=196 000÷208 000）。注册会计师用总体的账面金额乘以该比例 0.94，得到估计的存货余额为 977 600（=1 040 000×0.94）元。推断的总体错报则为 62 400（=1 040 000−977 600）元。

（三）均值估计法

均值估计法是指通过抽样审查确定样本的平均值，再根据样本平均值推断总体的平均值和总值的一种变量抽样方法。使用这种方法时，注册会计师先计算样本中所有项目审定金额的平均值，然后用这个样本平均值乘以总体规模，得出总体金额的估计值。总体估计金额和总体账面金额之间的差额就是推断的总体错报。

例如，注册会计师从总体规模为 1 000、账面金额为 1 000 000 元的存货项目中选择了

200 个项目作为样本。在确定了正确的采购价格并重新计算了价格与数量的乘积之后，注册会计师将 200 个样本项目的审定金额加总后除以 200，确定样本项目的平均审定金额为 980 元。然后计算估计的存货余额为 980 000（＝980×1 000）元。推断的总体错报就是 20 000（＝1 000 000－980 000）元。

三、形成审计结论

注册会计师应当评价样本结果，以确定对总体相关特征的评估是否得到证实或需要修正。

在实施控制测试时，如果样本的误差率超出预期，注册会计师应当修正评估的重大错报风险，或获取进一步审计证据支持初始评估结果。在控制测试中，注册会计师应当将总体偏差率与可容忍偏差率相比较，但必须考虑抽样风险。

在实施细节测试时，如果样本的误差额超出预期，除非有进一步的证据证明不存在重大错报，否则注册会计师应当认为所测试的交易或账户余额存在重大错报。在细节测试中，注册会计师首先必须根据样本中发现的实际错报要求被审计单位调整账面记录金额。将被审计单位已更正的错报从推断的总体错报金额中减掉后，注册会计师应当将调整后的推断总体错报与该类交易或账户余额的可容忍错报相比较，但必须考虑抽样风险。

第八章

风险评估与风险应对

摘　要

风险导向审计是当今主流的审计方法，它要求注册会计师以重大错报风险的识别、评估和应对为审计工作的主线，以提高审计的效果和效率。本章主要根据审计风险准则，介绍注册会计师在财务报表审计中对重大错报风险的评估和应对，并最终将审计风险降至可接受的低水平。通过本章的学习，能够明确注册会计师实施风险导向审计的基本内容，熟悉对审计风险的识别、评估和应对。

第一节　风险导向审计概述

一、审计方法的演进

自注册会计师审计产生以来，虽然审计的根本目标没有发生重大变化，但为了实现审计目标，审计方法一直在随着审计环境的变化进行着调整，从账项基础审计发展到制度基础审计，又发展到风险导向审计。

（一）账项基础审计

在审计发展的初期，注册会计师审计的重心在资产负债表，旨在发现和防止错误与舞弊，审计方法是账项基础审计（详细审计）。由于早期企业的组织结构简单、业务性质单一，注册会计师获取审计证据的方法比较简单，故将大部分精力投向会计凭证和账簿的详细检查。

（二）制度基础审计

随着审计的迅速发展，注册会计师审计的重点从检查受托责任人对资产的有效使用转向检查企业的资产负债表和利润表，判断企业的财务状况和经营成果是否公允。同时，由于企业规模日益扩大，经济活动和交易事项内容不断丰富、复杂，使得注册会计师难以实施详细审计。为了在保证审计效果的同时提高审计效率，注册会计师将审计的视角转向会计信息赖以生成的内部控制，并将内部控制与抽样审计结合起来。以控制测试为基础的抽样审计的方法，就是制度基础审计。

（三）风险导向审计

由于审计风险既受到管理人员品行能力、企业业务性质等固有风险因素的影响，又受到内部控制发现风险的影响，还受到注册会计师实施审计程序未能发现账户余额或各类交易存在错报风险的影响，注册会计师职业界开发出了审计风险模型。审计风险模型的出现，从理论上解决了注册会计师以制度为基础采用抽样审计的随意性，又解决了审计资源的分配。注册会计师以审计风险模型为基础进行审计，将审计资源分配到最容易导致财务报表出现重大错报的领域，称为风险导向审计。风险导向审计经历了从传统风险导向审计转向现代风险导向审计的过程。

传统风险导向审计方法认为，审计风险包括固有风险、控制风险和检查风险，此时期审计风险模型为：

审计风险＝固有风险×控制风险×检查风险

在审计实务中，注册会计师通常难以对固有风险作出准确评估，往往将固有风险简单地确定为高水平，转而将审计资源投向控制测试和实质性程序。而且当企业管理当局串通舞弊时，内部控制是失效的。因此，随着企业财务欺诈案的不断出现，国外一些会计师事务所在 20 世纪 90 年代对传统风险导向审计方法进行了改进，现代风险导向审计应运而生。

现代风险导向审计将审计风险模型改为：

审计风险＝财务报表重大错报风险×检查风险

在审计过程中，要求注册会计师更广泛和更深入地了解被审计单位及其环境的各个方面，包括了解内部控制，为识别财务报表层次以及各类交易、账户余额和列报认定层次的重大错报风险提供更好的基础。同时，要求注册会计师应当将识别的风险与认定层次可能发生错报的领域相联系，不得未经过风险评估而直接将风险设定为高水平；进而将审计程序的性质、时间和范围与识别、评估的风险相联系，以发现财务报表重大错报。

二、现代风险导向审计的特点

（一）从以审计测试为中心到以风险评估为中心

账项基础审计、制度基础审计都是注重测试程序，传统风险导向审计的风险评估也不到位，仍以测试为中心，现代风险导向审计大大加强了风险评估程序，真正体现了风险导向审计的理念。

（二）全面、动态地考虑风险因素

现代风险导向审计与传统风险导向审计相比，将传统风险导向审计中对固有风险、控制风险二因素的风险评估转向对重大错报风险的综合影响因素的分析评估。

（三）审计测试程序更具有针对性

在现代风险导向审计下，注册会计师针对评估的重大错报风险领域，设计并实施有个性的程序，使得审计测试更具有针对性。

三、风险导向审计方法的运用

我国已出台的审计风险准则有《中国注册会计师审计准则第1101号——注册会计师的总体目标和审计工作的基本要求》《中国注册会计师审计准则第1301号——审计证据》《中国注册会计师审计准则第1211号——通过了解被审计单位及其环境识别和评估重大错报风险》《中国注册会计师审计准则第1231号——针对评估的重大错报风险采取的应对措施》等。

现代风险导向审计通过修订审计风险模型，要求注册会计师必须了解被审计单位及其环境，包括内部控制，以充分识别和评估财务报表重大错报的风险，并针对评估的重大错报风险设计和实施控制测试和实质性程序。

注册会计师通过询问、分析程序、观察和检查等风险评估程序，识别财务报表中可能存在的重大错报，并评估财务报表重大错报的可能性。

注册会计师根据评估的财务报表重大错报风险，设计并实施有针对性的控制测试和实质性程序，以合理发现财务报表中的重大错报，将审计风险降至可接受水平。

第二节　风险的识别和评估

《中国注册会计师审计准则第1211号——通过了解被审计单位及其环境识别和评估重大错报风险》作为专门规范风险评估的准则，规定注册会计师应当了解被审计单位及其环境，以充分识别和评估财务报表重大错报风险，设计和实施进一步审计程序。

一、风险评估程序

注册会计师了解被审计单位及其环境，目的是识别和评估财务报表层次的重大错报风险。为了解被审计单位及其环境而实施的程序称为“风险评估程序”。注册会计师应当依据实施这些程序所获取的信息，评估重大错报风险。

注册会计师应当实施下列风险评估程序，以了解被审计单位及其环境。

（一）询问被审计单位管理层和内部其他相关人员

询问被审计单位管理层和内部其他相关人员，是注册会计师了解被审计单位及其环境的一个重要信息来源。注册会计师可以考虑向管理层和财务负责人询问下列事项：

（1）管理层所关注的主要问题，如新的竞争对手、主要客户和供应商的流失、新的税收法规的实施以及经营目标或战略的变化等。

（2）被审计单位最近的财务状况、经营成果和现金流量。

（3）可能影响财务报告的交易和事项，或者目前发生的重大会计处理问题，如重大的购并事宜等。

（4）被审计单位发生的其他重要变化，如所有权结构、组织结构的变化，以及内部控制的变化等。

虽然注册会计师通过询问管理层和财务负责人已可获取大部分信息，但是询问被审计单位内部的其他人士仍是必要的，他们可能为注册会计师提供不同的信息，有助于识别重大错报风险。因此，注册会计师除了询问管理层和对财务报告负有责任的人员外，还应当考虑询问内部审计人员、采购人员、生产人员、销售人员等其他人员，并考虑询问不同级别的员工，以获取对识别重大错报风险有用的信息。

在确定向被审计单位的哪些人员进行询问以及询问哪些问题时，注册会计师应当考虑何种信息有助于其识别和评估重大错报风险。例如，询问治理层，有助于注册会计师理解财务报表编制的环境；询问内部审计人员，有助于注册会计师了解针对被审计单位内部控制设计和运行有效性而开展的工作，以及管理层对内部审计发现的问题是否采取适当的措施等。

（二）实施分析程序

分析程序是指注册会计师通过研究不同财务数据之间以及财务数据与非财务数据之间的内在关系，对财务信息作出评价。分析程序还包括调查识别出与其他相关信息不一致或与预期数据严重偏离的波动和关系。

注册会计师实施分析程序有助于识别异常的交易或事项，以及对财务报表和审计产生影响的金额、比率和趋势。在实施分析程序时，注册会计师应当预期可能存在的合理关系，并与被审计单位记录的金额、依据记录金额计算的比率或趋势相比较。如果发现异常或未预期到的关系，注册会计师应当在识别重大错报风险时考虑这些比较结果。

如果使用了高度汇总的数据，实施分析程序的结果仅可能初步显示财务报表存在重大错报风险，注册会计师应当将分析结果连同识别重大错报风险时获取的其他信息一并考虑。例如，被审计单位存在很多产品系列，各个产品系列的毛利率存在一定差异。对总体毛利率实施分析程序的结果仅可能初步显示销售成本存在重大错报风险，注册会计师需要实施更为详细的分析程序。比如，对每一产品系列进行毛利率分析，或者将总体毛利率分析的结果连同其他信息一并考虑。

（三）观察和检查

观察和检查程序可以印证对管理层和其他相关人员的询问结果，并可提供有关被审计单位及其环境的信息。注册会计师应当实施下列观察和检查程序：

（1）观察被审计单位的生产经营活动。例如，观察被审计单位人员正在从事的生产活动和内部控制活动，增加注册会计师对被审计单位人员如何进行生产经营活动及实施内部控制的了解。

（2）检查文件、记录和内部控制手册。例如，检查被审计单位的章程，与其他单位签订的合同、协议，各业务流程操作指引和内部控制手册等，了解被审计单位组织结构和内部控制制度的建立健全情况。

（3）阅读由管理层和治理层编制的报告。例如，阅读被审计单位年度和中期财务报告，股东大会、董事会会议、高级管理层会议的会议记录或纪要，管理层的讨论和分析资料，经营计划和战略，对重要经营环节和外部因素的评价，被审计单位内部管理报告以及其他特殊目的的报告（如新投资项目的可行性分析报告）等，了解自上一期审计结束至本期审计期间被审计单位发生的重大事项。

（4）实地察看被审计单位的生产经营场所和设备。通过现场访问和实地察看被审计单位的生产经营场所和设备，注册会计师可以了解被审计单位的性质及其经营活动。在实地察看被审计单位的厂房和办公场所的过程中，注册会计师有机会与被审计单位管理层和担任不同职责的员工进行交流，可以增强注册会计师对被审计单位的经营活动及其重大影响因素的了解。

（5）追踪交易在财务报告信息系统中的处理过程（穿行测试）。这是注册会计师了解被审计单位业务流程及其相关控制时经常使用的审计程序。通过追踪某笔或某几笔交易在业务流程中如何生成、记录、处理和报告，以及相关控制如何执行，注册会计师可以确定被审计单位的交易流程和相关控制是否与之前通过其他程序所获得的了解一致，并确定相关控制是否得到执行。

注册会计师在实施风险评估程序时应当注意以下问题：

第一，注册会计师除了采用上述程序从被审计单位内部获取信息以外，如果根据职业判断认为从被审计单位外部获取的信息有助于识别重大错报风险，注册会计师应当实施其他审计程序以获取这些信息。例如，询问被审计单位聘请的外部法律顾问、专业评估师、投资顾问和财务顾问等。

第二，项目组内部的讨论为项目组成员提供了交流信息和分享见解的机会。项目组通过讨论可以使成员更好地了解在各自负责的领域中，由于舞弊或错误导致财务报表重大错报的可能性，并了解各自实施审计程序的结果如何影响审计的其他方面。项目组应当根据审计的具体情况，在整个审计过程中持续交换有关财务报表发生重大错报可能性的信息。

第三，了解被审计单位及其环境是一个连续和动态地收集、更新与分析信息的过程，贯穿于整个审计过程。

二、了解被审计单位及其环境

注册会计师应当从以下方面了解被审计单位及其环境：（1）行业状况、法律环境与监管环境以及其他外部因素；（2）被审计单位的性质；（3）被审计单位对会计政策的选择和运用；（4）被审计单位的目标、战略以及相关经营风险；（5）被审计单位财务业绩的衡量和评价；（6）被审计单位的内部控制。

上述第（1）项是被审计单位的外部环境，第（2）、（3）、（4）项以及第（6）项是被审计单位的内部因素，第（5）项则既含有外部因素也含有内部因素。值得注意的是，被审计单位及其环境的各个方面可能会互相影响。例如，被审计单位的行业状况、法律环境与监管环境以及其他外部因素可能影响到被审计单位的目标、战略以及相关经营风险，而被审计单位的性质、目标、战略以及相关经营风险可能影响到被审计单位对会计政策的选择和运用，以及内部控制的设计和执行。因此，注册会计师在对被审计单位及其环境的各个方面进行了解和评估时，应当考虑各因素之间的相互关系。

（一）行业状况、法律环境与监管环境以及其他外部因素

1. 行业状况

了解行业状况有助于注册会计师识别与被审计单位所处行业有关的重大错报风险。注册会计师应当了解被审计单位的行业状况，主要包括：所处行业的市场供求与竞争；生产

经营的季节性和周期性；产品生产技术的变化；能源供应与成本；行业的关键指标和统计数据。

2. 法律环境与监管环境

了解法律环境及监管环境的主要原因在于：(1) 某些法律法规或监管要求可能对被审计单位经营活动有重大影响，如不遵守将导致停业等严重后果；(2) 某些法律法规或监管要求（如环保法规等）规定了被审计单位某些方面的责任和义务；(3) 某些法律法规或监管要求决定了被审计单位需要遵循的行业惯例和核算要求。

注册会计师应当了解被审计单位所处的法律环境及监管环境，主要包括：适用的会计准则、会计制度和行业特定惯例；对经营活动产生重大影响的法律法规及监管活动；对开展业务产生重大影响的政策，包括货币、财政、税收和贸易等政策；与被审计单位所处行业和所从事经营活动相关的环保要求。

3. 其他外部因素

注册会计师应当了解影响被审计单位经营的其他外部因素，主要包括：宏观经济的景气度；利率和资金供求状况；通货膨胀水平及币值变动；国际经济环境和汇率变动。

（二）被审计单位的性质

1. 所有权结构

对被审计单位所有权结构的了解有助于注册会计师识别关联方关系并了解被审计单位的决策过程。注册会计师应当了解被审计单位的所有权结构以及所有者与其他人员或单位之间的关系，考虑关联方关系是否已经得到识别，以及关联方交易是否得到恰当核算。例如，注册会计师应当了解被审计单位是属于国有企业、外商投资企业、民营企业，还是属于其他类型的企业，还应当了解其直接控股母公司、间接控股母公司、最终控股母公司和其他股东的构成，以及所有者与其他人员或单位（如控股母公司控制的其他企业）之间的关系。

2. 公司治理

良好的治理结构可以对被审计单位的经营和财务运作实施有效的监督，从而降低财务报表发生重大错报的风险。注册会计师应当了解被审计单位的治理结构，包括董事会的构成情况、董事会内部是否有独立董事、治理结构中是否设有审计委员会或监事会及其运作情况。注册会计师应当考虑治理层是否能够在独立于管理层的情况下对被审计单位事务（包括财务报告）作出客观判断。

3. 组织结构

复杂的组织结构可能导致某些特定的重大错报风险。注册会计师应当了解被审计单位的组织结构，考虑复杂组织结构可能导致的重大错报风险，包括财务报表合并、商誉减值以及长期股权投资核算等问题。

例如，对于在多个地区拥有子公司、合营企业、联营企业或其他成员机构，或者存在多个业务分部和地区分部的被审计单位，不仅编制合并财务报表的难度增加，而且存在其他可能导致重大错报风险的复杂事项，包括：对于子公司、合营企业、联营企业和其他股权投资类别的判断及其会计处理；商誉在不同业务分部间的减值等。

4. 经营活动

了解被审计单位的经营活动有助于注册会计师识别预期在财务报表中反映的主要交易

类别、重要账户余额和列报。注册会计师应当了解被审计单位的经营活动，主要包括：主营业务的性质；与生产产品或提供劳务相关的市场信息；业务的开展情况等。

5. 投资活动

了解被审计单位的投资活动有助于注册会计师关注被审计单位在经营策略和方向上的重大变化。注册会计师应当了解被审计单位的投资活动，主要包括：近期拟实施或已实施的并购活动与资产处置情况，包括业务重组或某些业务的终止；证券投资、委托贷款的发生与处置；资本性投资活动，包括固定资产和无形资产投资，近期已发生或计划发生的资产变动，以及重大的资本承诺等；不纳入合并范围的投资。

6. 筹资活动

了解被审计单位的筹资活动有助于注册会计师评估被审计单位在融资方面的压力，并进一步考虑被审计单位在可预见未来的持续经营能力。注册会计师应当了解被审计单位的筹资活动，主要包括：债务结构和相关条款（包含担保情况及表外融资）；固定资产的租赁（包含通过融资租赁方式进行的筹资活动）；关联方融资；实际受益股东；衍生金融工具的运用。

（三）被审计单位对会计政策的选择和运用

1. 重要项目的会计政策和行业惯例

重要项目的会计政策包括收入确认方法、存货的计价方法、投资的核算、固定资产的折旧方法等。除会计政策以外，某些行业可能还存在一些行业惯例，注册会计师应当熟悉这些行业惯例。当被审计单位采用与行业惯例不同的会计处理方法时，注册会计师应当了解其原因，并考虑采用与行业惯例不同的会计处理方法是否适当。

2. 重大和异常交易的会计处理方法

某些被审计单位可能存在与其所处行业相关的重大交易。例如，银行向客户发放贷款、证券公司对外投资、医药企业的研究与开发活动等。注册会计师应当考虑对重大的和不经常发生的交易的会计处理方法是否适当。

3. 在新领域和缺乏权威性标准或共识的领域采用的重要会计政策

在新领域和缺乏权威性标准或共识的领域，注册会计师应当关注被审计单位选用了哪些会计政策，为什么选用这些会计政策，以及选用这些会计政策所产生的影响。

4. 会计政策的变更

如果被审计单位变更了重要的会计政策，注册会计师应当考虑变更的原因及其适当性。除此之外，注册会计师还应当关注会计政策的变更是否得到充分披露。

5. 被审计单位何时采用以及如何采用新颁布的会计准则和相关会计制度

现行企业会计准则颁布时，注册会计师应考虑被审计的上市公司是否应采用新颁布的会计准则，并收集执行新会计准则需要的信息资料。

（四）被审计单位的目标、战略以及相关经营风险

经营风险源于对被审计单位实现目标和战略产生不利影响的重大情况、事项、环境和行动，或源于不恰当的目标和战略。不同的企业可能面临不同的经营风险，这取决于企业经营的性质、所处行业、外部监管环境、企业的规模和复杂程度。

注册会计师了解被审计单位的经营风险有助于其识别财务报表重大错报风险。但并非所有的经营风险都与财务报表相关，注册会计师没有责任识别或评估对财务报表没有影响的经营风险。

（五）被审计单位财务业绩的衡量和评价

被审计单位管理层经常会衡量和评价关键业绩指标（包括财务和非财务的）、预算及差异分析、分部信息和分支机构、部门或其他层次的业绩报告以及与竞争对手的业绩比较。此外，外部机构也会衡量和评价被审计单位的财务业绩，如分析师的报告和信用评级机构的报告。

在了解被审计单位财务业绩衡量和评价情况时，注册会计师应当关注下列信息：（1）关键业绩指标；（2）业绩趋势；（3）预测、预算和差异分析；（4）管理层和员工业绩考核与激励性报酬政策；（5）分部信息与不同层次部门的业绩报告；（6）与竞争对手的业绩比较；（7）外部机构提出的报告。

注册会计师应当关注被审计单位内部财务业绩衡量所显示的未预期到的结果或趋势、管理层的调查结果和纠正措施，以及相关信息是否显示财务报表可能存在重大错报。

（六）了解被审计单位内部控制

1. 内部控制的含义

内部控制是被审计单位为了合理保证财务报告的可靠性、经营的效率和效果以及对法律法规的遵守，由治理层、管理层和其他人员设计和执行的政策和程序。可以从以下几方面理解内部控制：

（1）内部控制的目标是合理保证如下事项：

1）财务报告的可靠性。这一目标与管理层履行财务报告编制责任密切相关。

2）经营的效率和效果。即经济有效地使用企业资源，以最优方式实现企业的目标。

3）在所有经营活动中遵守法律法规的要求。即在法律法规的框架下从事经营活动。

（2）设计和实施内部控制的责任主体是治理层、管理层和其他人员，组织中的每一个人都对内部控制负有责任。

（3）实现内部控制目标的手段是设计和执行控制政策及程序。内部控制包括下列要素：控制环境；风险评估过程；信息系统与沟通；控制活动；对控制的监督。

2. 内部控制与审计

内部控制的目标是合理保证财务报告的可靠性、经营的效率和效果以及对法律法规的遵守。注册会计师审计的目标是对财务报表是否不存在重大错报发表审计意见。注册会计师需要了解和评价的内部控制只是与财务报表审计相关的内部控制，并非被审计单位所有的内部控制。

3. 内部控制的局限性

内部控制存在固有的局限性，无论如何设计和执行，都只能对财务报告的可靠性提供合理的保证。内部控制存在的固有局限性包括：

（1）在决策时人为判断可能出现错误和由于人为失误而导致内部控制失效。例如，被审计单位的信息技术工作人员没有完全理解系统如何处理销售交易，为使系统能够处理新型产品的销售，可能错误地对系统进行更改；或者对系统的更改是正确的，但是程序员没能把此次更改转化为正确的程序代码。

（2）可能由于两个或更多的人员进行串通或管理层凌驾于内部控制之上而使内部控制被规避。例如，管理层可能与客户签订背后协议，对标准的销售合同做出变动，从而导致收入确认发生错误。再如，软件中的编辑控制旨在发现和报告超过赊销信用额度的交易，但这一控制可能被逾越或规避。

此外，如果被审计单位内部行使控制职能的人员素质不适应岗位要求，也会影响内部控制功能的正常发挥。被审计单位实施内部控制的成本效益问题也会影响其效能，当实施某项控制的成本大于控制效果而发生损失时，就没有必要设置控制环节或控制措施。内部控制一般都是针对经常而重复发生的业务而设置的，如果出现不经常发生或未预计到的业务，原有控制就可能不适用。

4. 内部控制要素

（1）控制环境。控制环境包括治理职能、管理职能，以及治理层和管理层对内部控制及其重要性的态度、认识和措施。控制环境设定了被审计单位的内部控制基调，影响员工对内部控制的认识和态度。良好的控制环境是实施有效内部控制的基础。防止或发现并纠正舞弊和错误是被审计单位治理层和管理层的责任。在评价控制环境的设计和实施情况时，注册会计师应当了解管理层在治理层的监督下，是否营造并保持了诚实守信和合乎道德的文化，以及是否建立了防止或发现并纠正舞弊和错误的恰当控制。实际上，在审计业务承接阶段，注册会计师就需要对控制环境进行初步了解和评价。

注册会计师应从以下方面了解被审计单位控制环境：对诚信和道德价值观念的沟通与落实；对胜任能力的重视；治理层的参与程度；管理层的理念和经营风格；组织结构及职权与责任的分配；人力资源政策与实务。

控制环境对重大错报风险的评估具有广泛影响，但其本身并不能防止或发现并纠正各类交易、账户余额、列报认定层次的重大错报。注册会计师在评估重大错报风险时，应当将控制环境连同其他内部控制要素产生的影响一并考虑。

（2）风险评估过程。任何经济组织在经营活动中都会面临各种各样的风险，风险对其生存和竞争能力产生影响。很多风险并不为经济组织所控制，但管理层应当确定可以承受的风险水平，识别这些风险并采取一定的应对措施。

风险评估过程的作用是识别、评估和管理影响被审计单位实现经营目标能力的各种风险。而针对财务报告目标的风险评估过程则包括识别与财务报告相关的经营风险，评估风险的重大性和发生的可能性，以及采取措施管理这些风险。例如，风险评估可能会涉及被审计单位如何考虑对某些交易未予记录的可能性，或者识别和分析财务报告中的重大会计估计发生错报的可能性。与财务报告相关的风险也可能与特定事项和交易有关。

被审计单位的风险评估过程包括识别与财务报告相关的经营风险，以及针对这些风险所采取的措施。注册会计师应当了解被审计单位的风险评估过程和结果。

在评价被审计单位风险评估过程的设计和执行时，注册会计师应当确定管理层如何识别与财务报告相关的经营风险，如何估计该风险的重要性，如何评估风险发生的可能性，以及如何采取措施管理这些风险。如果被审计单位的风险评估过程符合其具体情况，那么，了解被审计单位的风险评估过程和结果有助于注册会计师识别财务报表重大错报风险。

（3）信息系统与沟通。与财务报告相关的信息系统，包括用以生成、记录、处理和报告交易、事项和情况，对相关资产、负债和所有者权益履行经营管理责任的程序和记录。

在了解与财务报告相关的信息系统时，注册会计师应当特别关注由于管理层凌驾于账户记录控制之上或规避控制行为而产生的重大错报风险，并考虑被审计单位如何纠正不正确的交易处理。

与财务报告相关的沟通，包括使员工了解各自在与财务报告有关的内部控制方面的角色和职责，员工之间的工作联系，以及向适当级别的管理层报告例外事项的方式。

注册会计师应当了解被审计单位内部如何对财务报告的岗位职责，以及与财务报告相关的重大事项进行沟通。注册会计师还应当了解管理层与治理层（特别是审计委员会）之间的沟通，以及被审计单位与外部（包括与监管部门）的沟通。

被审计单位的员工应从最高管理层清楚地获取承担控制责任的信息，而且应有向上级部门沟通重要信息的方法，并与外界进行有效的沟通。

信息系统处理被审计单位的内部信息和外部信息；它提供有效信息给适当人员，通过沟通使员工能够知悉其营业、财务报表及遵循法律的责任。沟通也包括内部沟通和外部沟通。

（4）控制活动。控制活动是指有助于确保管理层的指令得以执行的政策和程序，包括与授权、业绩评价、信息处理、实物控制和职责分离等相关的活动。

1）授权。授权的目的在于保证交易在管理层授权范围内进行。注册会计师应当了解与授权有关的控制活动。授权包括一般授权和特别授权。一般授权是指管理层制定的、要求组织内部遵守的、普遍适用于某类交易或活动的政策。特别授权是指管理层针对特定类别的交易或活动逐一设置的授权，如重大资本支出和股票发行等的授权。

2）业绩评价。注册会计师应当了解与业绩评价有关的控制活动，主要包括被审计单位分析评价实际业绩与预算（或预测、前期业绩）的差异，综合分析财务数据与经营数据的内在关系，将内部数据与外部信息来源相比较，评价职能部门、分支机构或项目活动的业绩（如银行客户信贷经理复核各分行、地区和各种贷款类型的审批和收回），以及对发现的异常差异或关系采取必要的调查与纠正措施。通过调查非预期的结果和非正常的趋势，管理层可以识别可能影响经营目标实现的情形。

3）信息处理。被审计单位通常执行各种措施，检查各种类型信息处理环境下的交易的准确性、完整性和授权。注册会计师应当了解与信息处理有关的控制活动，包括信息技术的一般控制和应用控制。

信息技术的一般控制是指与多个应用系统有关的政策和程序，它有助于保证信息系统持续恰当地运行和应用控制作用的有效发挥，通常包括：数据中心和网络运行控制，系统软件的购置、修改及维护控制，接触或访问权限控制，应用系统的购置、开发及维护控制。例如，程序改变的控制、限制接触程序和数据的控制、与新版应用软件包实施有关的控制等都属于信息技术的一般控制。

信息技术的应用控制是指主要在业务流程层面运行的人工或自动化程序，与用于生成、记录、处理、报告交易或其他财务数据的程序相关，通常包括检查数据计算的准确性、审核账户和试算平衡表、设置对输入数据和数字序号的自动检查，以及对例外报告进行人工干预。

4）实物控制。注册会计师应当了解实物控制，主要包括了解对资产和记录采取适当的安全保护措施，对访问计算机程序和数据文件设置授权，以及定期盘点并将盘点记录与会计记录相核对。实物控制的效果影响资产的安全，从而对财务报表的可靠性及审计产生影响。

5）职责分离。注册会计师应当了解职责分离，主要包括了解被审计单位如何将交易授权、交易记录以及资产保管等职责分配给不同员工，以防范同一员工在履行多项职责时可能发生的舞弊或错误。当信息技术运用于信息系统时，职责分离可以通过设置安全控制来实现。

在了解控制活动时，注册会计师应当重点考虑一项控制活动单独或连同其他控制活动，是否能够以及如何防止或发现并纠正各类交易、账户余额、列报存在的重大错报。注册会计师的工作重点是识别和了解针对重大错报可能发生的领域的控制活动。如果多项控制活动能够实现同一目标，则注册会计师不必了解与该目标相关的每项控制活动。

（5）对内部控制的监督。管理层的重要职责之一就是建立和维护内部控制，并保证其持续有效运行。对内部控制的监督可以实现这一目标。

通常，被审计单位通过持续的监督活动、专门的评价活动或两者相结合，实现对内部控制的监督。持续的监督活动通常贯穿于被审计单位的日常经营活动与常规管理工作中。例如，管理层在履行其日常管理活动时，取得内部控制持续发挥功能的信息。当业务报告、财务报告与他们获取的信息有较大差异时，他们会对有重大差异的报告提出疑问，并做必要的追踪调查和处理。

5. 注册会计师对内部控制了解的深度

对内部控制了解的深度，是指在了解被审计单位及其环境时对内部控制了解的程度，包括评价控制的设计，并确定其是否得到执行，但不包括对控制是否得到一贯执行的测试。

（1）评价控制的设计。注册会计师在了解内部控制时，应当评价控制的设计，并确定其是否得到执行。评价控制的设计是指考虑一项控制单独或连同其他控制是否能够有效防止或发现并纠正重大错报。控制得到执行是指某项控制存在且被审计单位正在使用。设计不当的控制可能表明内部控制存在重大缺陷。注册会计师在确定是否考虑控制得到执行时，应当首先考虑控制的设计。如果已发现控制设计不当，则不需要再考虑控制是否得到执行。

（2）获取控制设计和执行的审计证据。注册会计师通常实施下列风险评估程序，以获取有关控制设计和执行的审计证据：询问被审计单位的人员；观察特定控制的运用；检查文件和报告；追踪交易在财务报告信息系统中的处理过程（穿行测试）。这些程序是风险评估程序在了解被审计单位内部控制方面的具体运用。

询问本身并不足以评价控制的设计以及确定其是否得到执行，注册会计师应当将询问与其他风险评估程序结合使用。

（3）了解内部控制与测试控制运行有效性的关系。除非存在某些可以使控制得到一贯运行的自动化控制，注册会计师对控制的了解并不能够代替对控制运行有效性的测试。例如，获取某一人工控制在某一时点得到执行的审计证据，并不能证明该控制在所审计期间内的其他时点也有效运行。但是，信息技术可以使被审计单位持续一贯地对大量数据进行处理，提高了被审计单位监督控制活动运行情况的能力；信息技术还可以通过对应用软件、数据库、操作系统设置安全控制来实现有效的职责划分。由于信息技术处理流程的内在一贯性，实施审计程序确定某项自动控制是否得到执行，也可能实现对控制运行有效性测试的目标。

6. 在业务流程层面了解内部控制

在初步计划审计工作时，注册会计师需要确定在被审计单位财务报表中可能存在重大错报风险的重大账户及其相关认定。为实现此目的，通常采取下列步骤：

(1) 确定被审计单位的重要业务流程和重要交易类别。在实务中，将被审计单位的整个经营活动划分为几个重要的业务循环，有助于注册会计师更有效地了解和评估重要业务流程及相关控制。通常，对制造业企业，可将整个经营活动划分为销售与收款循环、采购与付款循环、存货与仓储循环、工资与人员循环、筹资与投资循环等。重要交易类别是指可能对被审计单位财务报表产生重大影响的各类交易。重要交易类别应与相关账户及其认定相联系。例如，对于一般制造业企业，销售收入和应收账款通常是重大账户，销售和收款都是重要交易类别。

(2) 了解重要交易流程，并记录获得的了解。在确定重要的业务流程和交易类别后，注册会计师便可着手了解每一类重要交易在信息技术或人工系统中生成、记录、处理及在财务报表中报告的程序，即重要交易流程。这是确定在哪个环节或哪些环节可能发生错报的基础。

注册会计师可以通过下列方法获得对重要交易流程的了解：检查被审计单位的手册和其他书面指引；询问被审计单位的适当人员；观察所运用的处理方法和程序；进行穿行测试。

在了解过程中，注册会计师通常还能注意到许多正在执行的控制。虽然这个阶段的工作重点不是确定控制是否存在，但注册会计师仍需留意可能存在缺乏控制的情况，以及可能发生错报而需要控制的环节。

注册会计师通常只是针对每一年的变化修改记录流程的工作底稿，除非被审计单位的交易流程发生重大改变。然而，无论业务流程与以前年度相比是否有变化，注册会计师每年都需要留意上述事项，以确保对被审计单位的了解是最新的，并已包括被审计单位交易流程中相关的重大变化。

(3) 确定可能发生错报的环节。注册会计师需要确认和了解被审计单位应在哪些环节设置控制，以防止或发现并纠正各重要业务流程可能发生的错报。注册会计师所关注的控制，是那些能通过防止错报的发生，或者通过发现和纠正已有错报，从而确保每个流程中业务活动具体流程（从交易的发生到记录于账目）能够顺利运转的人工或自动化控制程序。

尽管不同的被审计单位为确保会计信息的可靠性会对业务流程设计和实施不同的控制，但设计控制的目的都是为实现某些控制目标（见表 8-1）。

表 8-1　　控制目标一览表

控制目标	解释
1. 完整性：所有的有效交易都已记录	必须有程序确保没有漏记实际发生的交易
2. 存在和发生：每项已记录的交易均真实	必须有程序确保会计记录中没有虚构的或重复入账的项目
3. 适当计量交易	必须有程序确保交易以适当的金额入账
4. 恰当确定交易生成的会计期间（截止性）	必须有程序确保交易在适当的会计期间内入账（例如月、季度、年等）
5. 恰当分类	必须有程序确保将交易记入正确的总分类账，必要时记入相应的明细账
6. 正确汇总和过账	必须有程序确保所有账簿记录中的借贷方余额都正确地归集（加总），确保加总后的金额正确过入总账和明细分类账

（4）识别和了解相关控制。通过对被审计单位的了解，包括在被审计单位整体层面对内部控制各要素的了解，以及在上述程序中对重要业务流程的了解，注册会计师可以确定是否有必要进一步了解在业务流程层面的控制。在某些情况下，注册会计师之前的了解可能表明被审计单位在业务流程层面针对某些重要交易流程所设计的控制是无效的，或者注册会计师并不打算信赖控制，这时注册会计师没有必要进一步了解在业务流程层面的控制。

如果注册会计师计划对业务流程层面的有关控制进行进一步的了解和评价，那么，针对业务流程中容易发生错报的环节，注册会计师应当确定：被审计单位是否建立了有效的控制，以防止或发现并纠正这些错报；被审计单位是否遗漏了必要的控制；是否识别了可以最有效测试的控制。

注册会计师应当获取有关控制的足够信息，以使其能够识别控制，了解各种控制如何执行、由谁执行，以及执行中所使用的数据报告、文件和其他材料。此外，注册会计师也需要确认执行控制之后所形成的实物证据是什么，以及该控制是否足够敏感，能够及时防止或发现并纠正重大错报。

识别和了解控制采用的主要方法是询问被审计单位各级别的负责人员。业务流程越复杂，注册会计师越有必要询问信息系统人员，以辨别有关的控制。通常应首先询问那些级别较高的人员，再询问级别较低的人员，以确定他们认为应该运行哪些控制，以及哪些控制是重要的。这种"从高到低"的询问方法使注册会计师能迅速地辨别被审计单位重要的控制，特别是检查性控制。如果注册会计师打算信赖控制，就需要实施控制测试。

对于从级别较低人员处获取的信息，应向级别较高的人员核实其完整性，以确定他们是否与级别较高的人员所理解的预定控制相符。这一步骤不仅可以向注册会计师提供有关实际执行的控制的信息，而且可以使注册会计师了解管理层对控制运行情况的熟悉程度。

（5）执行穿行测试，证实对交易流程和相关控制的了解。为了解各类重要交易在业务流程中发生、处理和记录的过程，注册会计师通常会每年执行穿行测试。执行穿行测试可获得以下方面的证据：确认对业务流程的了解；确认对重要交易的了解是完整的，即在交易流程中所有与财务报表认定相关的可能发生错报的环节都已识别；确认所获取的有关流程中的预防性控制和检查性控制信息的准确性；评估控制设计的有效性；确认控制是否得到执行；确认之前所做的书面记录的准确性。

注意：

第一，即使不打算信赖控制，注册会计师也仍需要执行穿行测试，以确认以前对业务流程及可能发生错报环节的了解的准确性和完整性。

第二，注册会计师应将对业务流程和相关控制的穿行测试情况记录于工作底稿。

（6）进行初步评价和风险评估。在识别和了解控制后，注册会计师需要评价控制设计的合理性并确定其是否得到执行。

注册会计师对控制的评价结论可能是：所设计的控制单独或连同其他控制能够防止或发现并纠正重大错报，并得到执行；控制本身的设计是合理的，但没有得到执行；控制本身的设计就是无效的或缺乏必要的控制。

如果认为被审计单位的控制设计合理并得到执行，能够有效防止或发现并纠正重大错报，那么，注册会计师通常可以信赖这些控制，减少拟实施的实质性程序。

注册会计师也可能认为控制是无效的，包括控制本身设计不合理，或者尽管控制设计合理，但没有得到执行。在这种情况下，注册会计师不需要测试控制运行的有效性，而应直接实施实质性程序。

三、评估重大错报风险

（一）识别和评估重大错报风险的审计程序

在识别和评估重大错报风险时，注册会计师应当实施下列审计程序。

1. 在了解被审计单位及其环境的整个过程中识别风险，并考虑各类交易、账户余额、列报

注册会计师应当运用各项风险评估程序，在了解被审计单位及其环境的整个过程中识别风险，并将识别的风险与各类交易、账户余额和列报相联系。例如，被审计单位因相关环境法规的实施需要更新设备，可能面临原有设备闲置或贬值的风险。

2. 将识别的风险与认定层次可能发生错报的领域相联系

注册会计师应当将识别的风险与认定层次可能发生错报的领域相联系。例如，销售困难使产品的市场价格下降，可能导致年末存货成本高于其可变现净值而需要计提存货跌价准备，这显示存货的计价认定可能发生错报。

3. 考虑识别的风险是否重大

风险是否重大是指风险造成后果的严重程度。上例中，除考虑产品市场价格下降因素外，注册会计师还应当考虑产品市场价格下降的幅度、该产品在被审计单位产品中的比重等，以确定识别的风险对财务报表的影响是否重大。

4. 考虑识别的风险导致财务报表发生重大错报的可能性

注册会计师还需要考虑上述识别的风险是否会导致财务报表发生重大错报。例如，考虑存货的账面余额是否重大，是否已适当计提存货跌价准备等。在某些情况下，尽管识别的风险重大，但仍不至于导致财务报表发生重大错报。例如，被审计单位对于存货跌价准备的计提实施了比较有效的内部控制，管理层已根据存货的可变现净值计提了相应的跌价准备。在这种情况下，财务报表发生重大错报的可能性将相应降低。

注册会计师应当将实施风险评估程序获取的信息，包括在评价控制设计和确定其是否得到执行时获取的审计证据，作为支持风险评估结果的审计证据。注册会计师应当根据风险评估结果，确定实施进一步审计程序的性质、时间和范围。

（二）识别两个层次的重大错报风险

在对重大错报风险进行识别和评估后，注册会计师应当确定：识别的重大错报风险是与特定的某类交易、账户余额、列报的认定相关，还是与财务报表整体广泛相关，进而影响多项认定。

某些重大错报风险可能与特定的某类交易、账户余额、列报的认定相关。例如，被审计单位存在复杂的联营或合资，这一事项表明长期股权投资账户的认定可能存在重大错报风险。又如，被审计单位存在重大的关联方交易，该事项表明关联方及关联方交易的披露认定可能存在重大错报风险。

某些重大错报风险可能与财务报表整体广泛相关，进而影响多项认定。例如，在经济不稳定的国家和地区开展业务、资产的流动性出现问题、重要客户流失、融资能力受到限制等，都可能导致注册会计师对被审计单位的持续经营能力产生重大疑虑。又如，管理层缺乏诚信或承受异常的压力，可能引发舞弊风险，这些风险与财务报表整体相关。

注册会计师应当考虑对识别的各类交易、账户余额和列报认定层次的重大错报风险予以汇总和评估，以确定进一步审计程序的性质、时间和范围。表 8－2 为评估认定层次的重大错报风险汇总表示例。

表 8－2　　评估认定层次的重大错报风险汇总表

重大账户	认定	识别的重大错报风险	风险评估结果
列示重大账户（如应收账款）	列示相关的认定（如存在、完整性、计价或分摊等）	汇总实施审计程序识别出的与该重大账户的某项认定相关的重大错报风险	评估该项认定的重大错报风险水平（应考虑控制设计是否合理，是否得到执行）

（三）需要特别考虑的重大错报风险

作为风险评估的一部分，注册会计师应当运用职业判断，确定识别的风险中哪些是需要特别考虑的重大错报风险。

在确定哪些风险是特别风险时，注册会计师应当在考虑识别出的控制对相关风险的抵消效果前，根据风险的性质、潜在错报的重要程度（包括该风险是否可能导致多项错报）和发生的可能性，判断风险是否属于特别风险。

在确定风险的性质时，注册会计师应当考虑下列事项：

（1）风险是否属于舞弊风险。

（2）风险是否与近期经济环境、会计处理方法和其他方面的重大变化有关。

（3）交易的复杂程度。

（4）风险是否涉及重大的关联方交易。

(5) 财务信息计量的主观程度，特别是对不确定事项的计量存在较大区间。

(6) 风险是否涉及异常或超出正常经营过程的重大交易。

(四) 仅通过实质性程序无法应对的重大错报风险

作为风险评估的一部分，如果认为仅通过实质性程序获取的审计证据无法将认定层次的重大错报风险降至可接受的低水平，注册会计师应当评价被审计单位针对这些风险设计的控制，并确定其执行情况。

(五) 对风险评估的修正

注册会计师对认定层次重大错报风险的评估应以获取的审计证据为基础，并能随着不断获取审计证据而做出相应的变化。

如果通过实施进一步审计程序获取的审计证据与初始评估获取的审计证据相矛盾，注册会计师应当修正风险评估结果，并相应修改原计划实施的进一步审计程序。

因此，评估重大错报风险与了解被审计单位及其环境一样，也是一个连续和动态地收集、更新与分析信息的过程，贯穿于整个审计过程的始终。

第三节 风险应对

《中国注册会计师审计准则第 1101 号——注册会计师的总体目标和审计工作的基本要求》要求注册会计师在审计过程中贯彻风险导向审计的理念，围绕重大错报风险的识别、评估和应对，计划和实施审计工作。《中国注册会计师审计准则第 1211 号——通过了解被审计单位及其环境识别和评估重大错报风险》规范了注册会计师通过实施风险评估程序，识别和评估财务报表层次以及各类交易、账户余额、列报认定层次的重大错报风险。《中国注册会计师审计准则第 1231 号——针对评估的重大错报风险采取的应对措施》规范了注册会计师针对已评估的重大错报风险，确定总体应对措施，设计和实施进一步审计程序。

注册会计师应当针对评估的财务报表层次重大错报风险确定总体应对措施，并针对评估的认定层次重大错报风险设计和实施进一步审计程序，将审计风险降至可接受的低水平。

一、针对财务报表层次重大错报风险的总体应对措施及其影响

(一) 财务报表层次的重大错报风险与总体应对措施

在财务报表重大错报风险的评估过程中，注册会计师应当确定：识别的重大错报风险是与特定的某类交易、账户余额、列报的认定相关，还是与财务报表整体广泛相关，进而影响多项认定。如果是后者，则属于财务报表层次的重大错报风险。

注册会计师应当针对评估的财务报表层次重大错报风险确定下列总体应对措施：

(1) 向项目组强调在收集和评价审计证据过程中保持职业怀疑态度的必要性。

(2) 分派更有经验或具有特殊技能的审计人员，或利用专家的工作。审计项目组成员中应有一定比例的人员曾经参与过被审计单位以前年度的审计，或具有被审计单位所处特

定行业的相关审计经验。必要时，要考虑利用信息技术、税务、评估、精算等方面的专家的工作。

(3) 提供更多的督导。对于财务报表层次重大错报风险较高的审计项目，项目组的高级别成员，如项目负责人、项目经理等经验较丰富的人员，要对其他成员提供更详细、更经常、更及时的指导和监督并加强项目质量复核。

(4) 在选择进一步审计程序时，应当注意使某些程序不被管理层预见或事先了解。被审计单位人员，尤其是管理层，如果熟悉注册会计师的审计套路，就可能采取种种规避手段，掩盖财务报告中的舞弊行为。因此，在设计拟实施审计程序的性质、时间和范围时，为了避免既定思维对审计方案的限制，避免对审计效果的人为干涉，从而使得针对重大错报风险的进一步审计程序更加有效，注册会计师要考虑使某些程序不被被审计单位管理层预见或事先了解。

在实务中，注册会计师可以通过以下方式提高审计程序的不可预见性：

1) 对某些未测试过的低于设定的重要性水平或风险较小的账户余额和认定实施实质性程序。

2) 调整实施审计程序的时间，使被审计单位不可预期。

3) 采取不同的审计抽样方法，使当期抽取的测试样本与以前有所不同。

4) 选取不同的地点实施审计程序，或预先不告知被审计单位所选定的测试地点。

(5) 对拟实施审计程序的性质、时间和范围做出总体修改。财务报表层次的重大错报风险很可能源于薄弱的控制环境。薄弱的控制环境带来的风险可能对财务报表产生广泛影响，难以限于某类交易、账户余额、列报，对此注册会计师应当采取总体应对措施。相应地，注册会计师对控制环境的了解影响其对财务报表层次重大错报风险的评估。有效的控制环境可以使注册会计师增强对内部控制和被审计单位内部产生的证据的信赖程度。

如果控制环境存在缺陷，注册会计师在对拟实施审计程序的性质、时间和范围做出总体修改时应当考虑：

1) 在期末而非期中实施更多的审计程序。控制环境的缺陷通常会削弱期中获得的审计证据的可信赖程度。

2) 主要依赖实质性程序获取审计证据。良好的控制环境是其他控制要素发挥作用的基础。控制环境存在缺陷通常会削弱其他控制要素的作用，导致注册会计师无法信赖内部控制，而主要依赖实施实质性程序获取审计证据。

3) 修改审计程序的性质，获取更具说服力的审计证据。修改审计程序的性质主要是指调整拟实施审计程序的类别及组合，比如原先可能主要限于检查某项资产的账面记录或相关文件，而调整审计程序的性质后可能意味着更加重视实地检查该项资产。

4) 扩大审计程序的范围。例如，扩大样本规模，或采用更详细的数据来实施分析程序。

(二) 总体应对措施对拟实施进一步审计程序的总体方案的影响

财务报表层次重大错报风险难以限于某类交易、账户余额、列报的特点，意味着此类风险可能对财务报表的多项认定产生广泛影响，并相应增加注册会计师对认定层次重大错报风险的评估难度。因此，注册会计师评估的财务报表层次重大错报风险以及采取的总体应对措施，对拟实施进一步审计程序的总体方案具有重大影响。

拟实施进一步审计程序的总体方案包括实质性方案和综合性方案。其中，实质性方案是指注册会计师实施的进一步审计程序以实质性程序为主；综合性方案是指注册会计师在实施进一步审计程序时，将控制测试与实质性程序结合使用。当评估的财务报表层次重大错报风险属于高风险水平时，拟实施进一步审计程序的总体方案往往更倾向于实质性方案。

二、控制测试

（一）控制测试的含义

控制测试指的是测试控制运行的有效性，这一概念需要与“了解内部控制”进行区分。“了解内部控制”包含两层含义：一是评价控制的设计；二是确定控制是否得到执行。测试控制运行的有效性与确定控制是否得到执行所需获取的审计证据是不同的。

在测试控制运行的有效性时，注册会计师应当从下列方面获取关于控制是否有效运行的审计证据：（1）控制在所审计期间的不同时点是如何运行的；（2）控制是否得到一贯执行；（3）控制由谁执行；（4）控制以何种方式运行（如人工控制或自动化控制）。

（二）控制测试的要求

控制测试并非在任何情况下都需要实施。当存在下列情形之一时，注册会计师应当实施控制测试：（1）在评估认定层次重大错报风险时，预期控制的运行是有效的；（2）仅实施实质性程序不足以提供认定层次充分、适当的审计证据。

如果在评估认定层次重大错报风险时预期控制的运行是有效的，注册会计师应当实施控制测试，就控制在相关期间或时点的运行有效性获取充分、适当的审计证据。

如果认为仅实施实质性程序获取的审计证据无法将认定层次重大错报风险降至可接受的低水平，注册会计师应当实施相关的控制测试，以获取控制运行有效性的审计证据。

有时，对有些重大错报风险，注册会计师仅通过实质性程序无法予以应对。例如，在被审计单位对日常交易或与财务报表相关的其他数据（包括信息的生成、记录、处理、报告）采用高度自动化处理的情况下，审计证据可能仅以电子形式存在，此时审计证据是否充分和适当通常取决于自动化信息系统相关控制的有效性。如果信息的生成、记录、处理和报告均通过电子格式进行而没有适当有效的控制，则生成不正确信息或信息被不恰当修改的可能性就会大大增加。在认为仅通过实施实质性程序不能获取充分、适当的审计证据的情况下，注册会计师必须实施控制测试，且这种测试已经不再是单纯出于成本效益的考虑，而是必须获取的一类审计证据。

（三）控制测试的性质

控制测试的性质是指控制测试所使用的审计程序的类型及其组合。

计划从控制测试中获取的保证水平是决定控制测试性质的主要因素之一。注册会计师应当选择适当类型的审计程序以获取有关控制运行有效性的保证。计划的保证水平越高，对有关控制运行有效性的审计证据的可靠性要求就越高。当拟实施的进一步审计程序主要以控制测试为主，尤其是仅实施实质性程序获取的审计证据无法将认定层次重大错报风险降至可接受的低水平时，注册会计师应当获取有关控制运行有效性的更高的保证水平。

虽然控制测试的目的与了解内部控制不同，但两者采用审计程序的类型通常相同，包括询问、观察、检查和穿行测试。此外，控制测试的程序还包括重新执行。

1. 询问

注册会计师可以向被审计单位适当员工询问，获取与内部控制运行情况相关的信息。例如，询问信息系统管理人员有无未经授权接触计算机硬件和软件，向负责复核银行存款余额调节表的人员询问如何进行复核，包括复核的要点是什么，发现不符事项如何处理等。但仅仅通过询问不能为控制运行的有效性提供充分的证据，它必须和其他测试手段结合使用才能发挥作用。在询问过程中，注册会计师应当保持职业怀疑态度。

2. 观察

观察是测试不留下书面记录的控制（如职责分离）的运行情况的有效方法。例如，观察存货盘点控制的执行情况。通常情况下，注册会计师通过观察直接获取的证据比间接获取的证据更可靠。但是，注册会计师还要考虑其所观察到的控制在其不在场时可能未被执行的情况。

3. 检查

对于运行情况留有书面证据的控制，检查非常适用。书面说明、复核时留下的记号，或其他记录在偏差报告中的标志，都可以被当作控制运行情况的证据。例如，检查销售发票是否有复核人员签字，检查销售发票是否附有客户订购单和出库单等。

4. 重新执行

通常只有当询问、观察和检查程序结合运用仍无法获得充分的证据时，注册会计师才考虑通过重新执行来证实控制是否有效运行。例如，为了合理保证计价认定的准确性，被审计单位的一项控制是由复核人员核对销售发票上的价格与统一价格单上的价格是否一致。但是，要检查复核人员有没有认真执行核对，仅仅检查复核人员是否在相关文件上签字是不够的，注册会计师还需要自己选取一部分销售发票进行核对，这就是重新执行程序。

询问本身并不足以测试控制运行的有效性，注册会计师应当将询问与其他审计程序结合使用，以获取有关控制运行有效性的审计证据。观察提供的证据仅限于观察发生的时点，其本身也不足以测试控制运行的有效性；将询问与检查或重新执行结合使用，通常能够获取比仅实施询问和观察更高的保证。例如，被审计单位针对处理收到的邮政汇款单设计和执行了相关的内部控制，注册会计师通过询问和观察程序往往不足以测试此类控制的运行有效性，还需要检查能够证明此类控制在所审计期间的其他时段有效运行的文件和凭证，以获取充分、适当的审计证据。

（四）控制测试的时间

控制测试的时间包含两层含义：一是何时实施控制测试；二是测试所针对的控制适用的时点或期间。一个基本的原理是：如果测试特定时点的控制，注册会计师仅得到该时点控制运行有效性的审计证据；如果测试某一期间的控制，注册会计师可获取控制在该期间有效运行的审计证据。因此，注册会计师应当根据控制测试的目的确定控制测试的时间，并确定拟信赖的相关控制的时点或期间。

注册会计师可能在期中实施进一步审计程序。对于控制测试，注册会计师在期中实施此类程序具有更积极的作用。但需要说明的是，即使注册会计师已获取有关控制在期中运行有效性的审计证据，仍然需要考虑如何能够将控制在期中运行有效性的审计证据合理延伸至期末，一个基本的考虑是针对期中至期末这段剩余期间获取充分、适当的审计证据。因此，如果已获取有关控制在期中运行有效性的审计证据，并拟利用该证据，注册会计师应当实施下列审计程序：(1) 获取这些控制在剩余期间变化情况的审计证据；(2) 确定针对剩余期间还需要获取的补充审计证据。

（五）控制测试的范围

控制测试的范围，主要是指某项控制活动的测试次数。注册会计师应当设计控制测试，以获取控制在整个拟信赖的期间有效运行的充分、适当的审计证据。

注册会计师在确定某项控制的测试范围时通常考虑下列因素：

(1) 在整个拟信赖的期间，被审计单位执行控制的频率。控制执行的频率越高，控制测试的范围越大。

(2) 在所审计期间，注册会计师拟信赖控制运行有效性的时间长度。拟信赖控制运行有效性的时间长度不同，在该时间长度内发生的控制活动次数也不同。注册会计师需要根据拟信赖控制的时间长度确定控制测试的范围。拟信赖期间越长，控制测试的范围越大。

(3) 为证实控制能够防止或发现并纠正认定层次重大错报，所需获取审计证据的相关性和可靠性。对审计证据的相关性和可靠性要求越高，控制测试的范围越大。

(4) 通过测试与认定相关的其他控制获取的审计证据的范围。针对同一认定，可能存在不同的控制。当针对其他控制获取审计证据的充分性和适当性较高时，测试该控制的范围可适当缩小。

(5) 在风险评估时拟信赖控制运行有效性的程度。注册会计师在风险评估时对控制运行有效性的拟信赖程度越高，需要实施控制测试的范围越大。

(6) 控制的预期偏差。预期偏差可以用控制未得到执行的预期次数占控制应当得到执行次数的比率（也可称为预期偏差率）加以衡量。控制的预期偏差率越高，需要实施控制测试的范围越大。如果控制的预期偏差率过高，注册会计师应当考虑控制可能不足以将认定层次的重大错报风险降至可接受的低水平，从而针对某一认定实施的控制测试可能是无效的。

三、实质性程序

（一）实质性程序的含义及要求

实质性程序是指注册会计师针对评估的重大错报风险实施的直接用以发现认定层次重大错报的审计程序。注册会计师应当针对评估的重大错报风险设计和实施实质性程序，以发现认定层次的重大错报。实质性程序包括对各类交易、账户余额、列报的细节测试以及实质性分析程序。

由于注册会计师对重大错报风险的评估是一种判断，可能无法充分识别所有的重大错报风险，并且由于内部控制存在固有局限性，所以，无论评估的重大错报风险结果如何，注册会计师都应当针对所有重大的各类交易、账户余额、列报实施实质性程序。

如果认为评估的认定层次重大错报风险是特别风险，注册会计师应当专门针对该风险实施实质性程序。如果针对特别风险仅实施实质性程序，注册会计师应当使用细节测试，或将细节测试和实质性分析程序结合使用，以获取充分、适当的审计证据。

（二）实质性程序的性质

实质性程序的性质，是指实质性程序的类型及其组合。

实质性程序包括细节测试和实质性分析程序两种基本类型。细节测试是对各类交易、账户余额、列报的具体细节进行测试，目的在于直接识别财务报表认定是否存在错报。实质性分析程序主要是通过研究数据间关系评价信息，只是将该技术方法用作实质性程序，即用以识别各类交易、账户余额、列报及相关认定是否存在错报。

注册会计师应当根据各类交易、账户余额、列报的性质选择实质性程序的类型。细节测试适用于对各类交易、账户余额、列报认定的测试，尤其是对存在或发生、计价认定的测试；对在一段时期内存在可预期关系的大量交易，注册会计师可以考虑实施实质性分析程序。

注册会计师需要根据不同的认定层次的重大错报风险设计有针对性的细节测试。例如，在针对存在或发生认定设计细节测试时，注册会计师应当选择包含在财务报表金额中的项目，并获取相关审计证据。

（三）实质性程序的时间选择

实质性程序的时间选择与控制测试的时间选择既有共同点，也有很大差异。共同点在于：两类程序都面临着对期中审计证据和对以前审计获取的审计证据的考虑。两者的差异在于：（1）在控制测试中，期中实施控制测试并获取期中关于控制运行有效性审计证据的做法更具有一种“常态”；而由于实质性程序的目的在于更直接地发现重大错报，在期中实施实质性程序时更需要考虑其成本效益的权衡。（2）在本期控制测试中拟信赖以前审计获取的有关控制运行有效性的审计证据，已经受到了很大的限制。

在期中实施实质性程序，一方面消耗了审计资源，另一方面期中所获取的审计证据不能直接作为期末财务报表认定的审计证据，注册会计师仍然需要消耗进一步的审计资源，使期中审计证据能够合理延伸至期末。于是，这两部分审计资源的总和是否能够显著小于完全在期末实施实质性程序所需消耗的审计资源，是注册会计师需要权衡的。

如果在期中实施了实质性程序，注册会计师就应当针对剩余期间实施进一步的实质性程序，或将实质性程序和控制测试结合使用，以将期中测试得出的结论合理延伸至期末。关于如何将期中实施的实质性程序得出的结论合理延伸至期末，注册会计师有两种选择：一是针对剩余期间实施进一步的实质性程序；二是将实质性程序和控制测试结合使用。

如果拟将期中测试得出的结论延伸至期末，注册会计师应当考虑针对剩余期间仅实施实质性程序是否足够。如果认为实施实质性程序本身不充分，注册会计师还应测试剩余期间相关控制运行的有效性或针对期末实施实质性程序。

（四）实质性程序的范围

评估的认定层次重大错报风险和实施控制测试的结果，是注册会计师在确定实质性程序的范围时的重要考虑因素。因此，在确定实质性程序的范围时，注册会计师应当考虑评估的认定层次重大错报风险和实施控制测试的结果。注册会计师评估的认定层次的重大错报风险越高，需要实施实质性程序的范围则越广。如果对控制测试结果不满意，注册会计师应当考虑扩大实质性程序的范围。

第九章

销售与收款循环审计

摘　要

销售与收款循环审计属于财务报表审计实务。该业务由顾客提出订货要求开始，以商品及劳务转化为应收账款，并最终转化为现金为终结。本章主要涉及销售与收款循环业务特征、销售业务的内部控制测试和销售交易的实质性测试，以及主营业务收入、应收账款、坏账准备等相关账户审计，其中要求重点掌握销售业务的重要控制目标和控制测试、销售交易的实质性测试及主营业务收入、应收账款、坏账准备的实质性测试程序。

第一节　概述

审计测试包括内部控制测试和交易、账户余额的实质性测试。内部控制测试通常按照业务循环采用审计抽样的方法进行；实质性测试既可按会计报表账目组织实施，也可按业务循环组织实施。按会计报表账目组织实施审计叫分项审计方法，按业务循环组织实施审计叫循环审计方法。

所谓业务循环是指企业处理某一类经济业务的工作程序和先后顺序。业务循环审计是指注册会计师按照业务循环了解、检查和评价被审计单位内部控制制度的建立、健全情况及执行情况，从而对其会计报表的合法性、公允性进行审计的一种方法。

在业务循环审计法下，一般可以将工业企业的业务分为以下几个业务循环：

第一，销售与收款循环。该循环反映从企业制订销售计划开始到货款收回为止的所有业务，具体包括制订销售计划、订单处理、核准赊销、按销售单供货、向顾客开具账单、记录销售、收款、办理和记录销货退回、现金折扣折让、坏账准备的计提与冲销等业务环节。该循环涉及应收账款明细账与总账、主营业务收入、主营业务成本明细账与总账、库存商品明细账与总账、应交税费明细账与总账等。

第二，采购与付款循环。该循环的内容包括购买材料、其他资产和劳务，业务程序一般包括授权批准、采购、验收入库、保管、发出等环节，涉及的账户包括材料采购、应付账款、固定资产、累积折旧等。

第三，生产与存货循环。该循环反映从材料购入到产成品售出为止的所有相关业务，包括直接材料、直接人工和制造费用的归集和分配，生产成本在产成品和在产品之间的分配等内容，涉及的账户包括原材料、应付职工薪酬、库存商品、生产成本、制造费用等。

第四，人力资源与工薪循环。该循环反映从员工入职和离职、工作时间记录、工薪计算与记录、工薪费用的分配、工薪支付以及代扣代缴税金等，主要涉及应付职工薪酬账户。

第五，投资与筹资循环。该循环涉及投资活动与筹资活动相关经济业务。相关账户包括交易性金融资产、长期股权投资、可供出售金融资产、短期借款、长期借款、应付债券、股本、资本公积、盈余公积、利润分配、投资收益、财务费用等。由于投资与筹资循环的交易数量少、单次交易涉及的金额大，所以应详细审计。

此外，货币资金也是十分重要的审计项目，因为它不仅与以上五个业务循环都有关，而且本身也是一项十分重要的资产，所以在本书中将它单独作为一个业务循环介绍。

从本章开始至第十三章分别介绍上述业务循环的审计方法。

第二节　销售与收款循环的内部控制及控制测试

一、销售与收款循环的特性

（一）主要凭证和会计记录

（1）顾客订单。

（2）销售单。即列示顾客所订商品的名称、规格、数量以及其他与顾客订单有关资料的表格，作为销售方内部处理顾客订单的依据。

（3）发运凭证。即在发运货物时编制的用以反映发出商品的规格、数量和其他有关的内容的凭证。这种凭证可用作向顾客开票收款的依据。

（4）销售发票。即用来表明已销售商品的规格、数量、销售金额、运费和保险费的价格、开票日期、付款条件等内容的凭证。销售发票中一联寄送给顾客，其余联由企业保留。销售发票是在会计账簿中登记销售业务的基本凭证。

（5）商品价目表。用来列示企业所售各类商品的经授权批准的销售单价及销售折扣。

（6）贷项通知单。即一种用来表示由于销货退回或经批准的折让而引起的应收销货款减少的凭证。这种凭证的格式通常与销货发票相同，用来说明应收账款的减少。

（7）应收账款明细账。

（8）主营业务收入明细账。

（9）汇款通知书。即一种与销售发票一起寄给顾客，由顾客在付款时再寄回销货单位的凭证。这种凭证注明顾客的姓名、销售发票号码、销货单位开户银行账号以及金额等内容。如果顾客没有将汇款通知书随同货款一并寄回，一般应由收受邮件的人员在开拆邮件时再代编一份汇款通知书。采用汇款通知书能使现金立即存入银行，可以改善对资产保管的控制。

（10）现金日记账和银行存款日记账。

（11）坏账审批表。即一种用来批准将某些应收款项注销为坏账的、仅在企业内部使用的凭证。

（12）顾客月末对账单。

（13）转账凭证。

（14）收款凭证。

（二）主要业务活动

（1）接受顾客订单。接受顾客订单是整个销售与收款循环的起点。企业在批准了顾客订单之后，下一步就应编制一式多联的销售单。销售单是证明管理当局有关销售交易“存在或发生”认定的凭据之一，也是此笔销售交易轨迹的起点。

重要控制点：顾客名单被授权批准。

（2）批准赊销信用。无论批准赊销与否，都要求被授权的信用部门人员在销售单上签署意见，然后再将已签署意见的销售单送回销售单管理部门。设计信用批准控制的目的是降低坏账风险，因此，这些控制与应收账款净额的“计价或分摊”认定有关。

重要控制点：信用部门签署意见。

（3）按销售单供货。已批准销售单中的一联通常应送达仓库，作为仓库按销售单供货和发货给装运部门的授权依据。设立这项控制程序的目的是防止仓库在未经授权的情况下擅自发货。

重要控制点：发货授权。

（4）按销售单装运货物。装运凭证是证实销货交易“存在或发生”认定的凭证。定期检查并确定在编制的每一张装运凭证后均已附有相应的销售发票，与“完整性”认定有关。

重要控制点：按经批准的销售单供货与按销售单装运货物职责相分离，避免装运职员在未经授权的情况下装运产品。

（5）向顾客开具账单。开具账单包括编制和向顾客寄送事先连续编号的销售发票。

开具发票的控制程序如下：第一，开具账单部门职员在编制每张销售发票之前，应独立检查是否存在装运凭证和相应的经批准的销售单；第二，应依据已授权批准的商品价目表编制销售发票；第三，独立检查销售发票计价和计算的正确性；第四，将装运凭证上的商品总数与相应的销售发票上的商品总数进行比较。

（6）记录销售。记录销售的过程包括区分赊销、现销，按销售发票编制转账、记账凭证或现金、银行存款收款凭证，再据以登记销售明细账和应收账款明细账或现金、银行存款日记账。

重要控制点：销售发票是否记录正确并归属适当的会计期间。

（7）办理和记录现金、银行存款收入。

(8) 办理和记录销货退回、销货折让与折扣。

(9) 注销坏账。

(10) 提取坏账准备。

二、销售与收款循环的内部控制制度

销售与收款循环的内部控制制度主要涉及以下几个方面：适当的职责分离、正确的授权审批、充分的凭证与记录、凭证的连续编号、按月寄送对账单及内部核查。

(一) 适当的职责分离

适当的职责分离有助于防止各种有意或无意的错误。有关销售与收款业务相关职责适当分离的基本要求通常包括：

(1) 单位应当将办理销售、发货、收款三项业务的部门（或岗位）分别设立。

(2) 单位在销售合同订立前，应当指定专门人员就销售价格、信用政策、发货及收款方式等具体事项与客户进行谈判。谈判人员至少应有两人以上，并与订立合同的人员相分离；编制销售发票通知单的人员与开具销售发票的人员应相互分离。

(3) 销售人员应当避免接触销售现款；单位应收票据的取得和贴现必须经由保管票据以外的主管人员的书面批准。

注册会计师通常通过观察有关人员活动，以及与这些人讨论，来实施职责分离的控制测试。

(二) 正确的授权审批

对于授权审批问题，注册会计师主要关心以下四个关键点上的审批程序：

(1) 在销货发生之前，赊销已经正确审批。

(2) 非经正当审批，不得发出货物。

上述两项控制的目的在于防止企业财产因向虚构的或者无力支付货款的顾客发货而蒙受损失。

(3) 销售价格、销售条件、运费、折扣等必须经过审批。价格审批控制的目的在于保证销货业务按照企业政策规定的价格开票收款。

(4) 审批人应当根据销售与收款授权审批制度的规定，在授权范围内审批，不得超越审批权限。该项控制的目的在于防止因审批人决策失误而造成严重损失。

(三) 充分的凭证和记录

只有充分的凭证和记录，才有可能实现各项控制目标。

(四) 凭证的预先编号

对凭证预先进行编号的目的在于防止销货以后忘记向顾客开具账单或登记入账，也可防止重复开具账单或重复记账。

对这种控制常用的一种控制测试程序是清点各种凭证。比如从主营业务收入明细账中选出销售发票的存根，看其编号是否连续，有无不正常的缺号发票和重号发票。这种测试程序可同时提供有关真实性和完整性的证据。

(五) 按月寄送对账单

由不负责现金出纳和销售及应收账款记账的人员按月向顾客寄送对账单，使顾客在发现应付账款余额不正确时及时做出反应。

注册会计师可通过观察指定人员寄送对账单和检查顾客回函档案来测试该项控制的有效性。

（六）内部核查程序

内部核查程序是指由内部审计人员或其他独立人员检查销售业务的处理和记录。

注册会计师可以通过检查内部审计人员的报告或核查凭证上的签字等方法实施该项控制测试。

三、销售与收款循环的内部控制调查与测试

（一）销售与收款循环的内部控制调查

注册会计师一般可以采取以下方法取得对被审计单位销售与收款业务循环相关内部控制制度的了解：第一，询问负责此项业务循环的工作人员；第二，取得被审计单位内部管理制度手册，查阅是否有相关的内部控制制度；第三，观察被审计单位有关销售活动及运作情况，并请有关人员填写“销售与收款循环内部控制调查表”（见表 9－1）。

表 9－1　　销售与收款循环内部控制调查表

客户：××股份有限公司　　编制人：×××　　编制日期：2017.4.15
项目：销售制度　　复核人：×××　　复核日期：2017.4.17
截止日期：2016 年 12 月 31 日　　页次：
被调查部门：销售部门　　被调查人：××　　索引：B3－4

调查项目	是		否	不适用	说明
	良好	薄弱			
1. 所有的销货行为是否都有合同并经主管核准？					
2. 签订合同前是否核准客户信用？					
3. 产品的单价及销货折扣的制定、调整是否经授权核准？					
4. 销售发票是否以审核后的销售合同为依据？					
5. 发票是否按顺序号填列签发？					
6. 是否所有的销售发票都开出提货单并交客户？					
7. 提货单是否经客户签字确认？					
8. 发货前是否核对客户是否付款？					
9. 发货时是否核对发票的装箱单？					
10. 销售明细账是否根据提货单及发票的入账联登记？					
11. 销售退回是否经审核批准？					
12. 销售退回是否开出红字发票及产品入库单？					
13. 退货是否经检查入库后付款？					
14. 应收账款是否有核对、催款制度？					
15. 坏账损失的处理是否经授权批准？					
调查结论：经内控调查及简易测试后，认为销售与收款循环内控的可信赖度为： 高（　）　中（　）　低（　） 该循环是否需进一步作控制测试：					

（二）销售与收款循环的控制测试

销售与收款循环控制测试的主要内容包括：

（1）抽取一定数量的销售发票，作如下检查：

1）检查销售发票副联是否附有发运凭证（或者提货单）及顾客订单。

2）检查顾客的赊购是否经过授权批准。

3）检查销售发票连续编号的完整性，作废发票的处理是否正确。

4）检查销售发票中所列数量、单价和金额是否正确，即单价与商品价目表所列价格是否一致，并核算发票金额的正确性。

5）从销售发票追查至记账凭证、有关明细账，确定企业是否及时准确登记有关凭证和账本。

（2）抽取一定数量的发运凭证，检查发运凭证连续编号的完整性，并与发票进行核对，以确定所有发出商品均向顾客开具发票。

（3）从主营业务收入明细账中抽取一定数量的会计记录，并与有关记账凭证、销售发票进行核对，以确定是否存在收入高估或低估的情况。

（4）抽取一定数量的销售调整业务的会计凭证，检查销售退回折扣与折让的授权与会计处理：

1）确定销售退回折扣与折让是否经过授权批准。

2）确定销售退回折扣与折让授权批准、收款与贷项通知单的签发两项职责是否分离。

3）确定销售退回折扣与折让是否附有经主管签字批准并连续编号的贷项通知单。

4）确定销售退回是否具有仓库签发的入库单并与验收报告和贷项通知单上所载数量金额一致。

5）确定销售退回折扣与折让的会计记录是否正确。

（5）观察职员获得或接触资产凭证和记录的途径，并观察职员的表现，确定是否按期寄发对账单，并检查顾客回函档案。

（6）评价内部控制。

上述测试内容及程序如表 9-2 所示。

表 9-2　内部控制测试程序表

客户：×××　　签名　　日期

项目：销售与收款循环控制测试程序　　执行人______　　______　　索引号：C4-1-1

会计期间：2017.1.1—2017.12.31　　复核人______　　______　　页　次：

控制测试程序	执行人	索引号
一、抽取销售发票，作如下检查：		
1. 核对销售发票、销售合同、销售订单所载明的品名、规格、数量、价格是否一致		
2. 检查销售合同、赊销是否经核准		
3. 核对相应的运货单副本、检查销售发票日期与运货日期是否一致		
4. 检查销售发票中所列商品的单价并与商品价目表核对		
5. 复核销售发票中列示的数量、单价和金额		
6. 从销售发票追查至销售记账凭证或销售记账凭证汇总表		
7. 从销售记账凭证或销售记账凭证汇总表追查至总分类账及明细分类账		

续前表

控制测试程序	执行人	索引号
二、抽取一定时期内的销售发票，检查其是否连续编号，是否有缺号，作废发票的处理是否正确		
三、抽取运货单，并与相关的销售发票核对，检查已发出的商品是否均已向顾客开出发票		
四、检查销售退回、折让、折扣的核准：		
1. 销售退回和折让是否附有按顺序编号并经主管人员核准的贷项通知单		
2. 所退回的商品是否具有仓库签发的退货验收报告（入库单）		
3. 销售退回与折让的批准与贷项通知单的签发职责是否分离		
4. 现金折扣是否经过适当授权，授权人与收款人的职责是否分离		
五、抽取收款凭证，作如下检查：		
1. 是否将收款记录与现金保管的职责分离		
2. 收到货款是否已开具收据		
3. 是否定期核对记账、过账和送存运货的金额		
4. 是否定期编制运货存款余额调节表，其编制人是否与出纳的职责分离		
5. 是否定期与客户对账		

第三节　营业收入审计

营业收入是指企业在销售商品、提供劳务以及让渡资产使用权等日常活动中所形成的经济利益的总流入。按照企业经营业务的主次可分为主营业务收入和其他业务收入。

主营业务收入也称基本业务收入，是指企业从事主要营业活动所取得的收入，可以根据企业营业执照上注明的主营业务范围来确定。

其他业务收入也称附营业务收入，是指企业非经常性的、兼营的业务所产生的收入。它具有每笔业务金额一般较小、不经常发生、在企业的收入总额中所占比重较低等特点。

一、主营业务收入的审计

（一）主营业务收入的审计目标

主营业务收入的审计目标一般包括：确定记录的主营业务收入是否已发生，且与被审计单位有关；确定主营业务收入记录是否完整；确定与主营业务收入有关的金额及其他数据是否已恰当记录；确定主营业务收入是否已记录于正确的会计期间；确定主营业务收入的内容是否正确；确定主营业务收入的披露是否恰当。

在审计实务中，注册会计师应根据风险识别和评估的结果，确定主营业务收入审计的重要审计目标。

(二) 主营业务收入的实质性测试程序

主营业务收入的实质性测试程序如下：

(1) 取得或编制主营业务收入项目明细表，复核加计正确，并与报表数、总账数和明细账合计数核对相符。示例见表 9-3。

表 9-3　　主营业务收入明细表

被审单位：×××公司　　审计人员：××　　日期：2017.3.15

会计期间：2016 年　　复核人员：××　　日期：2017.3.15

索引号：×××

月份	A产品	B产品	合计
1	7 800	7 566	15 366
2	7 600 S	6 764	14 364
3	7 400	6 512 S	13 912
4	7 700	6 768	14 468
5	7 800	6 981	14 781
6	7 850	6 947	14 797
7	7 950 S	7 115	15 065
8	7 700	6 830 S	14 530
9	7 600	6 832	14 432
10	7 900	7 111	15 011
11	8 100	7 280	15 380
12	18 900	15 139	34 039
合计	104 300 S∧	91 845 S∧	196 145 G∧

(2) 选择运用以下分析性复核方法，作比较分析：

1) 将本期的主营业务收入与上期进行比较，分析产品销售的结构和价格的变动是否正常，并分析出现异常变动的原因。

2) 比较本期各月各种主营业务收入的波动情况，分析其变动趋势是否正常，复核被审计单位季节性、周期性的经营规律，并查明出现异常现象和重大波动的原因。

3) 计算本期重要产品的毛利率，分析比较本期与上期同类产品毛利率变化情况，注意收入与成本是否配比，并查清出现重大波动和异常情况的原因。

4) 计算重要客户的销售额和产品毛利率，分析比较本期与上期有无异常变化。

需要注意的是，注册会计师在进行上述分析程序时，应注意将被审计单位的数据、趋势等情况与其所处行业情况进行对比分析。

(3) 查明主营业务收入的确认原则、方法，注意是否符合会计准则和会计制度规定的收入实现条件，前后期是否一致。特别要注意周期性及偶然性的收入是否符合既定的收入确认原则和方法。按照《企业会计准则第 14 号——收入》的要求，对企业商品销售收入应在下列条件均能满足时予以确认：第一，企业已将商品所有权上的主要风险的报酬转移给购货方；第二，企业既没有保留通常与所有权相联系的继续管理权，也没有对已售出的商品实施有效控制；第三，收入的金额能够可靠地计量；第四，相关的经济利益可能流入企业；第五，相关的已发生或将发生的成本能够可靠地计量。因此，对主营业务收入的实质性程序，主要应测试企业是否依据上述五个条件确认产品销售收入。具体来说有如下几点：

1）采用交款提货销售方式，应于货款已收到或取得收取货款权利，同时已将发票账单和提货单交给购货单位时，确认收入的实现。注册会计师应着重检查被审计单位是否收到货款或取得收取货款的权利，发票账单和提货单是否已交付购货单位。应注意被审计单位是否存在将尚未实现的收入作为当期收入或将当期收入作为下期收入的情况。

2）采用预收账款销售方式，应于商品已经发出时，确认收入的实现。注册会计师应重点检查被审计单位是否收到了货款，商品是否已经发出。应注意被审计单位是否存在对已收取货款并已将商品发出的交易不入账，或开具虚假出库凭证、虚增收入等情况。

3）采用托收承付结算方式，应于商品已经发出，劳务已经提供，并已将发票账单提交银行，办妥收款手续时确认收入的实现。注册会计师应重点检查被审计单位是否发货．托收手续是否办妥，货物发运凭证是否真实，托收承付结算回单是否正确。

4）委托其他单位代销商品的，如果代销单位采用视同买断方式，应于代销商品已经销售并收到代销单位代销清单时，确认收入的实现。注册会计师应注意查明有无商品未销售、编制虚假代销清单的情况。如果代销单位采用收取手续费方式，应在代销单位将商品销售、企业已收到代销单位代销清单时确认收入的实现。

5）销售合同或协议明确销售价款的收取采用递延方式，实质上具有融资性质的，应当按照应收的合同或协议价款的公允价值确定销售商品收入金额。应收的合同或协议价款与其公允价值之间的差额，应当在合同或协议期间内采用实际利率法进行摊销，计入当期损益。

（4）根据普通发票或者增值税发票申报表估算全年收入，与实际入账收入金额核对，并检查是否存在虚开增值税发票或者销售而未开发票的情况。

（5）获取产品价格目录，抽查售价是否符合定价政策，并注意销售给关联方或者关系密切的重要客户的产品价格是否合理，有无低价或者高价结算以转移收入的现象。

（6）抽取本期一定数量的销售发票，检查开票、记账、发货日期是否相符，品名、数量、单价、金额是否与发运凭证、销售合同等记载的一致，编制测试表。

（7）实施销售截止测试。截止测试是实质性测试中常用的一种具体审计技术，被广泛运用于货币资金、往来款项、存货、长短期投资、主营业务收入和期间费用等项目的审计，尤其是在主营业务收入审计中的运用更为典型。实施截止测试，其目的主要在于确定被审计单位主营业务收入的会计记录归属期是否正确，应计入本期或者下期的主营业务收入是否被推延至下期或者提前至本期。

截止测试的三个关键日期为：发票开具日期或者收款日期；记账日期；发货日期。检查三者是否归属于同一适当会计期间，是营业收入截止测试的关键所在。

截止测试的路线有以下两种选择：

一是以账簿记录为起点。即从报表日前后若干天的账簿记录查至记账凭证，检查发票存根与发运凭证，目的是证实已经入账的收入是否在同一期间已经开具发票并发货，有无多计收入。这一选择的缺点是缺乏全面性、连贯性，只能查多计的收入，无法查漏计的收入，尤其是对于本期漏计收入延至下期，而审计时被审计单位尚未及时登账的，不易发现漏计的情况。

二是以销售发票或者以发运凭证为起点。即从报表日前后若干天的发票存根查至发运凭证与账簿记录，确定已经开具发票的货物是否已经发货并于同一会计期间确认收入。执行时必须注意以下两点：1）相应的发运凭证是否齐全，特别应该注意有无报告期内已经作为收入，而下期初用红字冲回，并且无发货、收货记录，以此来调节利润的情况。2）被审计单位的发票存根是否已经全部提供，有无隐瞒。为此，应查看被审计单位的发票领购簿，尤其应关注普通发票的领购和使用情况。

表 9－4 为销售截止测试情况表示例，可供参考。

表 9－4　　销售截止测试情况表

被审单位：×××公司　　审计人员：××　　日期：2017.3.15

会计期间：2016 年　　复核人员：××　　日期：2017.3.15

索引号：×××

发票编号	客户	发票内容						核对			
		日期	品名	规格	数量（件）	单价（元）	金额（元）	记账日期	1	2	3
6235	甲公司	2016.12.28	男装	A1	1 000	300	300 000	2016.12.29	√	√	√
6236	乙公司	2016.12.29	男装	A2	2 000	350	700 000	2016.12.30	√	√	√
6237	丙公司	2016.12.31	女装	B1	200	200	40 000	2016.12.31	√	√	√
6238	丁公司	2017.1.1	女装	B2	100	250	25 000	2017.1.2	×	√	√
6239	戊公司	2017.1.2	童装	C1	400	100	40 000	2017.1.2	√	√	√

审计说明：

6238 号发票对应的出库单日期是 2016.12.31，故应确认为 2016 年的主营业务收入，相应的主营业务成本为 20 000 元。调整分录为：

借：应收账款　29 250

　贷：主营业务收入　25 000

　　　应交税费——应交增值税（销项税额）　4 250

借：主营业务成本　20 000

　贷：库存商品　20 000

核对说明：

1. 品名、数量与出库单相符。
2. 正确过入主营业务收入、应收账款等明细账。
3. 正确过入总账。

（8）结合对决算日应收账款的函证程序，观察有无未经过认可的巨额销售。

（9）检查销售折扣、销售退回与折让业务是否真实，内容是否完整，相关手续是否符合规定，折扣与折让的计算和会计处理是否正确。

（10）检查主营业务收入在利润表上的披露是否恰当。

二、其他业务收入的审计

注册会计师对其他业务收入一般实施以下实质性程序：

（1）获取或编制其他业务收入明细表，并与明细账和总账核对相符。

（2）对其他业务收入和其他业务成本进行分析程序。

（3）对异常项目，应追查其入账依据及有关法律性文件是否充分。

（4）对其他业务收入实施截止测试。

（5）确定其他业务收入是否在财务报表中恰当反映。

第四节　应收账款和坏账准备审计

应收账款是指企业因销售商品、产品或提供劳务而形成的债权，与货币资金、存货相比，一般占企业流动资产比例较大，对企业经营风险影响程度也很大，有时直接影响企业经营资金周转，造成企业经营困难，同时它也是注册会计师在审计过程中重点关注的科目之一，因此审计风险比较大。

坏账是指企业无法收回或收回可能性极小的应收账款（包括应收票据、应收账款、预付账款、其他应收款和长期应收款），由于发生坏账而产生的损失称为坏账损失。企业通常采用备抵法按期估计坏账损失，形成坏账准备。坏账准备通常也是审计的重点领域。

一、应收账款的审计

（一）应收账款的审计目标

应收账款的审计目标一般是确定：应收账款是否存在；是否归被审计单位所有；增减变动的记录是否完整；是否可以收回；坏账准备的计提方法和比例是否恰当；计提是否充分；期末余额是否正确；在会计报表上的披露是否恰当。

（二）应收账款的实质性测试程序

1. 编制应收账款明细表

取得或编制应收账款明细表复核加计正确，并与总账数和明细账合计数核对相符；结合“坏账准备”科目与会计报表数核对相符。

2. 对应收账款实施分析程序

第一，复核应收账款借方累计发生额与主营业务收入是否配比，如存在不匹配的情况应查明原因。

第二，在明细表上标注重要客户，并编制对重要客户的应收账款增减变动表，与上期比较分析是否发生变动，必要时收集客户资料分析其变动合理性。

第三，计算应收账款周转率、应收账款周转天数等指标，并与被审计单位上年指标、同行业同期相关指标对比分析，检查是否存在重大异常。示例见表 9-5。

表 9-5　　应收账款分析程序常用指标

被审单位：×××公司　　审计人员：××　　日期：2017.3.15
会计期间：2016 年　　复核人员：××　　日期：2017.3.15
索引号：×××

指标	计算	2015 年	2016 年
应收账款周转率	主营业务收入/应收账款平均余额	6	4.77
应收账款周转天数	360/应收账款周转率	60	75
应收账款/流动资产		0.21	0.45
分析结果：			

第四，编制应收账款账龄分析表，判断应收账款的可回收性，并与已计提的坏账准备进行比较，判断坏账准备计提的充分性和合理性。

应收账款的账龄是指从销售实现、产生应收账款之日起，至财务报表日止所经历的时间。编制时可以选择重要的顾客及其余额列示，不重要的或余额小的，可以汇总列示。

应收账款账龄分析表的合计数减去已计提的相应的坏账准备后的净额，应该等于资产负债表中的应收账款项目余额。

应收账款账龄分析表见表 9-6。

表 9-6　　应收账款账龄分析表

客户名称	期末余额	账龄				备注
		1 年以下	1～2 年	2～3 年	3 年以上	
合计						

第五，复核计算坏账准备余额占应收账款余额的比率，并与以前期间的该比率进行比较，分析有无异常差异。

3. 向债务人函证应收账款

应收账款的函证就是指直接发函给被审计单位的债务人，要求核实被审计单位应收账款的记录是否正确的一种审计方法。通过函证可以有效地证明债务人的存在和被审计单位记录的可靠性。因此，除非有充分证据表明应收账款对被审计单位财务报表而言是不重要的，或者函证很可能是无效的，否则，注册会计师应当对应收账款实施函证。如果注册会计师决定不对应收账款进行函证，应当在工作底稿中说明理由。如果认为函证很有可能是无效的，注册会计师应当实施替代审计程序，以获取充分、适当的审计证据。询证函由注册会计师利用被审计单位提供的应收账款明细账户名称及客户地址等资料据以编制，但是询证函的寄发一定要由注册会计师亲自执行。

（1）函证的范围和对象。函证数量的多少、范围是由诸多因素决定的，主要有：

1）应收账款在全部资产中的重要性（呈同比例变动关系）。

2）被审计单位的内部控制的强弱。如果内部控制制度较健全，则可以相应减少函证量；反之，则应相应增加函证量。

3）以前期间的函证结果。如果以前期间函证中发现过重大差异，或者欠款纠纷较多，则函证范围相应扩大一些。

4）函证方式的选择。若采用积极式函证，则可以相应减少函证量；若采用消极式函证，则要相应增加函证量。

一般情况下，注册会计师应选择的函证对象包括：

1）大额或者账龄较长的项目。

2）与债务人发生纠纷的项目。

3）关联方（包括持股5%及5%以上的股东）项目。

4）主要客户（包括关系密切的客户）项目。

5）交易频繁但期末余额较小甚至余额为零的项目。

6）非正常的项目。

（2）函证方式的选择。函证方式分为两种：积极方式函证和消极方式函证。注册会计师既可以采用积极方式函证，也可以采用消极方式函证，还可以将两种方式结合使用。

1）积极式函证，是向债务人发出询证函，要求其证实所函证的欠款是否正确，无论对与错都要求复函。在询证函中必须注明：回函请直接寄送至××会计师事务所，在数据不符处列明不符金额。

在采用积极方式函证时，注册会计师只有在收到的债务人回函的情况下，才可能直接对所函证的款项得出结论。如果没有收到回函，注册会计师一方面会对该款项产生怀疑，另一方面应实施其他适当的审计程序，以获取审计证据。

积极式询证函格式如下：

企业询证函

编号：

××（公司）：

本公司聘请的××会计师事务所正在对本公司××年度财务报表进行审计，按照中国注册会计师审计准则的要求，应当询证本公司与贵公司的往来账项等事项。下列数据出自本公司账簿记录，如与贵公司记录相符，请在本函下端“信息证明无误”处签章证明；如有不符，请在“信息不符”处列明不符金额。回函请直接寄至××会计师事务所。

回函地址：

邮编：　　电话：　　传真：　　联系人：

1. 本公司与贵公司的往来账项列示如下：

单位：元

截止日期	贵公司欠	欠贵公司	备注

2. 其他事项：

本函仅为复核账目之用，并非催款结算。若款项在上述日期之后已经付清，仍请及时函复为盼。

(公司盖章)
年　月　日

结论：1. 信息证明无误。

(公司盖章)
年　月　日
经办人：

2. 信息不符，请列明不符的详细情况。

(公司盖章)
年　月　日
经办人：

2）消极式函证，是向债务人发出询证函，所函证的款项相符时不必复函，只有在所函证的款项不符时才要求债务人向注册会计师复函。

在采用消极的函证方式时，未收到回函可能是因为被询证者已收到询证函且核对无误，也可能是因为被询证者根本就没有收到询证函。可见，积极的函证方式通常比消极的函证方式提供的审计证据可靠。

当同时存在下列情况时，注册会计师可考虑采用消极的函证方式：重大错报风险评估为低水平；涉及大量余额较小的账户；预期不存在大量的错误；没有理由相信被询证者不认真对待函证。

消极式询证函格式如下：

企业询证函

编号：

××（公司）：

本公司聘请的××会计师事务所正在对本公司××年度财务报表进行审计，按照中国注册会计师审计准则的要求，应当询证本公司与贵公司的往来账项等事项。下列数据出自本公司账簿记录，如与贵公司记录相符，则无须回复；如有不符，请直接通知会计师事务所，并请在空白处列明贵公司认为是正确的信息。回函请直接寄至××会计师事务所。

回函地址：

邮编：　　电话：　　传真：　　联系人：

1. 本公司与贵公司的往来账项列示如下：

单位：元

截止日期	贵公司欠	欠贵公司	备注

2. 其他事项：

本函仅为复核账目之用，并非催款结算。若款项在上述日期之后已经付清，仍请及时核对为盼。

（公司盖章）
年　月　日

××会计师事务所：

上面的信息不正确，差异如下：

（公司盖章）
年　月　日
经办人：

（3）函证时间的选择。

1）注册会计师通常以财务报表日为截止日，充分考虑对方复函的时间，在期后适当时间内实施函证，尽可能做到在注册会计师的审计工作结束前取得函证的全部资料。

2）如果固有风险和控制风险评估为低水平，注册会计师也可以选择财务报表日前适当日期为截止日实施函证，并对所函证项目自该截止日起至财务报表日止发生的变动实施实质性测试。

（4）函证的控制。注册会计师通常依据被审计单位提供的应收账款明细账户名称及客户地址等资料编制询证函，但注册会计师应当对选择被询证者、设计询证函以及发出和收回询证函保持控制。出于掩盖舞弊的目的，被审计单位可能想方设法拦截或更改询证函及回函的内容。如果注册会计师对函证程序控制不严密，就可能给被审计单位以可乘之机，导致函证结果发生偏差和函证程序失效。

注册会计师应当采取下列措施对函证实施过程进行控制：

1）将被询证者的名称、地址与被审计单位有关记录核对。

2）将询证函中列示的账户余额或其他信息与被审计单位有关资料核对。

3）在询证函中指明直接向接受审计业务委托的会计师事务所回函。

4）询证函经被审计单位盖章后，由注册会计师直接发出。

5）将发出询证函的情况形成审计工作记录。

6）将收到的回函形成审计工作记录，并汇报统计函证结果。

需要注意的是，在函证过程中，如果出现下列特殊情况，注册会计师应采用适当的方法，以得出恰当的结论：

第一，对于因无法投递而退回的信函要进行分析、研究、处理，查明是由于被函证者地址迁移、差错而致使信函无法投递，还是这笔应收账款本来就是一笔假账。

第二，对以电子形式收到的回函（如传真或电子邮件），由于回函者的真实身份及其授权情况很难取证，对回函的更改也难以发觉，因此可靠性存在风险。注册会计师和回函者应采用一定的程序为电子形式的回函创造安全环境，可以降低该风险，提高回函的可靠性。

第三，对于采用积极式函证方式而没有得到复函的，注册会计师应当考虑对重要的账户余额或其他信息再次函证，一般来说应第二次、第三次发送询证函，如果仍得不到答复，注册会计师应当考虑采用必要的替代审计程序，如检查与销售有关的文件，包括销售合同、销售订单、销售发票副本及发运凭证等，以验证应收账款的真实性。

（5）函证结果差异的分析。若函证结果存在差异，应当与债务人直接联系，作进一步的核实。必要时，应当要求被审计单位作适当调整。产生差异的原因可能是由于购销双方登记入账的时间不同；或者是由于一方或者双方登记账簿的错误；也可能是其中有弄虚作假或者舞弊的行为。因登记入账的时间不同而产生的差异，主要表现为：

1）询证函发出时，债务人已经付款，而被审计单位尚未收到货款。

2）询证函发出时，被审计单位的货物已经发出并已经作销售记录，但货物仍在途中，债务人尚未收到货物。

3）债务人由于某种原因将货物退回，而被审计单位尚未收到。

4）债务人对收到货物的数量、质量和价格等有异议而全部或者部分拒付货款。

（6）对函证结果的总结和评价。注册会计师应将函证的过程和情况记录在工作底稿中，并据以总结和评价应收账款情况。

1）注册会计师应重新考虑以下内容：对内部控制的原有评价是否适当；控制测试的结果是否适当；分析性复核的结果是否适当；相关的风险评价是否适当；等等。

2）如果函证结果表明没有审计差异，则注册会计师可以合理地推论应收账款总体是正确的。

3）如果函证结果表明存在审计差异，则注册会计师应当估算应收账款总额中可能出现的审计差额是多少。估算未被选中进行函证的应收账款的累计差错是多少。为取得对应收账款累计差错更加准确的估计，也可以进一步扩大函证范围。

应收账款函证情况表示例见表 9-7。

表 9-7　应收账款函证情况表　　单位：万元

序号	选样方式	单位名称	期末余额	是否回函	收到回函			未回函		审计意见
					可确认金额	调节后可确认	争议金额	替代程序可确认金额	未核实金额	
1	A	AAA	65	√	65					确认
2	A	BBB	350	√	350					确认
3	A	DDD	100	×				100		确认
⋮										
18	C	CCC	35	√		35				确认
总计			1 140		1 005	35		100		

审计说明：
抽样户数：18　　期末明细户总数：40　　样本数占总户数：45%
回函可确认金额：1 040　　占样本总金额：91.23%
样本金额：1 140　　占期末余额的比例：76%
通过替代程序可确认金额：100　　占样本总金额：8.77%

需要指出的是，即便应收账款得到了债务人的确认，也并不意味着债务人一定会付款。另外，函证也不可能发现应收账款中存在的所有问题。虽然如此，应收账款的函证仍然不失为一种必要的、有效的审计方法。注册会计师通过对应收账款进行函证，并执行其他实质性测试的审计程序，可以对有关债权回收的可能性做出合理的结论，并向被审计单位管理当局提出有关债权情况、所面临的风险和采取的措施。

4. 标明应收账款金额

请被审计单位协助，在应收账款明细表上标出至审计时已经收回的应收账款金额。

5. 检查与抽查

（1）检查未函证的应收账款。对于未函证的应收账款或者认为函证很可能无效的，注册会计师应当实施其他替代审计程序，获取充分、适当的审计证据。针对应收账款存在性认定的其他替代程序主要包括：

1）检查期后收款记录。注册会计师通过检查被审计单位财务报表日后收到有关款项的记录和凭证，包括银行进账单、汇款证明、银行存款日记账等，能为应收账款的存在性提供部分审计证据。值得注意的是，注册会计师还需收集审计证据，验证期后收款确实源于财务报表日已存在的应收账款，而不是源于期后新发生的交易。

2）检查销售合同、销售发票和发货记录等证明交易确实已经发生的证据。应收账款余额是由销售交易产生的，检查销售合同、销售发票和装运单据等也能为应收账款的存在性提供部分审计证据。但是，注册会计师要特别注意被审计单位内部产生的凭证的可靠性。

3）检查被审计单位与客户之间的函电记录。检查被审计单位与客户之间的函电记录有助于发现被审计单位与客户之间的交易是否真实发生，是否对应收账款余额存在争议。

（2）检查坏账的确认和处理。

（3）抽查有无不属于结算业务的债权，检查外币应收账款的折算。

（4）检查应收账款是否已用于融资，并根据融资合同判定属于质押还是出售，其会计处理是否正确。

企业将其按照销售商品、提供劳务的销售合同所产生的应收债权出售给银行等金融机构，在进行会计核算时，应按照实质重于形式的原则，充分考虑交易的经济实质。对于有明确证据表明有关交易事项满足销售确认条件，如与应收债权有关的风险、报酬实际上已经发生转移等，应按照出售应收债权处理，并确认相关损益；否则，应作为应收债权为质押取得的借款进行会计处理。

6. 分析应收账款明细账余额

尤其是应收账款的贷方余额的情形，建议进行重分类调整。

7. 检查应收账款在资产负债表上是否恰当披露

如果被审计单位是上市公司，则其会计报表附注通常应当披露期初、期末余额的账龄分析，期末欠款金额较大的单位账款，以及持有5%以上股份的股东单位账款等情况。

二、坏账准备审计

（一）坏账准备的审计目标

坏账准备的审计目标：确定计提坏账准备的方法和比例是否恰当，坏账准备的计提是否充分；确定坏账准备增减变动的记录是否完整；确定坏账准备期末余额是否正确；确定坏账准备的披露是否恰当。

（二）坏账准备的实质性测试程序

（1）获取或编制坏账准备明细表，复核加计正确，与坏账准备总账、明细账合计数核对相符。

（2）检查坏账准备的本期计提数，与资产减值损失相应明细项目的发生核对相符。

（3）检查坏账准备的计提和核销的批准程序，评价坏账准备所依据的资料、假设及计提方法。

一般来说，下列情况下不能全额提取坏账准备：1）当年发生的应收款项，以及未到期的应收款项；2）计划对应收款项进行债务重组，或以其他方式进行重组的；3）与关联方发生的应收款项，特别是母子公司交易事项产生的应收款项；4）其他已逾期但无确凿证据证明不能收回的应收款项。

（4）检查实际发生坏账损失的转销依据是否符合相关规定，会计处理是否正确。

（5）检查长期挂账应收账款。

（6）检查函证结果。

（7）实施分析性复核程序，计算坏账准备占应收账款余额的百分比，并将此比例与以前期间对比，判断坏账准备计提的合理性。

（8）确定坏账准备的披露是否恰当。

第五节　其他相关账户的审计

一、应收票据

（一）应收票据的审计目标

应收票据的审计目标一般应包括：确定应收票据是否存在；确定应收票据是否归被审计单位所有；确定应收票据增减变动的记录是否完整；确定应收票据是否有效，可否收回；确定应收票据年末余额是否正确；确定应收票据在会计报表上的披露是否恰当。

（二）应收票据的审计程序

（1）获取或编制应收票据明细表，复核其加计数是否准确，并与明细账、总账和报表的余额核对相符。

（2）编制应收票据盘点明细表，盘点库存票据，并与应收票据明细账核对。

（3）抽取部分票据向出票人函证，以证实其存在性和可收回性。

（4）验明应收票据的利息收入是否均已入账。

（5）核对已贴现的应收票据，其贴现额与利息额的计算是否准确，会计处理方法是否恰当。

（6）验明应收票据是否已在资产负债表上恰当披露。

二、预收账款

（一）预收账款的审计目标

预收账款的审计目标一般应包括：确定预收账款的发生及偿还记录是否完整；确定预

收账款的年末余额是否正确；确定预收账款在会计报表上的披露是否充分。

（二）预收账款的审计程序

（1）获取或编制预收账款明细表，复核其加计数是否准确，并与明细账、总账和报表的余额核对相符。

（2）选择预收账款重大项目函证，根据回函情况编制函证结果汇总表。回函金额不符的，应查明原因并作出记录或适当调整；未回函的，应再次函证或通过检查资产负债表日后已转销的预收账款是否与仓库发货单、销售发票相一致等替代审计程序，确定其是否真实、正确。

（3）检查预收账款是否存在借方余额，决定是否进行重分类。

（4）检查预收账款长期挂账的原因，并进行记录，必要时予以调整。

（5）验明预收账款是否已在资产负债表上充分披露。

第十章

采购与付款循环审计

摘 要

本章首先介绍采购与付款循环涉及的主要业务活动及相关会计凭证和记录，然后分别介绍该业务循环的职责分离、授权审批、请购与审批控制及内部核查等内部控制制度的主要内容及相应的控制测试程序，在此基础上重点介绍应付账款和固定资产的审计目标和实质性测试程序，最后简要介绍该业务循环的其他项目和审计方法。通过本章的学习，应该能够明确注册会计师在对采购与付款业务循环进行审计时实施的主要实质性程序，特别是应付账款、固定资产等项目的主要实质性程序及其会计知识；熟悉采购与付款业务的内部会计控制。

第一节 采购与付款循环的内部控制及控制测试

一、采购与付款循环的特性

（一）主要凭证和会计记录

采购与付款业务通常要经过“请购→订货→验收→付款”这一程序。典型的采购与付款循环所涉及的主要凭证和会计记录有以下几种：（1）请购单；（2）订购单；（3）验收单；（4）卖方发票；（5）付款凭单；（6）记账凭证；（7）应付账款明细账；（8）现金、银行存款日记账；（9）卖方对账单等。

（二）采购与付款循环中的主要业务活动

（1）请购商品和劳务。请购单必须经主管预算的人员签字。

（2）采购部门编制订购单。采购部门按照经批准的请购单向确定的供应商发出订购单。订购单应一式多联、连续编号。

（3）验收商品。应由独立的验收部门负责验收采购部门所购入的商品，并填制一式多联、连续编号的验收单。

（4）储存已验收的商品存货。

（5）编制付款凭单。这项功能的控制包括：

1）确定供应商发票的内容与相关的验收单、订购单的一致性。

2）确定供应商发票计算的正确性。

3）编制有预先编号的付款凭单，并附上支持性凭证（如订购单、验收单和供应商发票等）。

4）独立检查付款凭单计算的正确性。

5）在付款凭单上填入应借记的资产或费用账户名称。

6）由被授权人员在凭单上签字，以示批准照此凭单要求付款。

（6）确认与记录负债。

（7）偿还负债。编制和签署支票的有关控制包括：

1）独立检查已签发支票的总额与所处理的那批付款凭单的总额的一致性。

2）应由被授权的财务部门的人员负责签署支票。

3）被授权签署支票的人员应确定每张支票都附有一张已经适当批准的未付款凭单，还应确定支票收款人姓名和金额与凭单内容的一致性。

4）支票一经签署就应在其凭单和支持性凭证上用加盖印戳或打洞等方式将其注销，以免重复付款。

5）支票签署人不应签发无记名甚至空白的支票。

6）支票应预先连续编号，保证支出支票存根的完整性和作废支票处理的恰当性。

7）应确保只有被授权的人员才能接触未经使用的空白支票。

（8）记录现金、银行存款支出。

二、采购与付款循环的内部控制制度

采购与付款循环的内部控制制度主要涉及职责分离、授权批准、请购与审批控制、采购与验收控制、付款控制、监督检查等方面。

（一）职责分离

企业应当建立采购与付款业务的岗位责任制，明确相关部门和岗位的职责、权限，确保办理采购与付款业务的不相容岗位相互分离、制约和监督。

采购与付款业务不相容岗位至少包括：

（1）请购与审批。

（2）询价与确定供应商。

（3）采购合同的订立与审计。

（4）采购与验收。

（5）采购、验收与相关会计记录。

（6）付款审批与付款执行。

（二）授权批准

同销售与收款循环的相关内容，不再赘述。

（三）请购与审批控制

企业应当建立采购申请制度，依据购置物品或劳务类型，确定归口管理部门，授予相应的请购权，并明确相关部门或人员的职责权限及相应的请购程序。

企业应当加强采购业务的预算管理。对于预算内采购项目，具有请购权的部门应当严格按照预算执行进度办理请购手续；对于超预算和预算外采购项目，具有请购权的部门应对需求部门提出的申请进行审核后再行办理请购手续。

企业应当建立严格的请购审批制度。对于超预算和预算外采购项目，应当明确审批权限，由审批人根据其职责、权限以及单位实际需要等对请购申请进行审批。

（四）采购与验收控制

企业应当建立采购与验收环节的管理制度，对确定采购方式、选择供应商、验收程序等作出明确规定，确保采购过程的透明化。

1. 采购

企业应当根据物品或劳务等的性质及其供应情况确定采购方式。一般物品或劳务等的采购应采用订单采购或合同订货等方式，小额零星物品或劳务等的采购可以采用直接购买等方式。企业还应当制定例外紧急需求的特殊采购处理程序。

企业应当充分了解和掌握供应商的信誉、供货能力等有关情况，采取由采购、使用等部门共同参与比质比价的程序，并按规定的授权批准程序确定供应商。小额零星采购也应由经授权的部门事先对价格等有关内容进行审查。

2. 验收

企业应当根据规定的验收制度和经批准的订单、合同等采购文件，由独立的验收部门或指定专人对所购物品或劳务等的品种、规格、数量、质量和其他相关内容进行验收，出具验收证明。对验收过程中发现的异常情况，负责验收的部门或人员应当立即向有关部门报告；有关部门应查明原因，及时处理。

（五）付款控制

企业应当按照《现金管理暂行条例》《支付结算办法》和《内部会计控制规范——货币资金（试行）》等规定办理采购付款业务。

（1）企业财会部门在办理付款业务时，应当对采购发票、结算凭证、验收证明等相关凭证的真实性、完整性、合法性及合规性进行严格审核。

（2）企业应当建立预付账款和定金的授权批准制度，加强预付账款和定金的管理。

（3）企业应当加强应付账款和应付票据的管理，由专人按照约定的付款日期、折扣条件等管理应付款项。已到期的应付款项须经有关授权人员审批后方可办理结算与支付。

（4）企业应当建立退货管理制度，对退货条件、退货手续、货物出库、退货货款回收等作出明确规定，及时收回退货款。

（5）企业应当定期与供应商核对应付账款、应付票据、预付账款等往来款项。如有不符，应查明原因，及时处理。

（六）监督检查

企业应当建立对采购与付款实施内部控制的监督检查制度，明确监督检查机构或人员的职责权限，定期或不定期地进行检查。

企业监督检查机构或人员应通过实施符合性测试和实质性测试，检查采购与付款业务的内部控制制度是否健全，各项规定是否得到有效执行。

采购与付款的内部控制监督检查的内容主要包括：

（1）采购与付款业务相关岗位及人员的设置情况。重点检查是否存在采购与付款业务不相容职务混岗的现象。

（2）采购与付款业务授权批准制度的执行情况。重点检查大宗采购与付款业务的授权批准手续是否健全，是否存在越权审批的行为。

（3）应付账款和预付账款的管理。重点审查应付账款和预付账款支付的正确性、时效性和合法性。

（4）有关单据、凭证和文件的使用和保管情况。重点检查凭证的登记、领用、传递、保管、注销手续是否健全，使用和保管制度是否存在漏洞。

三、采购与付款循环的内部控制调查与测试

（一）采购与付款循环的内部控制调查

注册会计师一般可以通过询问负责此项业务循环的工作人员、查阅相关的内部控制手册、观察被审计单位有关采购活动及运作情况等程序获得对内部控制的了解。采购与付款循环内控调查问卷见表10-1。

表10-1　　采购与付款循环内控调查问卷

客户：×××公司　　执行人：××　　日期：××××.××.××

会计期间：××××年　　复核人：××　　日期：××××.××.××

索引号：×××

调查项目	是		否	不适用	说明
	良好	薄弱			
1. 材料采购的单价、数量是否与合同一致？					
2. 材料的入库是否经质量检验合格，数量是否核对一致？					
3. 材料的进项税、运费及运输中的耗损是否合理计算？					
4. 固定资产和在建工程项目有无预算，并授权批准？					
5. 已完在建工程转入固定资产是否办理竣工验收及移交手续？					
6. 固定资产折旧方法的制定与变更是否经过董事会批准？					
7. 固定资产的购入、内部转移是否办理一定手续？					
8. 固定资产的取得、处置和出售是否经过书面授权批准？					
9. 固定资产毁损、报废、清理是否经过技术鉴定和授权批准？					
10. 有无固定资产定期盘点制度并执行？					
11. 付款是否实行费用预算控制，并明确款项支付权限？					
12. 货款支付与记账的职责是否分离？					
调查结论：经内控调查及简易测试后，认为采购与付款循环内控的可信赖度为： 高（　）　中（　）　低（　） 该循环是否需进一步作符合性测试： 是（　）　否（　）					

（二）采购与付款循环的控制测试

采购与付款循环的控制测试主要包括以下内容：

(1) 抽取购货合同（或其他凭证），对购货合同与请购单的下列内容进行核对：货物名称、规格、型号、请购量；授权批准、批准采购量、采购限价；单价、合计金额等。

(2) 审核与抽取与购货合同有关的供应商发票、验收报告、入库单、付款结算凭证、记账凭证，并追查至相关的明细账与总账。

(3) 抽取一定数量的付款凭据，作如下检查：

1) 检查是否实行费用预算控制，是否明确款项支付期限。

2) 检查编制付款凭证时是否与订购合同、预（决）算计划、验收单和发票相核对。

3) 检查支付货款的付款凭证和银行存款账、有关明细账及总分类账的记录是否正确。

(4) 检查记入有关明细账户的原始凭证如订货单、验收单、购货发票的正确性、合法性及其金额是否与相关明细账一致，有关凭证是否经过批准。

(5) 检查款项支付凭证是否及时入账，货款支出与记账的职责是否分离。

采购与付款循环的控制测试程序及内容见表10-2。

表10-2　　采购与付款循环的控制测试程序表

客户：　　签名：　　日　期：

项目：采购与付款循环控制测试程序　　执行人______　　索　引：C4-2-1

会计期间：　　复核人______　　页　次：

控制测试程序
一、抽取购货合同（或其他凭证），对购货合同与请购单的下列内容进行核对： 1. 货物名称、规格、型号、请购量； 2. 授权批准、批准采购量、采购限价； 3. 单价、合计金额等。 二、审核与抽取与购货合同有关的供应商发票、验收报告、入库单、付款结算凭证、记账凭证，并追查至相关的明细账与总账。 三、固定资产和在建工程内部控制制度的符合性测试： 1. 抽查新增固定资产和在建工程项目有无预算，是否经过授权批准； 2. 抽查已完工在建工程转入的固定资产是否办理竣工验收和移交使用手续； 3. 抽查固定资产的折旧方法和折旧率是否符合规定，前后期是否一致； 4. 抽查固定资产的毁损、报废、清理是否经过技术鉴定和授权批准； 5. 抽查固定资产定期盘点制度是否得到执行。 四、付款有无内部控制制度的符合性测试，抽取付款凭据，作如下检查： 1. 检查是否实行费用预算控制，是否明确款项支付期限； 2. 编制付款凭证时，是否与订购合同、预（决）算计划、验收单和发票相核对； 3. 检查支付货款的付款凭证和银行存款账、有关明细账及总分类账的记录是否正确； 4. 核对检查记入有关明细账户的原始凭证如订货单、验收单、购货发票的正确性、合法性及其金额是否与相关明细账一致，有关凭证是否经过批准。 五、检查款项支付凭证是否及时入账，货款支出与记账的职责是否分离。

四、固定资产的内部控制和控制测试

（一）固定资产的内部控制制度

固定资产的内部控制制度包括：

（1）预算制度。注册会计师应注意检查固定资产的取得和处置是否均依据预算；对实际支出与预算之间的差异以及未列入预算的特殊事项，应检查其是否履行特别的审批手续。

（2）授权批准制度。完善的授权批准制度包括：企业的资本性支出预算只有经过董事会等高层管理机构批准方可生效；所有固定资产的取得和处置均需经企业管理当局的书面认可。注册会计师不仅要检查被审计单位固定资产授权批准制度本身是否完善，还要关注授权批准制度是否得到切实执行。

（3）账簿记录制度。一套设置完善的固定资产明细分类账和登记卡对注册会计师分析固定资产的取得和处置、复核折旧费用和修理支出的列支大有帮助。

（4）职责分工制度。对固定资产的取得、记录、保管、使用、维修、处置等，均应明确划分责任，由专门部门和专人负责。明确的职责分工制度有利于防止舞弊，降低注册会计师的审计风险。

（5）资本性支出和收益性支出的区分制度。

（6）固定资产的处置制度。包括投资转出、报废、出售等，均要有一定的申请报批程序。

（7）固定资产的定期盘点制度。

（8）固定资产的维护保养制度。

（二）固定资产的控制测试程序

（1）抽查新增固定资产和在建工程项目有无预算，是否经过授权批准。

（2）抽查已完工在建工程转入的固定资产是否办理竣工验收和移交使用手续。

（3）抽查固定资产的折旧方法和折旧率是否符合规定，前后期是否一致。

（4）抽查固定资产的毁损、报废、清理是否经过技术鉴定和授权批准。

（5）抽查固定资产定期盘点制度是否得到执行。

第二节　应付账款审计

一、应付账款的审计目标

应付账款是企业在正常经营过程中，因赊购商品和劳务等引起的短期债务，如采取赊购方式购买商品、原料、固定资产及其他办公用品等形成的短期债务。

应付账款的审计目标一般包括：

（1）确定应付账款的发生和偿还记录是否完整。

（2）确定应付账款的期末余额是否正确。

（3）确定应付账款的披露是否恰当。

二、应付账款的实质性测试程序

（1）获取或编制应付账款明细表，复核加计正确，并与报表数、总账数和明细账合计数核对是否相符。应付账款明细表示例见表 10－3。

表 10－3　**应付账款明细表**　单位：元

序号	供货方名称	期初余额	借方发生额	贷方发生额	期末余额	备注
1	石家庄	118 040.49	0.00	0.00	118 040.49	本期无发生额，重点审查
2	昌平辅料	0.00	17 519.12	17 519.12	0.00	
3	海淀纽扣	0.00	167 036.69	167 036.69	0.00	本期发生额大，重点审查
4	供电局	0.00	66 993.36	66 993.36	0.00	应属于其他应收款
5	自来水	0.00	14 771.63	14 771.63	0.00	应属于其他应收款
6	塑料制品	0.00	4 000.00	0.00	(4 000.00)	需作重分类调整
7	京北大世界	0.00	0.00	4 446.00	4 446.00	
8	西四纺织	0.00	0.00	55 330.00	55 330.00	
9	北京棉纺	0.00	189 274.41	189 274.41	0.00	本期发生额大，重点审查
10	长虹	0.00	8 000.00	8 000.00	0.00	
	合计	118 040.49	463 595.21	527 371.21	181 816.49	

审计说明：

建议将供电局、自来水的发生额转入其他应付款。应编制调整分录：

借：应收账款——塑料制品　4 000

　贷：应付账款——塑料制品　4 000

（2）根据被审计单位的实际情况，对应付账款进行分析性复核：

1）将本期期末应付账款余额与上期期末余额进行比较，分析其波动原因。

2）分析长期挂账的应付账款，要求被审计单位作出解释，判断被审计单位是否缺乏偿债能力或利用应付账款隐瞒利润。

3）计算应付账款对存货的比率、应付账款对流动负债的比率，并与以前期间对比，评价应付账款整体的合理性。

4）根据存货、主营业务收入和主营业务成本的增减变动幅度，判断应付账款增减变动的合理性。

（3）函证应付账款。一般情况下，应付账款不需要函证，这是因为函证不能保证查出未记录的应付账款，况且注册会计师能够取得购货发票等外部凭证来证实应付账款的余额。但如果控制风险较高，某应付账款明细账户金额较大，或被审计单位处于财务困难阶段，则应进行应付账款的函证。

进行函证时，注册会计师应选择较大金额的债权人，以及那些在财务报表日金额不大、甚至为零，但为企业重要供货人的债权人，作为函证对象。函证最好采用肯定形式，并具体说明应付金额。

如果存在未回函的重大项目，注册会计师应采用替代审计程序。比如，可以检查资产负债表日后应付账款明细账及现金和银行存款日记账，核实其是否已支付，同时检查该笔债务的相关凭证资料，核实交易事项的真实性。

（4）查找未入账的应付账款。

1）检查被审计单位在财务报表日未处理的不相符的购货发票（如抬头不符、与合同某项规定不符等）及有材料入库凭证但未收到购货发票的经济业务。

2）检查财务报表日后收到的购货发票，确认其入账时间是否正确。

3）检查财务报表日后应付账款明细账贷方发生额的相应凭证，确认其入账时间是否正确。审查时，注册会计师还可以通过询证被审计单位的会计和采购人员，以及查阅资本预算、工作通知单和基建合同来进行。如果注册会计师通过这些程序发现了某些未入账的应付账款，应将有关情况详细记入审计工作底稿，然后根据其重要性确定是否需建议被审计单位进行相应的调整。

（5）检查应付账款是否存在借方余额。如有，应查明原因，必要时建议被审计单位作重分类调整。

（6）结合预付账款的明细余额，查明是否有在应付账款和预付账款两处同时挂账的项目；结合其他应付款的明细余额，查明有无不属于应付账款的其他应付款。如有，应作出记录，必要时，建议被审计单位作重分类调整或会计误差调整。示例见表 10－4。

表 10－4　　购货截止测试检查表金额　　单位：万元

序号	入库单			记账凭证			购货发票			备注
	编号	数量/金额	日期	编号	数量/金额	日期	发票号码	数量/金额	日期	
1	101	5/100	12/30	223	5/100	12/30	2615	5/100	12/30	
2	102	10/200	12/31	224	10/200	1/1	3611	10/200	12/31	截止有误
3	103	8/150	1/1	225	8/150	1/2	3912	8/150	1/1	
4	104	6/120	1/2	226	6/120	1/3	4021	6/120	1/2	

审计说明：

抽查 2016 年 12 月 31 日前后一周内的材料采购业务，发现入库单编号为 102 业务的入账时间有误，涉及的金额为 200 万元，应编制调整分录：

借：原材料　　200

　　应交税费——应交增值税（进项税额）　　34

　贷：应付账款　　234

（7）查明应付账款长期挂账的原因，作出记录，注意其是否可能发生呆账收益。

（8）对于用非记账本位币结算的应付账款，检查其采用的折算汇率是否正确。

（9）验明应付账款在资产负债表上的披露是否恰当。"应付账款"项目应根据"应付账款"和"预付账款"科目所属明细科目的期末贷方余额的合计数填列。审计中，如果发现被审计单位因重复付款、付款后退货、预付货款等导致某些明细账户借方出现较大余额，注册会计师应在审计工作底稿中编制建议调整的重分类分录，以便将这些借方余额在资产负债表中列为资产。

如果被审计单位为上市公司，则在其会计报表附注中通常还应披露对持有 5%（含 5%）以上股份的股东单位应付账款情况。

第三节　固定资产审计

固定资产是指同时具备下列两个特征的有形资产：为生产商品、提供劳务出租或经营管理而持有的；使用寿命超过一个会计年度。固定资产折旧是指在固定资产的使用寿命内，按照确定的方法对应计折旧额进行分摊。

一、固定资产审计的范围

固定资产审计的范围很广。固定资产项目反映企业所有固定资产的原价，累计折旧项目反映企业固定资产的累计折旧数额，固定资产减值准备反映固定资产的减值情况，这都属于固定资产的审计范围。除此之外，由于固定资产的增加包括购入、自行建造、其他单位投资转入、更新改造、接受捐赠和盘盈等多种方式，相应涉及银行存款、应付账款、预付账款、在建工程、股本、资本公积和待处理财产损溢等项目；企业的固定资产又因出售、报废、投资转出、毁损和盘亏等原因而减少，与固定资产清理、其他应收款、营业外收入和营业外支出等项目有关；另外，企业按月计提固定资产折旧，这又与制造费用、销售费用、管理费用等项目联系在一起，因此，在进行固定资产审计时，应当关注这些相关项目。

二、固定资产的审计目标

固定资产的审计目标一般包括：

（1）确定固定资产是否存在。

（2）确定固定资产是否归被审计单位所有。

（3）确定固定资产及其累计折旧增减变动的记录是否完整。

（4）确定固定资产的计价和折旧政策是否恰当。

（5）确定固定资产的期末余额是否正确。

（6）确定固定资产在会计报表上的披露是否恰当。

三、固定资产——账面余额的实质性测试程序

（1）获取或编制固定资产及累计折旧分类汇总表（示例见表10-5），检查固定资产的分类是否正确，复核加计是否正确，并与报表数、总账数和明细账合计数核对是否相符。

表10-5　固定资产及累计折旧分类汇总表　单位：元

资产类别	原值					备注
	年初余额	本期增加	本期减少	期末余额	所占比重	
机器设备	3 735 700	71 270	63 000	3 743 970	44.46%	
房屋建筑物	3 000 000	1 777 106	100 000	4 677 106	55.54%	
合　计	6 735 700	1 848 376	163 000	8 421 076	100%	

续前表

资产类别	累计折旧					备注
	折旧率	年初余额	本期增加	本期减少	期末余额	
机器设备	9.60%	100 000	5 000	3 200	101 800	
房屋建筑物	3.20%	200 000	15 000	40 000.00	175 000	
合　计		300 000	20 000	43 200	276 800	

（2）对固定资产执行分析程序。

根据被审计单位业务的性质，选择以下方法对固定资产实施分析程序：

1）计算固定资产原值与本期产品产量的比率，并与以前期间比较，可能发现闲置固定资产或已减少固定资产未在账户上注销的问题。

2）计算本期计提折旧额与固定资产总成本的比率。将此比率同上期比较，旨在发现本期折旧额计算的错误。

3）计算累计折旧与固定资产总成本的比率。将此比率同上期比较，旨在发现累计折旧核算的错误。

4）比较本期各月之间、本期与以前各期之间的修理及维护费用，旨在发现资本性支出和收益性支出区分上可能存在的错误。

5）比较本期与以前各期的固定资产增加和减少。由于被审计单位的生产经营情况在不断地变化，各期之间固定资产增加和减少的数额可能相差很大。注册会计师应当深入分析其差异，并根据被审计单位以往和今后的生产经营趋势判断差异产生的原因是否合理。

6）分析固定资产的构成及其增减变动情况，与在建工程、现金流量表、生产能力等相关信息交叉复核，检查固定资产相关金额的合理性和准确性。

（3）检查本期固定资产的增加。固定资产的增加有购入、自制自建、投资者投入、更新改造增加、债务人抵债增加等多种方式。审计中应注意以下几点：

1）对于外购固定资产，通过核对购货合同、发票、保险单、发运凭证等文件，抽查测试其计价是否正确、授权批准手续是否齐备、会计处理是否正确。如果是房屋，还应检查契税的会计处理是否正确。

2）对于在建工程转入的固定资产，应检查其竣工决算、验收和移交报告是否正确，与在建工程相关的记录核对是否相符，资本化利息金额是否恰当；对已经在用但尚未办理竣工决算的固定资产，检查其是否已经暂估入账，并按规定计提折旧；竣工决算完成后，是否及时调整。

3）对于投资者投入的固定资产，应检查其入账价值与投资合同中关于固定资产作价的规定是否一致，须经评估确认的固定资产是否有评估报告并经国有资产管理部门等确认，固定资产交接手续是否齐全。

4）对于更新改造增加的固定资产，应查明增加的固定资产原值是否真实，是否符合资本化条件，会计处理是否正确，重新确定的剩余折旧年限是否恰当。

5）对于因债务人抵债等方式而获得的固定资产，应检查产权过户手续是否齐备，固定资产入账价值及确认的损益是否符合规定。

(4) 审计固定资产的减少。固定资产的减少主要包括出售、向其他单位投资转出、向债权人抵债转出、报废、毁损、盘亏等。审计固定资产减少的主要目的在于查明业已减少的固定资产是否已做相应的会计处理。其审计要点如下：

1) 审查减少固定资产的授权批准文件。

2) 审查因不同原因减少固定资产的会计处理是否符合有关规定，验证其数额计算的准确性。

3) 结合固定资产清理，抽查固定资产账面转销额是否正确。

4) 审查是否存在未做会计记录的固定资产减少业务。

(5) 审查固定资产的所有权。对各类固定资产，注册会计师应获取、汇集不同的证据以确定其是否确归被审计单位所有：

1) 对外购的机器设备等固定资产，通常通过审核采购发票、购货合同等予以确定。

2) 对于房地产类固定资产，尚需查阅有关的合同、产权证明、财产税单、抵押贷款的还款凭据、保险单等书面文件。

3) 对融资租入的固定资产，应验证有关融资租赁合同，证实其并非经营租赁。

4) 对汽车等运输设备，应验证有关运营证件等。

5) 对受留置权限制的固定资产，通常还应审核被审计单位的有关负债项目等予以证实。

(6) 对购入的固定资产进行实地观察，以确定其存在性。实施实地观察审计程序时，注册会计师可以固定资产明细分类账为起点，进行实地追查，以证明会计记录中所列固定资产确实存在，并了解其目前的使用状况；也可以实地为起点，追查至固定资产明细分类账，以获取实际存在的固定资产均已入账的证据。

实地观察的重点是本期新增加的重要固定资产，有时观察范围也会扩展到以前期间增加的固定资产。

观察范围的确定需要依据被审计单位内部控制的强弱、固定资产的重要性和注册会计师的经验来判断。如为初次审计，则应适当扩大观察范围。

(7) 确定被审计单位估计的固定资产使用期限和残值是否合理。

(8) 对于已经交付使用但尚未办理竣工决算等手续的固定资产，应检查其是否已暂估入账并按规定计提折旧，资本性支出与收益性支出的划分是否恰当等。

(9) 审查固定资产的租赁。租赁一般分为经营性租赁和融资性租赁两种。审查经营性租赁时，应查明如下内容：

1) 固定资产的租赁是否签订了合同、租约，手续是否完备，合同内容是否符合国家规定，是否经相关管理部门的审批。

2) 租入的固定资产是否确属企业必需，或出租的固定资产是否确属企业多余、闲置不用，双方是否认真履行合同，其中是否存在不正当交易。

3) 租金收取是否签有合同，有无多收、少收现象。

4) 租入固定资产有无久占不用、浪费破坏的现象；租出的固定资产有无长期不收租金、无人过问，是否有变相馈送、转让等情况。

5) 租入固定资产是否已登入备查簿；对于租赁固定资产的改良工作，在租赁合同中双方是否有约定等。

在审查融资性租赁时，除可参照经营性租赁固定资产审查的要点以外，还要注意审查融资偿付的利息，主要是检查其利率的计算是否与市场利率相当，同时还要确定融资租入固定资产的计价是否正确，是否进行了正确的会计处理。

（10）复核固定资产的保险，注意检查保险的范围是否恰当，保险数额是否足够。

（11）调查未使用和不需用的固定资产。注册会计师应调查被审计单位有无已完工或已购建的尚未交付使用的新增固定资产、因改扩建等原因暂停使用的固定资产以及多余或不适用的需要进行处理的固定资产。如有，应作彻底调查，以确定其是否真实。同时，还应调查未使用、不需用固定资产的启用及停用时点，并做出记录。

（12）对于因清产核资、资产评估调整固定资产的，应取得有关清产核资报告、资产评估报告和国有资产管理等部门的确认文件，检查其会计处理是否正确。

（13）结合对银行借款等的检查，了解固定资产是否存在抵押、担保情况。如存在，应取证、记录，并提请被审计单位作必要披露。

（14）检查固定资产的购置是否存在与资本性支出有关的财务承诺，必要时，应提请被审计单位作适当披露。

（15）检查有无与关联方之间的固定资产购售活动。如有，确定其是否经适当授权，是否按正常交易价格进行交易。

（16）确定固定资产是否已在资产负债表上恰当披露。会计报表附注通常应分类别披露固定资产在本期的增减变动情况，以及用作抵押、担保的固定资产数和本期从在建工程转入固定资产数、本期出售固定资产数、本期置换固定资产数等情况。

四、固定资产——累计折旧的实质性测试程序

影响折旧的因素通常有三个：一是折旧的基数（一般指固定资产的账面原价）；二是固定资产的残余价值；三是预计经济使用年限。审计时，也要从这三个方面入手。主要步骤如下：

（1）获取或编制固定资产及累计折旧分类汇总表，复核加计正确，并与报表数、总账数和明细账合计数核对相符。

（2）审查被审计单位制定的折旧政策和方法是否符合国家有关财务会计制度的规定，确定其所采用的折旧方法能否在固定资产使用年限内合理分摊其成本，前后期是否一致。如被审计单位采用加速折旧法，应取得其批准文件。如没有批准文件，应提请被审计单位改正并建议调整应纳税所得额。

（3）根据情况，选择以下方法对累计折旧进行分析性复核：

1）对折旧计提的总体合理性进行复核，是测试折旧正确与否的一个有效办法。计算、复核的方法是用应计提折旧的固定资产乘以本期的折旧率。计算之前，注册会计师应对本期增加和减少的固定资产、使用年限长短不一的固定资产和折旧方法不同的固定资产作适当调整。如果总的计算结果和被审计单位的折旧总额相近，且固定资产及累计折旧的内部控制较健全，就可以适当减轻累计折旧和折旧费用的其他实质性测试工作量。

2）计算本期计提折旧额占固定资产原值的比率，并与上期比较，分析本期折旧计提

额的合理性和准确性。

3）计算累计折旧占固定资产原值的比率，评估固定资产的老化率，并估计因闲置、报废等原因可能发生的固定资产损失。

固定资产累计折旧抽检表示例见表10－6。

表10－6　固定资产累计折旧抽检表　　单位：万元

固定资产名称	原值	折旧年限	残值率	月折旧率	增减月份	本年应计折旧	本年已计折旧	差异	备注
厂房	100	30	10%	0.25%		3	3		
机床	10	10	0	0.83%		1	1		
货车	10	10	0	0.83%	7	0.5	0.5		

（4）审查折旧的计提和分配，要点如下：

1）计算复核本期折旧费用的计提是否正确。

2）检查折旧费用的分配是否合理，与上期分配方法是否一致。

3）注意固定资产增减变动时有关折旧的会计处理是否符合规定。

4）查明通过更新改造而增加的固定资产是否重新计算过折旧费用。

（5）将“累计折旧”账户贷方的本期计提折旧金额与相应的成本费用中的折旧费用明细账户的借方相比较，以查明所计提折旧金额是否已全部摊入本期产品成本或费用。一旦发现差异，应及时追查原因，并考虑是否应建议作适当调整。

（6）结合固定资产审计，确定其折旧的计提是否正确无误，并追查至固定资产登记卡。特别应注意有无已提足折旧的固定资产继续超提折旧的情况和在用固定资产不提或少提折旧的情况。

（7）对于因资产评估调整累计折旧的，取得有关资产评估报告和国有资产管理部门等的确认文件，检查其会计处理是否正确。

（8）验明累计折旧的披露是否恰当。会计报表附注通常应分类别披露累计折旧在本期的增减变动情况。

五、固定资产——固定资产减值准备的实质性测试程序

（1）获取或编制固定资产减值准备明细表，复核加计正确，并与总账数和明细账合计数核对相符。

（2）检查被审计单位计提固定资产减值准备的依据是否充分及会计处理是否正确。

（3）检查固定资产减值准备计提和核销的批准程序，取得书面报告等证明文件。

（4）实施实质性分析程序，计算本期末固定资产减值准备占期末固定资产原值的比率，并与期初该比率比较，分析固定资产的质量状况。

（5）检查被审计单位处置固定资产时原计提的减值准备是否同时结转，会计处理是否正确。

（6）检查是否存在转回固定资产减值准备的情况。按照企业会计准则规定，固定资产减值损失一经确认，在以后会计期间不得转回。

（7）确定固定资产减值准备的披露是否恰当。

第四节　其他相关账户审计

一、预付账款审计

预付账款是企业按购货合同的规定，预先支付给供货单位的货款，会计上通过“预付账款”或“应付账款”科目（借方）进行核算。预付账款是企业的一种流动资产，但它是企业在购货环节中产生的，因此，预付账款的审计应结合购货与付款循环的审计进行。

预付账款的实质性测试程序主要包括：

（1）获取或编制预付账款明细表，复核加计正确，并与报表数、总账数和明细账合计数核对相符。

（2）请被审计单位协助，在预付账款明细表上标出截止审计日已收到货物并冲销预付账款的项目。

（3）分析预付账款账龄及余额构成，根据审计策略选择大额或异常的预付账款重要项目（包括零账户）进行函证。

（4）结合应付账款明细账抽查入库记录，查核有无重复付款或将同一笔已付清的账款在预付账款和应付账款这两个项目同时挂账的情况。

（5）分析预付账款明细账余额，对于出现贷方余额的项目，应查明原因，必要时建议作重分类调整。

（6）检查预付账款长期挂账的原因。

（7）对于用非记账本位币结算的预付账款，检查其采用的折算汇率和汇兑损益处理的正确性。

（8）确定预付账款是否已在资产负债表上恰当披露。

二、在建工程审计

在建工程的实质性测试程序主要包括：

（1）获取或编制在建工程明细表，复核加计正确，并与报表数、总账数和明细账合计数核对相符。

（2）检查本期在建工程的增加数，具体内容如下：

1）对于重大建设项目，取得有关工程项目的立项批文、预算总额和建设批准文件，以及施工承包合同、现场监理施工进度报告等业务资料。

2）对于支付的工程款，应抽查其是否按照合同、协议、工程进度或监理进度报告分期支付，付款授权批准手续是否齐备，会计处理是否正确。

3）对于领用的工程物资，抽查工程物资的领用是否有审批手续，会计处理是否正确。

4）对于借款费用资本化，应结合长短期借款、应付债券或长期应付款的审计，检查借款费用（利息、汇兑损益）资本化的计算方法是否正确，资本化金额是否合理，会计处理是否正确。

5）对于工程管理费资本化，应结合管理费用等的审计工作，检查工程管理费资本化的金额是否合理，会计处理是否正确。

6）对于计缴的土地开发费，应审查土地开发费的合法性、真实性，并检查其会计处理是否正确。

（3）检查本期在建工程的减少数，具体内容如下：

1）了解在建工程转固定资产的政策，并结合固定资产审计，检查在建工程转销额是否正确，是否存在将已交付使用的固定资产挂列在在建工程而少计折旧的情形。

2）检查已完工程项目的竣工决算报告、验收交接单等凭证以及其他转出数的原始凭证，检查其会计处理是否正确。

（4）检查在建工程项目期末余额的构成内容，并实地观察工程现场，确定在建工程是否存在；了解工程项目的实际完工进度；检查是否存在实际已使用，但未办理竣工决算手续、未及时进行会计处理的项目。

（5）查询在建工程项目保险情况，复核保险范围是否足够。

（6）检查是否有长期挂账的在建工程。如有，应了解原因，并关注是否会发生损失。

（7）结合对银行借款等的检查，了解在建工程是否存在抵押、担保情况。如有，应取证、记录，并提请被审计单位作必要披露。

（8）检查在建工程合同，以确定是否存在与资本性支出有关的财务承诺。

（9）确定在建工程在资产负债表上的披露是否恰当。

三、工程物资的审计

工程物资的实质性测试程序主要包括：

（1）获取或编制工程物资明细表，复核加计正确，并与报表数、总账数和明细账合计数核对相符。

（2）实地盘点工程物资，确定其是否存在，并观察是否有呆滞、积压物资。

（3）抽查若干工程物资采购合同、发票、货物验收单等原始凭证，检查其是否经过授权批准，会计处理是否正确。

（4）结合在建工程审计，检查物资领用手续是否齐全，会计处理是否正确。

（5）检查被审计单位是否对工程物资定期盘点，对盘盈、盘亏的处理是否及时、是否符合规定，会计处理是否正确。

（6）检查工程完工后剩余的工程物资在转入存货时，是否将其所含增值税进项税额进行了正确的分离。

（7）验明工程物资在资产负债表上的披露是否恰当。

四、固定资产清理的审计

固定资产清理的实质性测试程序主要包括：

（1）获取或编制固定资产清理明细表，复核加计正确，并与报表数、总账数和明细账合计数核对相符。

（2）检查固定资产清理的发生是否有正当理由，是否经有关技术部门鉴定，固定资产清理的发生和转销是否经授权批准，相应的会计处理是否正确。具体操作如下：

1）结合对固定资产等账项的审计，检查固定资产、累计折旧等的账面转入额是否正确。

2）检查固定资产清理收入和清理费用的发生是否真实、准确，清理结果（净损益）的计算是否正确。与施工有关的，是否计入工程成本；属于出售职工住房的，是否计入住房周转金；属于筹建期的，是否计入开办费；属于生产经营期间的，是否计入营业外收支；属于清算期间的，是否计入清算损益。

3）检查固定资产清理是否长期挂账。如有，应作出记录，必要时建议作适当调整。

4）确定固定资产清理是否已在资产负债表上恰当披露。

第十一章

生产与存货循环、人力资源与工薪循环审计

摘 要

生产与存货循环同其他业务循环的联系非常紧密。原材料经过采购与付款循环进入生产与存货循环，生产与存货循环又随销售与收款循环中产成品的销售而结束。确定存货的存在、所有权和完整性有十分重要的意义。

生产与存货循环涉及的主要报表项目有存货、营业成本等。其中，存货又包括材料采购或在途物资、原材料、材料成本差异、库存商品、发出商品、商品进销差价、委托加工物资、委托代销商品、周转材料、存货跌价准备等报表项目。

人力资源与工薪循环反映员工雇用和离职、工作时间记录、工薪计算与记录、工薪费用的分配、工薪支付以及代扣代缴税金等，主要涉及“应付职工薪酬”账户。在制造业中，员工工薪影响两个重要的交易类型，即工薪的发放和直接工薪费用与间接工薪费用的分配。涉及的主要报表项目是应付职工薪酬。

第一节 生产与存货循环、人力资源与工薪循环的内部控制及控制测试

一、生产与存货循环的特性

（一）主要凭证与会计记录

以制造业为例，生产与存货循环包括制订生产计划，控制、保持存货水平以及与制造过程有关的交易和事项，涉及领料、生产加工、销售产成品等主要环节。生产与存货循环所涉及的凭证和记录主要包括：

（1）生产指令。

（2）领发料凭证。

（3）产量和工时记录。

（4）工薪汇总及工薪费用分配表。

（5）材料费用分配表。

（6）制造费用分配汇总表。

（7）成本计算单。

（8）存货明细账。

（二）主要业务活动

1. 计划和安排生产——计划部门

生产计划部门的职责是根据顾客订单或者对销售预测和存货需求的分析来决定生产授权。如决定授权生产，即签发预先编号的生产通知单。该部门通常应将发出的所有生产通知单编号并加以记录和控制。

2. 发出原材料——仓库部门

仓库部门的责任是根据从生产部门收到的领料单发出原材料。领料单上必须列示所需的材料的数量和种类，以及领料部门的名称。

3. 生产产品——生产部门

生产部门在收到生产通知单及领取原材料后，便将生产任务分解到每一个生产工人，并将所领取的原材料交给生产工人，据以执行生产任务。

4. 核算产品成本——财务部门

为了正确地核算产品成本，对在产品进行有效控制，必须建立健全成本会计制度，将生产控制和成本核算有机结合在一起。一方面，生产过程中的各种记录、生产通知单、领料单、计工单、入库单等文件资料都要汇集到会计部门，由会计部门对其进行审查和核对，以了解和控制生产过程中存货的实物流转；另一方面，会计部门要设置相应的会计账户，会同有关部门对生产过程中的成本进行核算和控制。

5. 储存产成品——仓库部门

产成品入库，须由仓库部门先行点验和检查，然后签收。签收后，将实际入库数量通知会计部门。按特征分类存放，并填制标签。

6. 发出产成品——发运部门

产成品的发出须由独立的发运部门进行。出库单至少一式四联，一联交仓库部门，一联由发运部门留存，一联送交顾客，一联作为给顾客开发票的依据。

二、生产与存货循环的内部控制制度

从总体上看，生产与存货循环的内部控制主要包括存货的内部控制、成本会计制度的内部控制及工薪的内部控制三项。我们主要介绍存货的相关内部控制。

（一）适当的责任分离

（1）建立存货业务的岗位责任制，明确相关部门和岗位的职责权限。

（2）确保办理存货业务的不相容岗位相互分离、制约和监督。存货业务的不相容岗位主要包括：存货的采购、验收与付款；存货的保管与清查；存货的销售与收款；存货处置的申请与审批、审批与执行；存货业务的审批、执行与相关会计记录。

（3）不得由同一部门或个人办理存货的全过程业务。

（4）单位应当配备合格的人员办理存货业务。

（二）严格的授权审批

（1）明确审批人对存货业务授权批准的方式、程序和相关控制措施，规定审批人的权限、责任。审批人应当根据存货授权批准制度的规定，在授权范围内进行审批，不得超越审批权限。

（2）明确经办人员的职责范围和工作要求。对于审批人超越授权范围审批的存货业务，经办人有权拒绝办理，并及时向审批人的上级授权部门报告。严禁未经授权的机构或人员办理存货业务。

（3）制定科学规范的存货业务流程，明确存货的取得、验收与入库，仓储与保管，领用、发出与处置等环节的控制要求，并设置相应的记录或凭证，如实记载各环节业务的开展情况，确保存货业务全过程得到有效控制。

（三）取得、验收与入库控制

（1）外购存货，应符合采购与付款等内部会计控制规范的有关规定。

（2）接受投资者投入的存货，其实有价值和质量状况应当经过评估和检查，并与单位筹资合同或协议的约定相一致。

（3）其他单位抵顶债务的存货，取得时应经过单位有关部门和人员审核批准，其实有价值和质量状况应当符合双方的有关协议。

（4）严格存货验收制度，重点是对取得存货的品种、规格、数量、质量和其他相关内容进行验收。

单位应当组织有关部门和人员对所取得的存货的品种、规格、数量、质量和其他相关内容进行验收，出具验收证明。对于验收合格的存货，应当及时办理入库手续。对验收过程中发现的异常情况，负责验收的部门和人员应当立即向有关部门报告；有关部门应当及时查明原因，视存货的不同取得方式作出相应处理。

（5）按照国家统一的会计制度的规定进行存货的会计核算。单位的财会部门应当按照国家统一的会计制度的规定，根据验收证明对验收合格的存货及时办理入账手续，正确登记入库存货的数量与金额。对会计期末货物已到、发票未到的收货，应暂估入账。

（6）设置存货实物明细账。加强对代管、代销、暂存、受托加工存货的管理。

（四）仓储与保管控制

（1）根据销售计划、生产计划、采购计划、资金筹措计划等制订仓储计划，合理确定存货的结构和数量。

（2）加强对存货的日常管理，严格限制未经授权的人员接触存货。

（3）建立存货的分类管理制度，对贵重物品、生产用关键备件、精密仪器、危险品等重要存货，应当采取额外控制措施，确保重要存货的保管、调用、转移等经过严格授权批准，且在同一环节有两人或两人以上同时经办。

（4）建立、健全存货的防火、防潮、防鼠、防盗和防变质等措施，并建立相应的责任追究机制。

（5）建立、健全存货清查盘点制度，定期或不定期地对各类存货进行实地清查和盘点。存货发生盘盈、盘亏的，应查明原因，分清责任，并及时报告有关部门。

（6）加强存货的信息化管理，提高存货运营效率。

（7）建立、健全存货成本会计核算系统和存货跌价会计核算系统。

（五）领用、发出与处置控制

（1）建立、健全领用原材料等存货的审批手续等制度。

（2）销售存货，应符合销售与收款内部会计控制的有关规定。

（3）对外捐赠存货、对外投资投出存货，应当履行审批手续，签订相应的协议或合同。

（4）建立存货处置环节的控制制度，明确存货处置的范围、标准、程序、审批权限和责任。

（5）建立、健全存货取得、验收、入库、保管、领用、发出及处置等各环节凭证、资料的保管制度。

（六）监督检查

单位应当建立对存货业务内部控制的监督检查制度，明确监督检查机构或人员的职责权限，定期或不定期地进行检查。对监督检查过程中发现的存货内部控制中的薄弱环节，负责监督检查的部门应当告知有关部门，有关部门应当及时查明原因，采取措施加以纠正和完善。单位监督检查部门应当按照单位内部管理权限向上级有关部门报告存货内部控制监督检查情况和有关部门的整改情况。存货内部控制监督检查的内容主要包括：

（1）定期检查存货业务相关岗位及人员的设置情况。重点检查是否存在不相容职务混岗的现象。

（2）定期检查存货业务授权批准制度的执行情况。重点检查授权批准手续是否健全，是否存在越权审批行为。

（3）定期检查存货收发、保管制度的执行情况。重点检查存货取得是否真实、合理，存货验收手续是否健全，存货保管的岗位责任制是否落实，存货清查、盘点是否及时、正确。

（4）定期检查存货处置制度的执行情况。重点检查存货处置是否经过授权批准，处置价格是否合理，处置价款是否及时收取并入账。

（5）定期检查存货会计核算制度的执行情况。重点检查存货成本核算、价值变动记录是否真实、完整、及时。

三、生产与存货循环的控制测试

注册会计师通过检查、观察、询问、重新执行等控制测试程序，确定生产与存货的内部控制是否得到有效运行。

四、人力资源与工薪循环的特征

（一）涉及的主要凭证与会计记录

（1）人事和雇用记录。

（2）工时记录和工薪表。

（3）支付工薪记录。

（4）个人所得税纳税申报表。

（二）涉及的主要业务活动

（1）批准招聘。批准雇用的文件，应当由负责人力资源与工薪相关事宜的人员编制。

（2）记录工作时间或产量。员工工作的证据，以工时卡或考勤卡的形式产生，通过监督审核和批准程序予以控制。

（3）计算工薪总额和扣除额。需要将每名员工的数据与基准数据核对。之后由适当人员批准工薪支付，适当人员审核工薪总额和扣除额的合理性并批准该金额。

（4）支付工薪净额。利用电子货币转账系统，将工薪支付给员工，有时也会使用现金支付方式。有关使用支票支付工薪的职能划分，应该与使用现金支付的职责划分相同。

五、人力资源与工薪循环的内部控制与控制测试

（一）人力资源与工薪循环的内部控制

人力资源与工薪循环的内部控制主要包括以下几个方面：

（1）适当的职责分离。为了防止向员工过量支付工薪，或向不存在的员工虚假支付工薪，责任分离非常重要。人力资源部门应独立于工薪职能，负责确定员工的雇用、解雇以及支付率和扣减额的变化。

（2）适当的授权。人力资源部门应当对员工的雇用与解雇负责。支付率和扣减额也应当进行适当授权。每一个员工的工作时间，特别是加班时间，都应经过主管人员的授权。所有工时卡都应表明核准情况，例外的加班时间也应当经过核准。

（3）适当的凭证和记录。适当的凭证和记录依赖于工薪系统的特性。例如，工时卡或工时记录只针对计时工薪，有些员工的工薪以计件工薪为基础。

（4）资产和记录的实物控制。应当限制接触未签字的支票。支票应由有关专职人员签字，工薪应当由独立于工薪和考勤职能之外的人员发放。

（5）工薪的独立检查。工薪的计算应当独立验证，包括将审批工薪总额与汇总报告进行比较。管理层成员或其他负责人应当复核工薪金额，以避免明显的错报和异常的金额。

（二）控制测试

对人力资源与工薪循环测试时，通常有两类检查方式，一是选择若干月份工薪汇总表进行检查，二是从工薪单中选取若干样本进行检查。

第二节　存货审计

一、存货审计概述

存货的重大错报对于流动资产、营运资本、总资产、销售成本、毛利以及净利润都会产生直接的影响，对利润分配和所得税也具有间接的影响。

存货审计，尤其是对年末存货余额的测试，通常是审计中最复杂也最费时的部分，因为对存货存在性和存货价值的评估常常十分困难。

二、存货审计目标

存货审计在整个财务报表中占有十分重要的地位。对存货进行审计，需要达到以下审计目标：确定存货是否存在；确定存货是否归被审计单位所有；确定存货和存货跌价准备增减变动的记录是否完整；确定存货的计价方法是否恰当；确定存货的品质状况，存货跌价损失是否真实、完整，存货跌价准备的计提方法是否合理；确定存货和存货跌价准备的期末余额是否正确；确定存货的列报是否恰当。

三、存货监盘

（一）存货监盘的作用

存货对财务报表是重要的，注册会计师应当实施下列审计程序，对存货的存在和状况获取充分、适当的审计证据：（1）在存货盘点现场实施监盘（除非不可行）；（2）对期末存货记录实施审计程序，以确定其是否准确反映实际的存货盘点结果。

在存货盘点现场实施监盘时，注册会计师应当实施下列审计程序：

（1）评价管理层用以记录和控制存货盘点结果的指令和程序。

（2）观察管理层制定的盘点程序的执行情况。

（3）检查存货。

（4）执行抽盘。

存货监盘的相关程序可以用作控制测试或者实质性程序。注册会计师可以根据风险评估结果、审计方案和实施的特定程序作出判断。例如，如果只有少数项目构成了存货的主要部分，注册会计师可能选择将存货监盘用作实质性程序。

需要说明的是，尽管实施存货监盘，获取有关期末存货数量和状况的充分、适当的审计证据是注册会计师的责任，但这并不能取代被审计单位管理层定期盘点存货、合理确定存货的数量和状况的责任。事实上，管理层通常制定程序，对存货每年至少进行一次实物盘点，以作为编制财务报表的基础，并用以确定被审计单位永续盘存制的可靠性（如适用）。注册会计师监盘存货的目的在于获取有关存货数量和状况的审计证据。因此，存货监盘针对的主要是存货的存在认定，对存货的完整性认定及计价和分摊认定，也能提供部分审计证据。此外，注册会计师还可能在存货监盘中获取有关存货所有权的部分审计证据。例如，如果注册会计师在监盘中注意到某些存货已经被法院查封，需要考虑被审计单位对这些存货的所有权是否受到了限制。但如《〈中国注册会计师审计准则第1311号——对存货、诉讼和索赔、分部信息等特定项目获取审计证据的具体考虑〉应用指南》第6段所述，存货监盘本身并不足以供注册会计师确定存货的所有权，注册会计师可能需要执行其他实质性审计程序以应对所有权认定的相关风险。

（二）制订存货监盘计划

1. 制订存货监盘计划的基本要求

注册会计师应当根据被审计单位存货的特点、盘存制度和存货内部控制的有效性等情况，在评价被审计单位存货盘点计划的基础上，编制存货监盘计划，对存货监盘做出合理安排。

存货监盘程序主要包括控制测试程序与实质性测试程序。

（1）如果只有少数项目构成了存货的主要部分，注册会计师以实质性测试程序为主的审计方式获取与存在认定相关的证据更为有效。在这种情况下，对于单位价值较高的存货项目，应实施100％的实质性测试程序，而对于其他存货则可视情况进行抽查。

（2）在大多数审计业务中，注册会计师发现以控制测试为主的审计方式更加有效。如果注册会计师采用以控制测试为主的审计方式，并准备信赖被审计单位存货盘点的控制措施与程序，那么，绝大部分的审计程序将限于询问、观察以及抽查。

2．制订存货监盘计划应实施的工作

在编制存货监盘计划时，注册会计师应当实施下列审计程序：

（1）了解存货的内容、性质、各存货项目的重要程度及存放场所。

（2）了解与存货相关的内部控制。

（3）评估与存货相关的重大错报风险及其重要性。

（4）查阅以前年度的存货监盘工作底稿。

（5）考虑实地察看存货的存放场所，特别是金额较大或性质特殊的存货。

（6）考虑是否需要利用专家的工作或其他注册会计师的工作。

（7）复核或与管理层讨论其存货盘点计划。

在复核或与管理层讨论其存货盘点计划时，注册会计师应当考虑下列主要因素，以评价其能否合理地确定存货的数量和状况：盘点的时间安排；存货盘点范围和场所的确定；盘点人员的分工及胜任能力；盘点前的会议及任务布置；存货的整理和排列，对毁损、陈旧、过时、残次及所有权不属于被审计单位的存货的区分；存货的计量工具和计量方法；在产品完工程度的确定方法；存放在外单位的存货的盘点安排；存货收发截止的控制；盘点期间存货移动的控制；盘点表单的设计、使用与控制；盘点结果的汇总以及盘盈或盘亏的分析、调查与处理。

如果认为被审计单位的存货盘点计划存在缺陷，注册会计师应当提请被审计单位调整。

3．存货监盘计划的主要内容

存货监盘计划应当包括以下主要内容：

（1）存货监盘的目标、范围及时间安排。

存货监盘的目标是获取被审计单位资产负债表日有关存货数量和状况的审计证据，检查存货的数量是否真实完整，是否归属被审计单位，存货有无毁损、陈旧、过时、残次和短缺等状况。

存货监盘的范围的大小取决于存货的内容、性质及与存货相关的内部控制的完善程度和重大错报风险的评估结果。

存货监盘时间，包括实地察看盘点现场的时间、观察存货盘点的时间和对已盘点存货实施检查的时间等，应当与被审计单位实施存货盘点的时间相协调。

（2）存货监盘的要点及关注事项。存货监盘的要点主要包括注册会计师实施存货监盘程序的方法、步骤，各个环节应注意的问题以及所要解决的问题。注册会计师需要重点关注的事项包括盘点期间的存货移动、存货状况、存货的截止确认、存货的各个存放地点及金额等。

(3) 参加存货监盘人员的分工。注册会计师应当根据被审计单位参加存货盘点人员分工、分组情况，存货监盘工作量的大小，以及人员素质情况，确定参加存货监盘的人员组成、各组成人员的职责和具体分工情况，并加强督导。

(4) 检查存货的范围。注册会计师应当根据对被审计单位存货盘点和对被审计单位内部控制的评价结果确定检查存货的范围。在实施观察程序后，如果认为被审计单位内部控制设计良好且得到有效实施、存货盘点组织良好，可以相应缩小实施检查程序的范围。

(三) 存货监盘程序

1. 观察程序

在被审计单位盘点存货前，注册会计师应当观察盘点现场，确定应纳入盘点范围的存货是否已经适当整理和排列，并附有盘点标识，防止遗漏或重复盘点。对未纳入盘点范围的存货，注册会计师应当查明未纳入的原因。

对所有权不属于被审计单位的存货，注册会计师应当取得其规格、数量等有关资料，确定是否已分别存放、标明，且未被纳入盘点范围。在存货监盘过程中，注册会计师应当根据取得的所有权不属于被审计单位的存货的有关资料，观察这些存货的实际存放情况，确保其未被纳入盘点范围。即使在被审计单位声明不存在受托代存存货的情形下，注册会计师在存货监盘时也应当关注是否存在某些存货不属于被审计单位的迹象，以避免盘点范围不当。

注册会计师在实施存货监盘过程中，应当跟随被审计单位安排的存货盘点人员，并注意观察：第一，被审计单位事先制订的存货盘点计划是否得到了贯彻执行；第二，盘点人员是否准确无误地记录了被盘点存货的数量和状况。

2. 检查程序

注册会计师应当对已盘点的存货进行适当检查，将检查结果与被审计单位盘点记录相核对，并形成相应记录。检查的目的既可以是确认被审计单位的盘点计划得到适当的执行（控制测试），也可以是证实被审计单位的存货实物总额（实质性程序）。如果观察程序能够表明被审计单位的组织管理得当，盘点、监督以及复核程序充分有效，注册会计师可据此减少所需检查的存货项目。

检查的范围通常包括每个盘点小组盘点的存货以及难以盘点或隐蔽性较强的存货。需要说明的是，注册会计师应尽可能避免让被审计单位事先了解将抽取检查的存货项目。

在检查已盘点的存货时，注册会计师应当从存货盘点记录中选取项目追查至存货实物，以测试存货盘点记录的准确性；注册会计师还应当从存货实物中选取项目追查至存货盘点记录，以测试存货盘点记录的完整性。注册会计师在实施检查程序时发现差异，很可能表明被审计单位的存货盘点在准确性或完整性方面存在错误。由于检查的内容通常仅仅是已盘点存货中的一部分，所以在检查中发现的错误很可能意味着被审计单位的存货盘点还存在着其他错误。为此，一方面注册会计师应当查明原因，并及时提请被审计单位更正；另一方面注册会计师应当考虑错误的潜在范围和重大程度，在可能的情况下扩大检查范围，以减少错误的发生。注册会计师还可要求被审计单位重新盘点。重新盘点的范围可限于某一特殊领域的存货或特定盘点小组。

检查时常用的存货抽查情况表示例见表 11 - 1。

表 11-1

存货抽查情况表

单位名称：××公司　　查验人员：××　　日期：××××.××.××　　仓库名称：××库　　索引号：A12—4

截 止 日：×××6.12.31　　复核人员：××　　日期：××××.××.××

陪同人员：××　　抽查人员：××　　抽查日期：×××7.12.31　　金额单位：元

存货名称和规格(1)	单位(2)	单价(3)	盘点前账面记录		尚未入账数				应结存		盘点记录		抽查记录		抽查结果差异		品质状况（正常、残次、毁损、滞销等）(18)
					入　库		发　出										
			数量(4)	金额(5)	数量(6)	金额(7)=(3)×(6)	数量(8)	金额(9)=(3)×(8)	数量(10)=(4)+(6)−(8)	金额(11)=(5)+(7)−(9)	数量(12)	金额(13)=(3)×(12)	数量(14)	金额(15)=(3)×(14)	数量(16)=(14)−(10)	金额(17)=(15)−(11)	
F元件	支	10	60	600	15	150	22	220	53	530	53	530	53	530	0	0	
⋮																	

抽查结果汇总：（过入 A12）

抽查金额：　　抽查比率：

正确金额：　　抽查正确率：

审计说明：

3. 需要特别关注的情况

（1）存货移动情况。注册会计师应当特别关注存货的移动情况，防止遗漏或重复盘点。

如果在盘点过程中被审计单位的生产经营仍持续进行，注册会计师应通过实施必要的检查程序，确定被审计单位是否已经对此设置了相应的控制程序，确保在适当的期间内对存货做出了准确记录。

（2）存货的状况。注册会计师应当特别关注存货的状况，观察被审计单位是否已经恰当区分所有毁损、陈旧、过时及残次的存货。

存货的状况是被审计单位管理层对存货计价认定的一部分。除了应对存货的状况予以特别关注以外，注册会计师还应当把所有毁损、陈旧、过时及残次存货的详细情况记录下来，这既便于进一步追查这些存货的处置情况，也能为测试被审计单位存货跌价准备计提的准确性提供证据。

（3）存货的截止。注册会计师应当获取盘点日前后存货收发及移动的凭证，检查库存记录与会计记录期末截止是否正确。要检查的内容主要有：

1）所有在截止日以前入库的存货项目是否均已包括在盘点范围内，并已反映在截止日以前的会计记录中；任何在截止日期以后入库的存货项目是否均未包括在盘点范围内，也未反映在截止日以前的会计记录中。

2）所有在截止日以前装运出库的存货项目是否均未包括在盘点范围内，且未包括在截止日的存货账面余额中；任何在截止日期以后装运出库的存货项目是否均已包括在盘点范围内，并已包括在截止日的存货账面余额中。

3）所有已确认为销售但尚未装运出库的商品是否均未包括在盘点范围内，且未包括在截止日的存货账面余额中。

4）所有已记录为购货但尚未入库的存货是否均已包括在盘点范围内，并已反映在会计记录中。

5）在途存货和被审计单位直接向顾客发运的存货是否均已得到了适当的会计处理。

当被审计单位在存货入库和装运过程中均采用连续编号的凭证时，注册会计师应当关注截止日期前的最后编号以及未使用的编号凭证。

注册会计师通常可观察存货的验收入库地点和装运出库地点来执行截止测试。在存货入库和装运过程中采用连续编号的凭证时，注册会计师应当关注截止日期前的最后编号。

4. 对特殊类型存货的监盘

对某些特殊类型的存货而言，被审计单位通常使用的盘点方法和控制程序并不完全适用。这些存货通常或者没有标签，或者其数量难以估计，或者其质量难以确定，或者盘点人员无法对其移动实施控制。在这些情况下，注册会计师需要运用职业判断，根据存货的实际情况，设计恰当的审计程序，获取存货的数量和状况方面的审计证据。

例如，堆积型存货（如沙子、煤或钢废料），通常既无标签也无法作标记，在盘点中潜在问题是估计存货数量时存在困难。这时可供实施的审计程序有：运用工程估测、几何计算、高空勘测，并依赖详细的存货记录；如果堆场中的存货堆不高，可进行实地监盘，或通过旋转存货堆加以估计。散装物品（如贮窖存货，使用桶、箱、罐、槽等容器储存的液体、气体、谷类粮食，流体存货等），在盘点时通常难以识别和确定，在估计存货数量时存在困难，在确定存货质量时存在困难。这时可供实施的审计程序有：使用容器进行监盘或通过预先编号的清单列表加以确定；使用浸蘸、测量棒、工程报告以及依赖永续存货记录；选择样品进行化验与分析，或利用专家的工作。

5. 存货监盘结束时的工作

在被审计单位存货盘点结束前，注册会计师应当完成以下工作：（1）再次观察盘点现场，以确定所有应纳入盘点范围的存货是否均已盘点。（2）取得并检查已填用、作废及未使用盘点表单的编号记录，确定其是否连续编号，查明已发放的表单是否均已收回，并与存货盘点的汇总记录进行核对。

如果存货盘点日不是财务报表日，注册会计师应当实施适当的审计程序，确定盘点日与财务报表日之间存货的变动是否已作正确的记录。

如果被审计单位采用永续盘存制核算存货，注册会计师应当关注永续盘存制下的期末存货记录与存货盘点结果之间是否一致。如果这两者之间出现重大差异，注册会计师应当实施追加的审计程序，查明原因，并检查永续盘存记录是否已做出了适当调整。如果认为被审计单位的盘点方式及其结果无效，注册会计师应当提请被审计单位重新盘点。

（四）特殊情况的处理

1. 由于存货的性质或位置而无法实施监盘程序的情况

如果由于被审计单位存货的性质或位置等原因导致无法实施存货监盘，注册会计师应当考虑能否实施替代审计程序，获取有关期末存货数量和状况的充分、适当的审计证据。注册会计师实施的替代审计程序主要包括：第一，检查进货交易凭证或生产记录以及其他相关资料。第二，检查财务报表日后发生的销货交易凭证。第三，向顾客或供应商函证。

对具有特殊性质的存货实施审计，通常需要依赖内部控制。注册会计师应当复核采购、生产和销售记录，以获取充分、适当的审计证据，在通常情况下，还可以向能够接触到相关存货项目的第三方人员询证。此外，注册会计师还可以实施其他替代审计程序。

对于位置特殊的存货，如果此类项目仅占存货的一小部分，通常可以通过审查相关凭证加以查验。对于存放在公共仓库中的存货，可通过函证方式查验。

2. 因不可预见因素而导致的情况

如果因不可预见的因素导致无法在预定日期实施存货监盘，或接受委托时被审计单位的期末存货盘点已经完成，注册会计师应当评估与存货相关的内部控制的有效性，对存货进行适当检查或提请被审计单位另择日期重新盘点；同时测试在该期间发生的存货交易，以获取有关期末存货数量和状况的充分、适当的审计证据。

对于上述情况，如果被审计单位存在良好的内部控制，注册会计师可以考虑改变存货监盘日期，并对预定盘点日与改变后的存货监盘日之间发生的交易进行测试。对于无法亲临现场的情况，注册会计师可考虑委托其他适当人员实施存货监盘。

3. 委托其他单位保管或已作质押存货的情况

对被审计单位委托其他单位保管或已作质押的存货，注册会计师应当向保管人或债权人函证，如果此类存货的金额占流动资产或总资产的比例较大，注册会计师还应考虑实施存货监盘或利用其他注册会计师的工作。

四、存货计价测试

（一）存货计价测试的一般要求

为验证财务报表上存货余额的真实性，还必须对存货的计价进行审计，即确定存货实物数量和永续盘存记录中的数量是否经过正确地计价和汇总。存货计价测试主要是针对被审计单位所使用的存货单位成本是否正确所做的测试。存货计价测试表示例见表11-2。

1. 样本的选择

计价审计的样本，应从存货数量已经盘点、单价和总金额已经计入存货汇总表的结存存货中选择。选择样本时应着重选择结存余额较大且价格变化比较频繁的项目，同时考虑所选样本的代表性。抽样方法一般采用分层抽样法，抽样规模应足以推断总体的情况。

2. 计价方法的确认

注册会计师除应了解掌握被审计单位的存货计价方法外，还应对这种计价方法的合理性与一贯性予以关注，没有足够理由，计价方法在同一会计年度内不得变动。

3. 计价测试

进行计价测试时，注册会计师首先应对存货价格的组成内容予以审核，然后按照所了解的计价方法对所选择的存货样本进行计价测试。测试时，应尽量排除被审计单位已有计算程序和结果的影响，进行独立测试。测试结果出来后，应与被审计单位账面记录对比，编制对比分析表，分析形成差异的原因。如果差异过大，应扩大测试范围，并根据审计结果考虑是否应提出审计调整建议。

在存货计价审计中，由于被审计单位对期末存货采用成本与可变现净值孰低的方法计价，所以注册会计师应充分关注其对存货可变现净值的确定及存货跌价准备的计提。

（二）存货成本的计价测试

存货成本审计主要包括直接材料成本的审计、直接人工成本的审计、制造费用的审计等内容。

直接材料成本的审计一般应从审阅材料和生产成本明细账入手，抽查有关的费用凭证，验证企业产品直接耗用材料的数量、计价和材料费用分配是否真实、合理。

第三节 应付职工薪酬审计

一、应付职工薪酬的审计目标

应付职工薪酬的审计目标一般包括：确定期末应付职工薪酬是否存在；确定期末应付职工薪酬是否为被审计单位应履行的支付义务；确定应付职工薪酬计提和支出依据是否合理、记录是否完整；确定应付职工薪酬期末余额是否正确；确定应付职工薪酬的披露是否恰当。

表 11－2

存货计价测试表

单位名称：××公司　　查验人员：××　　日期：××××.××.××　　索引号：A12－5

截 止 日：××××.12.31　　复核人员：××　　日期：××××.××.××　　计价方法：加权平均

单位：元

月份	月初结存			本期收入			存货单价	本期结转			月末结存		
	数量	单价	金额	数量	单价	金额		数量	单价	金额	数量	单价	金额
1							0			0	0		0
2	0		0				0			0	0		0
3	0		0				0			0	0		0
4	0		0				0			0	0		0
5	0		0				0			0	0		0
6	0		0				0			0	10 000		1 560 000
7	10 000	156	1 560 000	17 000	90.05	1 531 000	114.481 5	15 000	114.48	1 717 222	12 000	114.48	1 373 777.78
8	12 000	114.48	1 373 778	20 000	154	3 080 000	139.180 6	19 000	139.18	2 644 431	13 000	139.18	1 809 347.22
9	13 000	139.18	1 809 347	22 000	153	3 366 000	147.867 1	25 000	147.86	3 696 677	10 000	147.87	1 478 670.63
10	10 000	147.86	1 478 671				147.867 1			0	10 000		1 478 670.63
11	10 000	147.86	1 478 671				147.867 1			0	10 000		1 478 670.63
12	10 000	147.86	1 478 671				147.867 1			0	10 000		1 478 670.63
合计				59 000	—	7 977 000		59 000		8 058 329			

审计说明：

审计结论：

二、应付职工薪酬的实质性测试程序

（1）获取或编制应付职工薪酬明细表（示例见表 11－3），复核加计正确，并与报表数、总账数和明细账合计数核对相符。

表 11－3　　应付职工薪酬明细表

单位名称：××公司　　查验人员：××　　日期：××××.1.16　　索引号：A12－5

截 止 日：××××.12.31　　复核人员：××　　日期：××××.2.10　　单位：元

月份	借方发生	贷方发生			贷方合计		
	合计	生产部门	管理部门	制造部门	人数	工资	人均工资
期初余额	0						
1月	1 008 703	582 703	275 000	151 000	613	1 008 703	1 646
2月	814 707	383 707	310 000	121 000	613	814 707	1 329
3月	712 138	332 138	230 000	150 000	613	712 138	1 162
4月	786 021	396 021	230 000	160 000	613	786 021	1 282
5月	581 232	235 232	230 000	116 000	570	581 232	1 020
6月	667 606	321 606	230 000	116 000	569	667 606	1 173
7月	668 801	303 801	230 000	135 000	652	668 801	1 026
8月	830 364	385 364	280 000	165 000	668	830 364	1 243
9月	573 037	269 037	230 000	74 000	719	573 037	797
10月	775 322	428 322	230 000	117 000	654	775 322	1 186
11月	614 199	264 199	230 000	120 000	647	614 199	949
12月	811 136	351 136	230 000	230 000	662	811 136	1 225
上期		4 860 000	2 576 000	1 577 006		9 013 006	
合计		4 253 266	2 935 000	1 655 000	7 593	8 843 266	1 165

审计说明：	审计结论：
人均工资波动原因：工资的变动和产销量有着密切的联系，在销售旺季产量需跟上需求的时候，人工和计件小时也随之增加。	

（2）对本期职工薪酬执行实质性分析程序：

1）检查各月职工薪酬的发生额是否存在异常波动，若有，应查明波动原因并做出记录。

2）将本期职工薪酬总额与上期进行比较，要求被审计单位解释大幅增减变动的原因，并取得被审计单位管理层关于职工薪酬标准的决议。

3）了解被审计单位本期平均职工人数，计算人均薪酬水平，与上期或同行业水平进行比较。

（3）检查本项目的核算内容是否包括工资、职工福利、社会保险费、住房公积金、工会经费、职工教育经费、解除职工劳动关系补偿、股份支付等明细项目。外商投资企业按规定从净利润中提取的职工奖励及福利基金，也应在本项目核算。

（4）检查职工薪酬的计提是否正确，分配方法是否合理，与上期是否一致。

（5）检查应付职工薪酬的计量和确认。国家有规定计提基础和计提比例的，如医疗保险费、养老保险费、失业保险费、工伤保险费、生育保险费、住房公积金、工会教育经费等，应当按照国家规定的标准计提；国家没有规定计提基础和计提比例的，如职工福利费等，应按实列支。

（6）审阅应付职工薪酬明细账，抽查应付职工薪酬各明细项目的支付和使用情况，检查是否符合有关规定，是否履行审批程序。

（7）检查被审计单位实行的工薪制度，检查计提依据及计提金额、发放金额是否正确。

（8）检查应付职工薪酬期末余额中是否存在拖欠性质的职工薪酬，若有，了解拖欠的原因。

（9）确定应付职工薪酬的披露是否恰当。

第四节　营业成本审计

一、营业成本的审计目标

营业成本的审计目标一般包括：确定记录的营业成本是否已发生，且与被审计单位有关；确定营业成本记录是否完整；确定与营业成本有关的金额及其他数据是否已恰当记录；确定营业成本是否已记录于正确的会计期间；确定营业成本的内容是否正确；确定营业成本与营业收入是否配比；确定营业成本的披露是否恰当。

二、营业成本——主营业务成本的实质性测试程序

（1）获取或编制主营业务成本汇总明细表，复核加计是否正确，并与报表数、总账数和明细账合计数核对相符。

（2）复核主营业务成本汇总明细表的正确性，与库存商品等科目钩稽，并编制生产成本与主营业务成本倒轧表（见表 11－4）。

表 11－4　生产成本及销售成本倒轧表

被审计单位名称：　　审计项目名称：　　会计期间：
日期：　　索引号：
编制人：　　复核人：

项目索引号	项目	未审数	调整或重分类分录（贷）	审定数
	原材料期初余额 加：本期购进 减：原材料期末余额 　　其他发出额 　　直接材料成本 加：直接人工成本 　　制造费用 　　生产成本 加：在产品期初余额 减：在产品期末余额 　　产品生产成本 加：产成品期初余额 减：产成品期末余额 　　产品销售成本			
审计标识说明： 审计结论：				

（3）检查主营业务成本的内容和计算方法是否符合有关规定，前后各期是否一致，并做出记录。

（4）对主营业务成本执行实质性分析程序，检查本期内各月间及前期同一产品的单位成本是否存在的异常波动，是否存在调节成本的现象。

（5）抽取若干份的主营业务成本结转明细清单，结合生产成本的审计，检查销售成本结转数额的正确性，比较计入主营业务成本的商品品种、规格、数量与计入主营业务收入的口径是否一致，是否符合配比原则。

（6）检查主营业务成本中重大调整事项的会计处理是否正确。

（7）确定主营业务成本的披露是否恰当。

三、营业成本——其他业务成本的实质性测试程序

（1）获取或编制其他业务收入、其他业务成本明细表，复核加计是否正确，并与总账数和明细账合计数核对相符；并注意其他业务成本是否有相应的收入。

（2）与上期其他业务收入、其他业务成本比较，检查是否有重大波动，并查明原因。

（3）检查其他业务成本内容是否真实，计算是否正确，配比是否恰当，并选择要抽查的原始凭证予以核实。

（4）确定其他业务成本的披露是否恰当。

第五节　其他相关账户审计

一、其他相关账户的审计目标

需要达到的审计目标有：确定其他相关账户是否存在；确定是否归属被审计单位所有；确定其他相关账户增减变动的记录是否完整；确定其他相关账户的计价方法是否恰当；确定其他相关账户的品质状况；确定期末余额是否正确；确定其他相关账户的列报是否恰当。

二、其他相关账户中部分账户的实质性测试程序

（一）材料成本差异的实质性测试程序

（1）获取或编制材料成本差异明细表，复核加计正确，并与总账数、明细账合计数核对相符。

（2）对本期内各月的材料成本差异率实施实质性分析程序，并与上期进行比较，检查是否有异常波动，计算发放是否前后各期一致，是否存在调节成本的现象。

（3）结合以计划成本计价的原材料、包装物等的入账基础测试，检查材料成本差异的发生额是否正确。

（4）抽查若干月发出材料汇总表，检查材料成本差异是否按月分摊，使用的差异率及

计算是否正确。

（5）确定材料成本差异的披露是否恰当。

（二）存货跌价准备的实质性测试程序

（1）获取或编制存货跌价准备明细表，复核加计正确，并与总账数、明细账合计数核对相符。

（2）检查存货跌价准备计提和存货损失转销的批准程序是否合规。

（3）评价存货跌价准备的计提依据和计提方法是否合理，是否充分考虑了持有存货的目的及财务报表日后事项的影响等因素。

（4）比较本期实际损失数与前期存货跌价准备的余额，以评价上期存货跌价准备计提的合理性。

（5）如果被审计单位出售或核销以及计提跌价准备的存货，应检查相应跌价准备的会计处理是否正确。

（6）确定已经计提跌价准备的存货价值又得以恢复的会计核算及账务处理是否正确。

（7）确定存货跌价准备的披露是否恰当。

第十二章

筹资与投资循环审计

摘　要

筹资活动是指企业为满足生存和发展的需要，通过改变企业资本及债务规模和构成而筹集资金的活动。投资活动是指企业为享有被投资单位分配的利润，或为谋求其他利益，将资产让渡给其他单位而获得另一项资产的活动。

筹资与投资循环涉及的主要项目包括交易性金融资产、应收利息、应收股利、可供出售金融资产、持有至到期投资、长期股权投资、投资性房地产、短期借款、交易性金融负债、应付利息、应付股利、长期借款、应付债券、实收资本（或股本）、资本公积、盈余公积、未分配利润、财务费用、投资收益等。

第一节　筹资与投资循环的内部控制及控制测试

一、筹资与投资循环所涉及的主要业务活动

（一）筹资所涉及的主要业务活动

1. 审批授权

企业通过借款筹集资金需经管理层的审批，其中，债券的发行每次均要由董事会授权；企业发行股票必须依据国家有关法规或企业章程的规定，报经企业最高权力机构（如董事会）及国家有关管理部门批准。

2. 签订合同或协议

向银行或其他金融机构融资必须签订借款合同，发行债券必须签订债券契约和债券承销或包销合同。

3. 取得资金

企业实际取得银行或金融机构划入的款项或债券、股票的融入资金。

4. 计算利息或股利

企业应按有关合同或协议的规定，及时计算利息或股利。

5. 偿还本息或发放股利

银行借款或发行债券应按有关合同或协议的规定偿还本息，融入的股本应根据股东大会的决定发放股利。

（二）投资所涉及的主要业务活动

1. 审批授权

投资业务应由企业的高层管理机构进行审批。

2. 取得证券或其他投资

企业可以通过购买股票或债券进行投资，也可以通过与其他单位联合形成投资。

3. 取得投资收益

企业可以取得股权投资的股利收入、债券投资的利息收入和其他投资收益。

4. 转让证券或收回其他投资

企业可以通过转让证券实现投资的收回。其他投资一经投出，除联营合同期满，或由于其他特殊原因联营企业解散外，一般不得抽回投资。

二、筹资和投资循环的内部控制和控制测试

（一）筹资活动的内部控制和控制测试

对于股东权益增减变动的业务较少而金额较大的，注册会计师在审计中一般直接进行实质性程序。下面以应付债券为例简单介绍筹资活动的内部控制及其测试。

1. 应付债券的内部控制

（1）应付债券的发行要有正式的授权程序，每次均要由董事会授权。

（2）申请发行债券时，应履行审批手续，向有关机关递交相关文件。

（3）应付债券的发行，要由受托管理人来行使保护发行人和持有人合法权益的权利。

（4）每种债券发行都必须签订债券契约。

（5）债券的承销或包销必须签订有关协议。

（6）记录应付债券业务的会计人员不得参与债券发行。

（7）如果企业保存债券持有人明细分类账，应同总分类账核对相符，若这些记录由外部机构保存，则应定期同外部机构核对。

（8）未发行的债券必须有专人负责。

（9）债券的回购要有正式的授权程序。

2. 应付债券的控制测试

如果企业应付债券业务不多，注册会计师可根据成本效益原则直接进行实质性程序；如果企业应付债券业务繁多，注册会计师就可考虑进行控制测试。

企业应付债券控制测试内容通常包括：

（1）取得债券发行的法律性文件，检查债券发行是否经董事会授权、是否履行了适当

的审批手续、是否符合法律的规定。

（2）检查企业发行债券的收入是否立即存入银行。

（3）取得债券契约，检查企业是否根据契约的规定支付利息。

（4）检查债券入账的会计处理是否正确。

（5）检查债券溢（折）价的会计处理是否正确。

（6）取得债券偿还和回购时的董事会决议，检查债券的偿还和回购是否按董事会的授权进行。

（二）投资活动的内部控制和控制测试

1. 投资活动的内部控制

（1）合理的职责分工。投资业务应在业务的授权、业务的执行、业务的会计记录以及投资资产的保管等方面都有明确的分工，不得由一人同时负责上述任何两项工作。

比如，投资业务在企业高层管理机构核准后，可由高层负责人员授权签批，由财务经理办理具体的股票或债券的买卖业务，由会计部门负责进行会计记录和账务处理，并由专人保管股票或债券。这种合理的分工所形成的相互牵制机制有利于避免或减少投资业务中发生错误或舞弊的可能性。

（2）健全的资产保管制度。一般有两种保管方式：一种是由独立的专门机构保管，如在企业拥有较大的投资资产的情况下，委托银行、证券公司、信托投资公司等机构进行保管。另一种方式是由企业自行保管，在这种方式下，至少要由两名以上人员共同控制，不得由一人单独接触证券。对于任何证券的存入或取出，都要将债券名称、价值及存取的日期、数量等详细记录于证券登记簿内，并由所有在场的经手人员签名。

（3）详尽的会计核算制度。应对每一种股票或债券分别设立明细分类账，并详细记录其名称、面值、证书编号、数量、取得日期、经纪人（证券商）名称、购入成本、收取的股息或利息等。

（4）严格的记名登记制度。企业在购入股票或债券时应在购入的当日尽快登记于企业名下，切忌登记于经办人员名下，防止冒名转移并借其他名义牟取私利的舞弊行为发生。

（5）完善的定期盘点制度。应由内部审计人员或不参与投资业务的其他人员进行定期盘点，检查是否确为企业所拥有，并将盘点记录与账面记录相互核对以确认账实的一致性。

2. 投资活动的控制测试

（1）进行抽查。从各类投资业务的明细账中抽取部分会计分录，按原始凭证→明细账→总账的顺序核对有关数据和情况，判断其会计处理过程是否合规完整。

（2）审阅内部盘核报告。注册会计师应审阅内部审计人员或其他授权人员对投资资产进行定期盘核的报告。如果各期盘核报告的结果未发现账实之间存在差异（或差异不大），说明投资资产的内部控制得到了有效执行。

（3）分析企业投资业务管理报告。在做出长期投资决策之前，企业最高管理阶层（如董事会）需要对投资进行可行性研究和论证，并形成纪要。

投资业务一经执行，又会形成一系列的投资凭据或文件，如证券投资的各类证券，联营投资中的投资协议、合同及章程等。

负责投资业务的财务经理须定期向企业最高管理层提交投资业务管理报告书，供最高管理层投资决策和控制。

注册会计师应认真分析这些投资管理报告的具体内容，并对照前述的有关文件和凭据资料，判断企业长期投资业务的管理情况。

第二节　筹资交易相关项目审计

一、借款相关项目审计

注册会计师对于负债项目的审计，主要是为了防止企业低估债务。低估债务经常伴随着低估成本费用，从而高估利润。因此，低估债务不仅影响财务状况的反映，而且还会极大地影响企业财务成果的反映。所以，注册会计师在执行借款业务审计时，应将被审计单位是否低估借款作为一个关注的要点。

（一）短期借款的审计

1. 短期借款的审计目标

短期借款的审计目标包括：确定期末借款是否存在；确定期末短期借款是否为被审计单位应履行的偿还义务；确定短期借款的借入、偿还及计息的记录是否完整；确定短期借款的期末余额是否正确；确定短期借款的披露是否恰当。

2. 短期借款的实质性测试程序

（1）获取或编制短期借款明细表（示例见表 12-1），复核加计数是否正确，并与明细账和总账核对相符。

（2）函证短期借款的实有数。注册会计师应在期末短期借款余额较大或认为必要时向银行或其他债权人函证短期借款。

（3）检查短期借款的增加。对年度内增加的短期借款，注册会计师应检查借款合同和授权批准，了解借款数额、借款条件、借款日期、还款期限、借款利率，并与相关会计记录相核对。

（4）检查短期借款的减少。对年度内减少的短期借款，注册会计师应检查相关记录和原始凭证，核实还款数额。

（5）检查有无到期未偿还的短期借款。注册会计师应检查相关记录和原始凭证，检查被审计单位有无到期未偿还的短期借款，如有，则应查明是否已向银行提出申请并经同意后办理延期手续。

（6）复核短期借款利息。注册会计师应根据短期借款的利率和期限，复核被审计单位短期借款的利息计算是否正确，有无多算或少算利息的情况，如有未计利息和多计利息，应做出记录，必要时进行调整。

（7）检查外币借款的折算是否正确。

（8）检查短期借款在资产负债表上的列报是否恰当。

表 12-1

短期借款明细表

单位名称：××公司　　查验人员：××　　日期：××××.××.××　　索引号：F1－1

截 止 日：××××.××.××　　复核人员：××　　日期：××××.××.××　　单位：元

贷款银行	上期末审定数	利率（%）	借款条件	抵押物	起讫日期	本期增加	本期减少	未审数	调整数	审定数	有无借款合同（√）	支付利息已核对（√）	审计说明
工商银行		5.5	担保		×××2.10.1—×××3.10.1	100 000		100 000		100 000	√	√	
合　计													
审计调整：													
审计结论：													

（二）长期借款的审计

1. 长期借款的审计目标

长期借款的审计目标包括：确定期末借款是否存在；确定期末长期借款是否为被审计单位应履行的偿还义务；确定长期借款的借入、偿还及计息的记录是否完整；确定长期借款的期末余额是否正确；确定长期借款的披露是否恰当。

2. 长期借款的实质性测试程序

长期借款同短期借款一样，都是企业向银行或其他金融机构借入的款项，因此，长期借款的实质性测试程序同短期借款的实质性测试程序较为相似。长期借款的实质性测试程序通常包括：

（1）获取或编制长期借款明细表，复核加计数是否正确，并与明细账和总账核对相符。

（2）了解金融机构对被审计单位的授信情况以及被审计单位的信用等级评估情况。

（3）对年度内增加的长期借款，应检查借款合同和授权批准，了解借款数额、借款条件、借款日期、还款期限、借款利率，并与相关会计记录相核对。

（4）检查长期借款的使用是否符合借款合同的规定，检查重大的长期借款使用的合理性。

（5）向银行或其他债权人函证重大的长期借款。

（6）检查长期借款的减少。对年度内减少的长期借款，注册会计师应检查相关记录和原始凭证，核实还款数额。

（7）检查有无到期未偿还的长期借款。应查明逾期贷款是否办理延期手续，分析计算逾期借款的金额比率和期限，判断被审计单位的资信程度和偿债能力。

（8）计算短期借款、长期借款在各个月份的平均余额，选取适用的利率匡算利息支出总额，并与财务费用的相关记录核对，判断被审计单位是否高估或低估利息支出，必要时进行适当调整。

（9）检查外币借款的折算是否正确。

（10）检查借款费用的会计处理是否正确。借款费用，指企业因借款而发生的利息及其他相关成本，包括折价或溢价的摊销、辅助费用以及因外币借款而发生的汇兑差额。按照《企业会计准则第 17 号——借款费用》的规定，企业发生的借款费用，可直接归属于符合资本化条件的资产的购建或生产的，应当予以资本化，计入相关资产成本；其他借款费用，应当在发生时根据其发生额确认费用，计入当期损益。

（11）检查企业长期借款的抵押资产的所有权是否属于企业，其价值和实际状况是否与抵押契约中的规定一致。

（12）检查长期借款是否已在资产负债表上充分披露。长期借款在资产负债表上列示于长期负债类下，该项目应根据“长期借款”科目的期末余额扣减将于一年内到期的长期借款后的数额填列，该项扣除数应当填列在流动负债类下的“一年内到期的长期负债”科目单独反映。注册会计师应根据审计结果，确定被审计单位长期借款在资产负债表上的列示是否充分，并注意长期借款的抵押和担保是否已在财务报表附注中作了充分的说明。

（三）应付债券的审计

1. 应付债券的审计目标

应付债券的审计目标一般包括：确定期末应付债券是否存在；确定期末应付债券是否为被审计单位应履行的偿还义务；确定应付债券的发行、偿还及计息的记录是否完整；确定应付债券的期末余额是否正确；确定应付债券的披露是否恰当。

2. 应付债券的实质性测试程序

（1）取得或编制应付债券明细表，复核加计数是否正确，并与明细账和总账核对相符。

（2）检查债券交易的有关原始凭证，包括检查以下内容：

1）检查债券副本，确定发行是否合法，各项内容是否同相关会计记录相一致。

2）检查发行债券的现金收据、汇款通知单、送款登记簿及相关银行对账单。

3）检查用以偿还债券的支票存根，并检查利息费用的计算。

4）检查已偿还债券数额同应付债券借方发生额是否相符。

5）如果发行债券已作抵押或担保，注册会计师还应检查相关契约的履行情况。

（3）审查应计利息、债券折（溢）价摊销及会计处理是否正确。

（4）函证“应付债券”账户期末余额。函证对象为债权人及债券的承销人或包销人。函证内容应包括应付债券的名称、发行日、到期日、利率、已付利息期间、年内偿还的债券、财务报表日尚未偿还的债权及注册会计师认为应包括的其他重要事项。

（5）检查到期债券的偿还。

（6）检查借款费用的会计处理是否正确。

（7）检查应付债券是否已在资产负债表上充分披露。应付债券在资产负债表中列示于长期负债类下，该项目应根据“应付债券”科目的期末余额扣除将于一年内到期的应付债券后的数额填列，该扣除数应当填列在流动负债类下的“一年内到期的长期负债”科目单独反映。

（四）财务费用的审计

1. 财务费用的审计目标

财务费用的审计目标一般包括：确定记录的财务费用是否已发生，且与被审计单位有关；确定财务费用记录是否完整；确定与财务费用有关的金额及其他数据是否已恰当记录；确定财务费用是否已记录于正确的会计期间；确定财务费用的内容是否正确；确定财务费用的披露是否恰当。

2. 财务费用的实质性测试程序

财务费用的实质性测试程序通常包括：

（1）获取或编制财务费用明细表（示例见表 12－2），复核加计数是否正确，并与明细账和总账核对相符。

（2）将本期、上期财务费用各明细项目作比较分析，必要时比较本期各月份财务费用，如有重大波动和异常情况应追查原因，扩大审计范围或增加测试量。

（3）检查利息支出明细账，确认利息收支的真实性及正确性。

（4）检查汇兑损失明细账。

表 12-2　　财务费用明细表

单位名称：××公司　　查验人员：××　日期：××××.××.××　　索引号：×-1
所属期间：××××年度　复核人员：××　日期：××××.××.××　　单位：元

月份	利息净支出	（利息支出）	（减：利息收入）	汇兑损益	其他	合计	审计说明
1	12 980	13 000	20		50	13 030	
2	8 902	9 002	100		20	8 922	
3	7 388	7 589	201		62	7 450	
4							
5							
6							
7							
8							
9							
10							
11							
12							
合计	29 270	29 591	321		132	29 402	
调整数							
审定数							
审计调整：							
审计结论：余额可以确认。							

（5）检查“财务费用——其他”明细账，注意检查大额金融机构手续费的真实性与正确性。

（6）审阅下期期初的财务费用明细账，检查财务费用各项目有无跨期入账的现象，对于重大跨期项目，应作必要调整。

（7）检查从其他企业或非银行金融机构取得的利息收入是否按规定计缴税金。

（8）检查财务费用的披露是否恰当。

二、所有者权益相关项目审计

由于所有者权益项目具有业务较少、金额较大的特点，所以注册会计师在审计了企业的资产和负债之后，往往花费相对较少的时间对所有者权益进行审计，且一般直接采用实质性测试程序，主要运用详细审计的方法。

（一）实收资本（股本）的审计

1. 实收资本（股本）的审计目标

实收资本（股本）的审计目标一般包括：确定实收资本（股本）是否存在；确定实收资本（股本）的增减变动是否符合法律、法规和合同、章程的规定，记录是否完整；确定实收资本（股本）的期末余额是否正确；确定实收资本（股本）的披露是否恰当。

2. 实收资本（股本）的实质性测试程序

实收资本（股本）的实质性测试程序通常包括：

（1）获取或编制实收资本（股本）增减变动情况明细表（示例见表 12-3），复核加计正确，与报表数、总账数和明细账合计数核对相符。

表 12-3　股本（实收资本）明细表

单位名称：××公司　查验人员：××　日期：××××.××.××　索引号：H1—1

截 止 日：××××.××.××　复核人员：××　日期：××××.××.××　单位：元

股权类别或投资者名称	属性	上期末审定数	本期增加	增加原因	本期减少	减少原因	是否验资	未审数	调整数	审定数	备注
F公司		300 000	100 000	增资			已验	400 000		400 000	S
刘某		200 000						200 000		200 000	S
合计		500 000						600 000		600 000	G
调整分录：											
审计结论：可以确认											

（2）查阅公司章程、股东大会、董事会会议记录中有关实收资本（股本）的规定。收集与实收资本（股本）变动有关的董事会会议纪要、合同、协议、公司章程及营业执照，公司设立批文、验资报告等法律性文件，并更新永久性档案。

（3）检查实收资本（股本）增减变动的原因，查阅其是否与董事会纪要、补充合同、协议及其他有关法律性文件的规定一致，逐笔追查至原始凭证，检查其会计处理是否正确。注意有无抽资或变相抽资的情况，如有，应取证核实，作恰当处理。对首次接受委托的客户，除取得验资报告外，还应检查并复印记账凭证及进账单。

（4）对于以资本公积、盈余公积和未分配利润转增资本的，应取得股东（大）会决议等资料，并审核是否符合国家有关规定。

（5）确定实收资本（股本）的披露是否恰当。

（二）资本公积的审计

1. 资本公积的审计目标

资本公积的审计目标一般包括：确定资本公积是否存在；确定资本公积的增减变动是

否符合法律、法规和合同、章程的规定，记录是否完整；确定资本公积期末余额是否正确；确定资本公积的披露是否恰当。

2. 资本公积的实质性测试程序

（1）获取或编制资本公积明细表，复核加计数是否正确，并与明细账和总账核对相符。

（2）收集与资本公积变动有关的股东（大）会决议、董事会会议纪要、资产评估报告等文件资料，更新永久性档案。首次接受委托的，应检查期初资本公积的原始发生依据。

（3）根据资本公积明细账，对股本溢价、其他资本公积各明细的发生额作逐项审查：

1）对股本溢价，应取得董事会会议纪要、股东（大）会决议、有关合同、政府批文，追查至银行收款单等原始凭证，结合相关科目的审计，检查会计处理是否正确，注意发行股票溢价收入的计算是否已扣除股票发行费用。

2）检查以权益法核算的被投资单位除净损益以外所有者权益的变动，被审计单位是否已按其享有的份额入账，会计处理是否正确；处置该项投资时，应注意是否已转销与其相关的资本公积。

3）对拨款转入，审阅有关的拨款文件，检查拨款项目的完成情况，结合专项应付款的审计，检查会计处理是否正确。

4）对以权益结算的股份支付，取得相关资料，检查在权益工具授予日和行权日的会计处理是否正确。

5）对自用房地产或存货转换为以公允价值计量的投资性房地产，若转换日公允价值大于账面价值，检查其差额是否正确计入本科目；若转换日公允价值小于账面价值，检查其差额是否正确计入公允价值变动损益；处置投资性房地产时，检查相关的资本公积是否已转销。

6）对可供出售金融资产形成的资本公积，结合相关科目，检查金额和相关会计处理是否正确。

7）若有同一控制下企业合并，应结合长期股权投资科目，检查被审计单位（合并方）取得的被合并方所有者权益账面价值的份额与支付的合并对价账面价值的差额计算是否正确，是否依次调整本科目、盈余公积和未分配利润。

（4）检查资本公积各项目，考虑对所得税的影响。

（5）确定资本公积的披露是否恰当。

（三）盈余公积的审计

1. 盈余公积的审计目标

盈余公积的审计目标一般包括：确定盈余公积是否存在；确定盈余公积的增减变动是否符合法律、法规和合同、章程的规定，记录是否完整；确定盈余公积期末余额是否正确；确定盈余公积的披露是否恰当。

2. 盈余公积的实质性测试程序

（1）获取或编制盈余公积明细表，复核加计数是否正确，并与明细账和总账核对相符。

（2）收集与盈余公积变动有关的董事会会议纪要、股东（大）会决议以及政府主管部门、财政部门批复等文件资料，进行审阅，并更新永久性档案。

（3）对法定盈余公积和任意盈余公积的发生额逐项审查至原始凭证。法定和任意盈余公积用于弥补亏损、转增资本和特别批准后支付股利，须符合国家规定的限制条件，如法定盈余公积转增资本或分配利润后，留存的该项公积金不得低于转增前注册资本的25%。

（4）确定盈余公积的披露是否恰当。

（四）未分配利润的审计

1. 未分配利润的审计目标

未分配利润的审计目标一般包括：确定未分配利润是否存在；确定未分配利润的增减变动是否完整；确定未分配利润的期末余额是否正确；确定未分配利润的披露是否恰当。

2. 未分配利润的实质性程序

（1）获取或编制未分配利润明细表，复核加计数是否正确，并与明细账和总账核对相符。

（2）收集和检查与利润分配有关的董事会会议纪要、股东大会决议、政府部门批文及有关合同、协议、公司章程等文件资料。

（3）检查本期未分配利润变动除净利润转入以外的全部相关凭证，结合获取的文件资料，确定其会计处理是否正确。

（4）了解本年利润弥补以前年度亏损的情况，如果已超过弥补期限，且已因为抵扣亏损而确认递延所得税资产的，应当进行调整。

（5）结合以前年度损益调整科目的审计，检查以前年度损益调整的内容是否真实、合理，注意对以前年度所得税的影响。

（6）确定未分配利润的披露是否恰当。

第三节　投资交易相关项目审计

与投资交易相关的项目包括交易性金融资产、可供出售金融资产、持有至到期投资、长期股权投资、投资性房地产、应收利息、投资收益、应收股利、交易性金融负债等。

一、交易性金融资产审计

（一）交易性金融资产的审计目标

交易性金融资产，是指企业为了近期出售而持有的金融资产。在会计科目设置上，企业持有的直接指定为以公允价值计量且其变动计入当期损益的金融资产，也通过该科目核算。

交易性金融资产的审计目标一般包括：确定交易性金融资产是否存在；确定交易性金融资产的增减变动记录是否完整；确定交易性金融资产是否归被审计单位所有；确定交易性金融资产期末余额是否正确；确定交易性金融资产的披露是否恰当。

（二）交易性金融资产的实质性测试程序

（1）获取或编制交易性金融资产明细表，复核加计数是否正确，并与明细账和总账核对相符。

（2）对期末结存的相关交易性金融资产，向被审计单位核实其持有目的，检查本科目核算范围是否恰当。

（3）获取股票、债券及基金等交易流水单及被审计单位证券投资部门的交易记录，与明细账核对，检查会计记录是否完整、会计处理是否正确。

（4）监盘库存交易性金融资产，并与相关账户余额进行核对，如有差异，应查明原因，并作出记录或进行适当调整。

（5）向相关金融机构发函询证交易性金融资产期末数量以及是否存在变现限制（与存出投资款一并函证），并记录函证过程。取得回函时应检查相关签章是否符合要求。

（6）抽取交易性金融资产增减变动的相关凭证，检查其原始凭证是否完整合法，会计处理是否正确。

（7）复核与交易性金融资产相关的损益计算是否准确，并与公允价值变动损益及投资收益等有关数据核对。

（8）复核股票、债券及基金等交易性金融资产的期末公允价值是否合理，相关会计处理是否正确。

（9）关注交易性金融资产是否存在重大的变现限制。

（10）确定交易性金融资产的披露是否恰当。

二、可供出售金融资产审计

（一）可供出售金融资产的审计目标

可供出售金融资产，是指初始确认时即被指定为可供出售金融资产的非衍生金融资产，以及除下列各资产以外的金融资产：（1）贷款和应收款；（2）持有至到期投资；（3）以公允价值计量且其变动计入当期损益的金融资产。

可供出售金融资产的审计目标一般包括：确定可供出售金融资产是否存在；确定可供出售金融资产的增减变动记录是否完整；确定可供出售金融资产是否归被审计单位所有；确定可供出售金融资产期末余额是否正确；确定可供出售金融资产的披露是否恰当。

（二）可供出售金融资产的实质性测试程序

（1）获取或编制可供出售金融资产明细表，复核加计数是否正确，并与明细账和总账核对相符。

（2）获取可供出售金融资产对账单，与明细账核对，并检查其会计处理是否正确。

（3）检查库存可供出售金融资产，并与相关账户余额进行核对，如有差异，应查明原因，并做出记录或进行适当调整。

（4）向相关金融机构发函询证可供出售金融资产期末数量，并记录函证过程。取得回函时应检查相关签章是否符合要求。

（5）对期末结存的可供出售金融资产，向被审计单位核实其持有目的，检查本科目核对范围是否恰当。

（6）复核可供出售金融资产的期末公允价值是否合理，检查会计处理是否正确。

（7）如果可供出售金融资产的公允价值发生较大幅度下降，并且预期这种下降趋势属于非暂时性的，应当检查被审计单位是否计提资产减值准备，计提金额和相关会计处理是否正确。

（8）检查可供出售金融资产出售时，其相关损益计算及会计处理是否正确，已计入资本公积的公允价值累计变动额是否转入投资收益科目。

（9）复核可供出售金融资产划转为持有至到期投资的依据是否充分，会计处理是否正确。

（10）了解是否存在已用于债务担保的可供出售金融资产。

（11）确定可供出售金融资产的披露是否恰当。

三、持有至到期投资审计

（一）持有至到期投资的审计目标

持有至到期投资，是指到期日固定、回收金额固定或可确定，且企业有明确意图和能力持有至到期的非衍生金融资产。持有至到期投资的审计目标和交易性金融资产的审计目标基本一致。

（二）持有至到期投资的实质性测试程序

（1）获取或编制持有至到期投资明细表，复核加计数是否正确，并与明细账和总账核对相符。

（2）获取持有至到期投资对账单，与明细账核对，并检查其会计处理是否正确。

（3）检查库存持有至到期投资，并与账面余额进行核对，如有差异，应查明原因，并做出记录或进行适当调整。

（4）向相关金融机构发函询证持有至到期投资期末数量，并记录函证过程。取得回函时应检查相关签章是否符合要求。

（5）对期末结存的持有至到期投资资产，核实被审计单位持有的目的和能力，检查本科目核算范围是否恰当。

（6）抽取持有至到期投资增加的记账凭证，注意其原始凭证是否完整合法，成本、交易费用和相关利息的会计处理是否符合规定。

（7）抽取持有至到期投资减少的记账凭证，检查其原始凭证是否完整合法，成本、交易费用和相关利息的会计处理是否正确。

（8）根据相关资料，确定债券投资的计息类型，结合投资收益科目，复核计算利息采用的利率是否恰当，相关会计处理是否正确；检查持有至到期投资持有期间收到的利息会计处理是否正确；检查债券投资票面利率和实际利率有较大差异时，被审计单位采用的利率及其计算方法是否正确。

（9）结合投资收益科目，复核处置持有至到期投资的损益计算是否准确，已计提的减值准备是否同时结转。

（10）检查当持有目的改变时持有至到期投资划转为可供出售金融资产的会计处理是否正确。

（11）了解是否存在已用于债务担保的持有至到期投资。

（12）当有客观证据表明持有至到期投资发生减值的，应当复核相关资产项目的预计未来现金流量现值，并与其账面价值进行比较，检查相关准备计提是否充分。

（13）若发生减值，检查相关利息的计算及处理是否正确。

（14）确定持有至到期投资的披露是否恰当。

四、长期股权投资审计

（一）长期股权投资的审计目标

长期股权投资包括以下四类：（1）企业持有的能够对被投资单位实施控制的权益性投资，即对子公司投资；（2）企业持有的能够与其他合营方一同对被投资单位实施共同控制的权益性投资，即对合营企业投资；（3）企业持有的能够对被投资单位施加重大影响的权益性投资，即对联营企业投资；（4）企业对被投资单位不具有控制、共同控制或重大影响，在活跃市场上没有报价且公允价值不能可靠计量的权益性投资。

长期股权投资的审计目标一般包括：确定长期股权投资是否存在，是否归被审计单位所有；确定长期股权投资的增减变动及投资收益的记录是否完整，核算方法是否正确；确定长期股权投资减值准备的计提方法及处理是否正确；确定长期股权投资在财务报表上的披露是否恰当。

（二）长期股权投资的实质性测试程序

（1）获取或编制长期股权投资明细表，复核加计数是否正确，并与明细账和总账核对相符。

（2）根据有关合同和文件，确认股权投资的股权比例和持有时间，检查股权投资核算方法是否正确。

（3）对于重大的投资，向被投资单位函证被审计单位的投资额、持股比例及被投资单位发放股利等情况。

（4）对于应采用权益法核算的长期股权投资，获取被投资单位已经注册会计师审计的年度财务报表；如果未经注册会计师审计，则应考虑对被投资单位的财务报表实施适当的审计或审阅程序。

1）复核投资收益时，应以取得投资时被投资单位各项可辨认资产的公允价值为基础，对被投资单位的净利润进行调整后加以确认；被投资单位采用的会计政策及会计期间与被审计单位不一致的，应当按照被审计单位的会计政策及会计期间对被投资单位的财务报表进行调整，据以确认投资损益。

2）检查按权益法核算的长期股权投资，在确认应分担被投资单位发生的净亏损时，应首先冲减长期股权投资的账面价值，其次冲减其他实质上构成对被投资单位净投资的长期权益账面价值（如长期应收款等）；如果按照投资合同和协议约定仍需承担额外损失义务的，应按预计承担的义务确认预计负债。

（5）对于采用成本法核算的长期股权投资，检查股利分配的原始凭证及分配决议等资料，确定会计处理是否正确；对被审计单位实施控制而采用成本法核算的长期股权投资，比照权益法编制变动明细表，以备合并报表使用。

（6）确定长期股权投资的增减变动的记录是否完整。

（7）期末对长期股权投资进行逐项检查，以确定长期股权投资是否已经发生减值：

1）核对长期股权投资减值准备本期计提方法与以前年度是否一致，如有差异，查明政策调整的原因，并确定政策改变对本期损益的影响，提请被审计单位做适当披露。

2）对长期股权投资逐项进行检查，根据被投资单位经营政策、法律环境的变化、市场需求的变化、行业的变化、盈利能力等各种情形判断长期股权投资是否存在减值迹象。确有出现导致长期股权投资可收回金额低于账面价值的，将可收回金额低于账面价值的差额作为长期股权投资减值准备予以计提，并与被审计单位已计提数相核对，如有差异，查明原因。

3）将本期减值准备计提金额与利润表资产减值损失中的相应数字核对无误。

4）长期股权投资减值准备按单项资产计提，计提依据充分，得到适当批准。减值损失一经确认，在以后会计期间不得转回。

（8）确定长期股权投资在资产负债表上已恰当列报。与被审计单位人员讨论确定是否存在被投资单位由于所在国家或地区及其他方面的影响，而向被审计单位转移资金的能力受到限制的情况。

五、投资性房地产审计

（一）投资性房地产的审计目标

投资性房地产，是指为赚取租金或资本增值，或者两者兼而有之的房地产。投资性房地产的审计目标一般包括：确定投资性房地产是否存在，是否归被审计单位所有；确定投资性房地产的增减变动及投资收益的记录是否完整，计价方法是否正确；确定成本模式计量下的减值准备计提方法是否正确，计提是否充分，公允价值模式下公允价值确定是否合理等。

（二）投资性房地产的实质性测试程序

（1）获取或编制投资性房地产明细表，复核加计数是否正确，并与明细账和总账核对相符。

（2）检查纳入投资性房地产范围的建筑物和土地使用权是否符合会计准则的规定。

（3）检查投资性房地产后续计量模式选用的依据是否充分。与上年政策进行比较，确定后续计量模式的一致性。如不一致，则详细记录变动原因。

（4）确定投资性房地产后续计量选用公允价值模式政策是否恰当，计算复核期末计价是否正确。

1）询问并获取相关资料，评价被审计单位确定公允价值采用方法的适当性、公允价值选用的合理性，包括公司的决策程序、公允价值的确定方法、估值模型的选择、披露的充分性等。

2）被审计单位投资性房地产的后续计量采用公允价值模式计价的，期末应逐项检查公允价值的确定依据是否充分，公允价值变动损益计算是否正确，会计处理是否正确，并与公允价值变动损益项目中的相应数字核对相符。

（5）投资性房地产后续计量选用成本计量模式的，确定投资性房地产累计摊销（折旧）政策是否恰当，计算复核本年度摊销（折旧）的计提是否正确。

（6）期末对以成本计量的投资性房地产进行如下逐项检查，以确定投资性房地产是否已经发生减值：

1）核对投资性房地产减值准备本期计提方法与以前年度是否一致，如有差异，查明政策调整的原因，并确定政策改变对本期损益的影响，提请被审计单位做适当披露。

2）确有出现导致其可收回金额低于账面价值的情况，将可收回金额低于账面价值的差额作为投资性房地产减值准备予以计提，并与投资性房地产中的减值准备本期增加数相核对，如有差异，查明原因。

3）将本期减值准备计提金额与利润表资产减值损失中的相应数字核对无误。

4）检查投资性房地产减值准备是否按单项资产（或资产组）计提，计提依据是否充分，是否得到适当批准，减值损失是否没有转回。

（7）确定投资性房地产后续计量模式的转换恰当。

（8）如被审计单位投资性房地产与其他资产发生相互转换的，应审查转换依据是否充分，是否经过有效批准，转换日房地产成本计量是否正确，会计处理是否正确。

1）复核在成本模式下是否将房地产转换前的账面价值作为转换后的入账价值。

2）复核采用公允价值模式计量的投资性房地产转换为自用房地产时，是否以其转换当日的公允价值作为自用房地产的账面价值，公允价值与原账面价值的差额计入当期损益。

3）自用房地产或存货转换为采用公允价值模式计量的投资性房地产时，投资性房地产按照转换当日的公允价值计价，转换当日的公允价值小于原账面价值的，其差额计入当期损益；转换当日的公允价值大于原账面价值的，其差额计入资本公积。

（9）获取租赁合同等文件，重新计算租金收入，并与利润表其他业务收入中的相应数字核对无误。

（10）确定投资性房地产的披露是否恰当。

六、其他相关项目审计

与筹资活动和投资活动有关的其他科目审计，包括其他应收款审计、其他应付款审计、长期应付款审计、预计负债审计、所得税费用审计、递延所得税资产（负债）审计、资产减值准备审计、公允价值变动损益审计、营业外收入审计。

其他应收款属于资产类科目，审计时注意存在性、所有权、完整性和是否可收回等问题。其他应付款、长期应付款、预计负债属于负债类科日，审计的重点是：负债确认是否完整、计量是否合规、会计处理是否正确。所得税费用审计、递延所得税资产（负债）审计主要关注记录的完整性和合规性。资产减值准备审计主要关注完整性、核算的合规性。公允价值变动损益审计、营业外收入审计主要关注发生的真实性、完整性。

第十三章

货币资金审计

摘　要

货币资金是企业资产的重要组成部分，是流动性最强的一种资产，是企业生产经营活动的基本条件，在企业会计核算中占有重要的位置。根据货币资金存放地点及用途的不同，货币资金分为库存现金、银行存款及其他货币资金。通过本章的学习，学生应能够明确注册会计师在对货币资金进行审计时实施的主要实质性测试程序，特别是针对库存现金和银行存款的主要实质性测试程序；熟悉货币资金的内部会计控制。

第一节　货币资金的内部控制及控制测试

一、货币资金的内部控制

（一）凭证和会计记录

货币资金审计涉及的凭证和会计记录主要有：（1）现金盘点表；（2）银行对账单；（3）银行存款余额调节表；（4）有关科目的记账凭证；（5）有关会计账簿。

（二）货币资金的内部控制

虽然每个企业所处行业、规模、性质等有其各自特点，但货币资金的内部控制制度通常是相似的，主要应包括以下内容。

1. 岗位分工及授权批准

（1）单位应当建立货币资金业务的岗位责任制。出纳人员不得兼顾稽核、会计档案保管和收入、支出、费用、债权债务账目的登记工作。单位不得由一人办理货币资金业务的全过程。

（2）单位应当对货币资金业务建立严格的授权批准制度，在授权范围内进行审批，不得超越审批权限。

(3) 单位应当按照规定的程序办理货币资金支付业务。货币资金支付的程序一般为：支付申请→支付审批→支付复核→办理支付。

(4) 单位对于重要货币资金的支付业务，应当实行集体决策和审批。

(5) 严禁未经授权的机构或人员办理货币资金业务或直接接触货币资金。

2. 现金和银行存款的管理

(1) 超过库存限额的现金应及时存入银行。

(2) 不属于现金开支范围的业务应当通过银行办理转账结算。

(3) 不得坐支收入。

(4) 货币资金收入必须及时入账。

(5) 严格按照规定开立账户，办理存款、取款和结算。

(6) 不准签发空头支票；不准签发、取得和转让没有真实交易和债权债务的票据。

(7) 单位应当指定专人定期核对银行账户，每月至少核对一次，编制银行存款余额调节表，使银行存款账面余额与银行对账单调节相符。

(8) 应当定期和不定期地进行现金盘点。

3. 票据及有关印章的管理

(1) 票据应专设登记簿进行记录，防止空白票据遗失和被盗用。

(2) 财务专用章应由专人保管，个人名章必须由本人或其授权人员保管。严禁一人保管支付款项所需的全部印章。

4. 监督检查

货币资金监督检查的内容主要包括：

(1) 货币资金业务相关岗位及人员的设置情况。

(2) 货币资金授权批准制度的执行情况。

(3) 支付款项印章的保管情况。

(4) 票据的保管情况。

二、货币资金内部控制的测试

(1) 了解内部控制。

(2) 抽取并检查收款凭证。为测试货币资金收款的内部控制，注册会计师应选取适当样本的收款凭证，进行如下检查：

1) 核对收款凭证与存入银行账户的日期和金额是否相符（本项与库存现金无关）。

2) 核对库存现金、银行存款日记账的收入金额是否正确。

3) 核对收款凭证与银行对账单是否相符。

4) 核对收款凭证与应收账款等相关明细账的有关记录是否相符。

5) 核对实收金额与销货发票等相关凭据是否一致等。

(3) 抽取并检查付款凭证。为测试货币资金付款内部控制，注册会计师应选取适当样本的付款凭证，进行如下检查：

1) 检查付款的授权批准手续是否符合规定。

2）核对库存现金、银行存款日记账的付出金额是否正确。

3）核对付款凭证与银行对账单是否相符。

4）核对付款凭证与应付账款等相关明细账的记录是否一致。

5）核对实付金额与购货发票等相关凭据是否相符等。

（4）抽取一定期间的库存现金、银行存款日记账与总账核对。

（5）抽取一定期间的银行存款余额调节表（库存现金盘点表），查验其是否按月正确编制并经复核。

（6）检查外币资金的折算方法是否符合有关规定，是否与上年度一致。

（7）评价货币资金的内部控制。评价时，注册会计师应首先确定货币资金内部控制可信赖的程度以及存在的薄弱环节和缺点，然后据以确定货币资金实质性程序中对哪些环节可以适当减少审计程序，哪些环节应增加审计程序，作重点检查，以降低审计风险。

第二节　库存现金审计

一、库存现金审计目标

库存现金包括企业的人民币现金和外币现金。尽管现金余额本身通常并不大，但舞弊事件大都与现金有关。

库存现金的审计目标包括：

（1）确定被审计单位资产负债表中的库存现金在会计报表日是否存在，是否为被审计单位所拥有。

（2）确定被审计单位在特定期间内发生的现金收支业务是否均已记录完毕，有无遗漏。

（3）确定库存现金余额是否正确。

（4）确定库存现金在财务报表上的披露是否恰当。

二、库存现金的实质性测试程序

（1）核对现金日记账与总账的余额是否相符。

（2）监盘库存现金。监盘库存现金是证实资产负债表中所列库存现金是否存在的一项重要程序。

企业盘点库存现金，通常包括对已收到但未存入银行的现金、零用金、找换金等的盘点。盘点库存现金的时间和人员应视被审计单位的具体情况而定，但必须有出纳员和被审计单位会计主管人员参加，并由注册会计师进行监盘。盘点和监盘库存现金的步骤和方法如下：

1）制定库存现金盘点程序，实施突击性的检查，时间最好选择在上午上班前或下午下班后，盘点的范围一般包括企业各部门经管的现金。在进行现金盘点前，应由出纳员将现金集中起来存入保险柜，必要时可加以封存，然后由出纳员把已办妥现金收付手续的收付款凭证登入现金日记账。如企业库存现金存放部门有两处或两处以上的，应同时进行盘点。

2）审阅现金日记账并同时与现金收付凭证相核对。一方面检查日记账的记录与收付款凭证的内容是否相符；另一方面了解收付款凭证日期与日记账日期是否相符或接近。

3）由出纳员根据现金日记账加计累计数额，结出现金结余额。

4）盘点保险柜的现金实存数，同时编制库存现金盘点表（示例见表 13－1），分币种、面值列示盘点金额。

表 13－1　　库存现金盘点表

单位名称：××公司　　盘点日期：××××.××.××　　单位：元

检查核对记录		盘点记录		
项目	金额	面额（元）	张数	金额
盘点日库存现金账面余额 (1)		100		
盘点日库存现金未入账收入 (2)		50		
盘点日库存现金未入账支出 (3)		10		
盘点日库存现金账面应有数 (4) ＝ (1) ＋ (2) － (3)		5		
盘点日库存现金盘点数 (5)		2		
盘点日账面数与实际数差额 (6) ＝ (4) － (5)		1		
差异原因：		0.5		
调整后盘点日账面数 (7)		0.2		
报表日至盘点日现金付出总额 (8)		0.1		
报表日至盘点日现金收入总额 (9)		0.05		
报表日库存现金应有数 (10) ＝ (7) ＋ (8) － (9)		0.02		
报表日库存现金账面数 (11)		0.01		
报表日库存现金应有数与账面数差额 (12) ＝ (10) － (11)		合计		
差异原因：		审计说明：		
调整：				
审定数：				
审计结论：				

会计主管：　　出纳：　　监盘：　　复核：

5）财务报表日后进行盘点时，应调整至财务报表日的金额。

6）将盘点金额与库存现金日记账余额进行核对，如有差异，应查明原因，并做出记录或适当调整。

7）若有冲抵库存现金的借条、未提现支票、未作报销的原始凭证，应在库存现金盘点表中注明或做出必要的调整。

（3）抽查大额现金收支。注册会计师应抽查大额现金收支的原始凭证内容是否完整，有无授权批准，并核对相关账户的进账情况，如有与被审计单位生产经营业务无关的收支事项，应查明原因，并做相应记录。

（4）检查现金收支的正确截止。被审计单位资产负债表的货币资金项目中的库存现金数额，应以结账日实有数额为准。因此，注册会计师必须验证现金收支的截止日期。通常，注册会计师可考虑对结账日前后一段时期内现金收支凭证进行审计，以确定是否存在跨期事项，是否应考虑提出调整建议。

（5）审查外币现金折算是否正确。

（6）确定库存现金是否在资产负债表上恰当披露。

第三节　银行存款审计

一、银行存款审计目标

银行存款是指企业存放在银行或其他金融机构的各项款项。

银行存款的审计目标包括：

（1）确定被审计单位资产负债表中的银行存款在会计报表日是否存在，是否为被审计单位所拥有。

（2）确定被审计单位在特定期间内发生的银行存款收支业务是否均已记录完毕，有无遗漏。

（3）确定银行存款余额是否正确。

（4）确定银行存款在财务报表上的披露是否恰当。

二、银行存款的实质性测试程序

（1）确定银行存款日记账与总账的余额是否相符。

（2）实施实质性分析程序。计算定期存款占银行存款的比例，了解被审计单位是否存在高息资金拆借。如存在高息资金拆借，应进一步分析拆出资金的安全性，检查高额利差的入账情况。计算存放于非银行金融机构的存款占银行存款的比例，分析这些资金的安全性。

（3）取得并检查银行对账单和银行存款余额调节表。取得并检查银行对账单和银行存款余额调节表是证实资产负债表中所列银行存款是否存在的重要程序。银行存款余额调节表通常应由被审计单位根据不同的银行账户及货币种类分别编制，其格式如表 13－2 所示。具体测试程序通常包括：

1）取得并检查银行对账单。

a. 取得被审计单位加盖银行印章的银行对账单，注册会计师应对银行对账单的真实性保持警觉，必要时，亲自到银行获取对账单，并对获取过程保持控制。

b. 将获取的银行对账单余额与银行日记账余额进行核对，如存在差异，获取银行存款余额调节表。

c. 将被审计单位资产负债表日的银行对账单与银行询证函回函核对，确认是否一致。

2）取得并检查银行存款余额调节表。

a. 检查调节表中加计数是否正确，调节后银行存款日记账余额与银行对账单余额是否一致。

b. 检查调节事项。对于企业已收付、银行尚未入账的事项，检查相关收付款凭证，并取得期后银行对账单，确认未达账项是否存在，银行是否已于期后入账；对于银行已收付、企业尚未入账的事项，检查期后企业入账的收付款凭证，确认未达账项是否存在，如果企业的银行存款余额调节表存在大额或较长时间的未达账项，注册会计师应查明原因并确定是否需要提请被审计单位进行调整。

c. 关注长期未达账项，查看是否存在挪用资金等事项。

d. 特别关注银付企未付、企付银未付中支付异常的领款事项，包括没有载明收款人、签字不全等支付事项，确认是否存在舞弊。

表 13-2　　银行存款余额调节表

单位名称：　　查验人员：　　日期：
截 止 日：　　复核人员：　　日期：
币种：　　开户银行：　　账号：

项目		金额	处理意见	项目		金额	处理意见
银行对账单余额				企业银行存款日记账余额			
加：企业已收、银行尚未入账金额				加：银行已收、企业尚未入账金额			
其中：	1.			其中：	1.		
	2.				2.		
	3.				3.		
	4.				4.		
	5.				5.		
减：企业已付、银行尚未入账金额				减：银行已付、企业尚未入账金额			
其中：	1.			其中：	1.		
	2.				2.		
	3.				3.		
	4.				4.		
	5.				5.		
调整后银行对账单余额				调整后企业银行存款日记账余额			
调整分录：				情况说明：			
经办会计人员（签字）：				会计主管（签字）：			

（4）函证银行存款余额。银行存款函证是指注册会计师在执行审计业务过程中，需要以被审计单位名义向有关单位发函询证，以验证被审计单位的银行存款是否真实、合法、完整。按照国际惯例，财政部和中国人民银行于1999年1月6日联合印发了《关于做好企业的银行存款、借款及往来款项函证工作的通知》（以下简称《通知》），《通知》对函证工作提出了明确的要求，并规定：各商业银行、政策性银行、非银行金融机构要在收到询证函之日起10个工作日内，根据函证的具体要求，及时回函，并可按照国家的有关规定收取询证费用；各有关企业或单位根据函证的具体要求回函。

函证银行存款余额是证实资产负债表所列银行存款是否存在的重要程序。通过向往来银行函证，注册会计师不仅可以了解企业资产的存在，还可以了解企业账面反映所欠银行债务的情况，并有助于发现企业未入账的银行借款和未披露的或有负债。

注册会计师应当对银行存款（包括零余额账户和本期内注销的账户）及与金融机构往来的其他重要信息实施函证程序，除非有证据表明信息不重要且与之相关的重大错报风险较低。如果不函证要在底稿中说明理由。

以下为常用的银行询证函样式，函证方式为积极式函证，函证时间为财务报表日后。

银行询证函

××银行：

本公司聘请的××会计师事务所有限公司正在对本公司××年度财务报表进行审计，按照审计准则的要求，应当询证本公司与贵行的存款、借款往来等事项。下列数据出自本公司账簿记录，如与贵行记录相符，请在本函下端"信息证明无误"处签章证明；如有不符，请在"信息不符"处列明不符项目。如存在与本公司有关的未列入本函的其他项目，请在"信息不符"处列出这些项目的金额及详细资料。有关询证费用可直接从本公司________存款账户中收取。回函请直接寄至××会计师事务所有限公司。

通信地址：　　　　　　　　邮编：　　　　电话：　　　　传真：

截至××××年××月××日本公司银行存款、借款账户余额等列示如下：

1. 银行存款

账户名称	银行账号	币种	利率	余额	起止日期（活期/定期/保证金）	是否被抵押或质押或其他限制	备注

除以上所述，本公司并无其他在贵行的存款。

2. 银行借款

账户名称	币种	余额	借款日期	还款日期	利率	其他借款条件	抵（质）押品/担保人	备注

除以上所述，本公司并无其他自贵行的借款。

3. 截至函证日之前的12个月内已注销的账户

账户名称	银行账号	币种	注销账户日

除以上所述，本公司并无其他截至函证日的年度内已注销的账户。

4. 委托存款

账户名称	银行账号	借款方	币种	利率	余额	存款起止日期	备注

除以上所述，本公司并无其他通过贵行办理的委托存款。

5. 委托贷款

账户名称	银行账号	贷款方	币种	利率	余额	贷款起止日期	备注

除以上所述，本公司并无其他通过贵行办理的委托贷款。

6. 担保（如采用抵押或质押方式提供担保的，应在备注中说明抵押或质押物情况）

被担保人	担保方式	担保金额	担保限期	担保事由	备注

除以上所述，本公司并无其他向贵行提供的担保。

7. 尚未支付的银行承兑汇票

银行承兑汇票号码	票面金额	出票日	到期日

除以上所述，本公司并无其他由贵行承兑而尚未支付的银行承兑汇票。

8. 已贴现而尚未到期的商业汇票

商业汇票号码	付款人名称	承兑人名称	票面金额	票面利率	出票日	到期日	贴现日	贴现率	贴现净额

除以上所述，本公司并无其他向贵行已贴现而尚未到期的商业汇票。

9. 贵行托收的商业汇票

商业汇票号码	承兑人名称	票面金额	出票日	到期日

除以上所述，本公司并无其他由贵行托收的商业汇票。

10. 未完成的已开具而不能撤销的信用证

信用证号码	受益人	信用证金额	到期日	未使用金额

除以上所述，本公司并无其他由贵行开具而不能撤销的信用证。

11. 未完成的外汇买卖合约

类别	合约号码	买卖币种	未履行的合约买卖金额	汇率	交收日期
银行卖予公司					
公司卖予银行					

除以上所述，本公司并无其他与贵行未完成的外汇买卖合约。

12. 存放于银行的有价证券或其他产权文件

有价证券或其他产权文件名称	产权文件编号	数量	金额

除以上所述，本公司并无其他存放于贵行的有价证券或其他产权文件。

13. 其他事项（如信托存款、银行提供的担保等，若无除前面所述外的其他事项，则应填写“无”。）

经办人：

（公司名称）

（公司盖章）

年　　月　　日

以下仅供被函证银行使用

结论：

1. 信息证明无误。

经办人：

（银行盖章）

年　　月　　日

2. 信息不符。请列明不符金额及具体内容（其他未在本函证列出的项目，请列出金额及其详细资料）。

经办人：

（银行盖章）

年　　月　　日

（5）对定期存款或限定用途的存款，应查明情况，作出记录。

（6）抽查大额银行存款的收支。注册会计师应抽查大额银行存款（含外埠存款、银行汇票存款、银行本票存款、信用证存款）收支的原始凭证内容是否完整，有无授权批准，并核对相关账户的进账情况。如有与被审计单位生产经营业务无关的收支事项，应查明原因并作相应的记录。

（7）关注是否有质押、冻结等对变现有限制或存在在境外的款项。

（8）审查银行存款收支的正确截止（截止测试）。

（9）检查外币银行存款的折算是否符合有关规定，是否与上年一致。

（10）对不符合现金及现金等价物条件的银行存款在审计工作底稿中予以列明。

（11）确定银行存款的披露是否恰当。

三、其他货币资金审计

（1）如果被审计单位有定期存款，注册会计师可以考虑实施以下审计程序：

1）向管理层询问定期存款存在的商业理由并评估其合理性。

2）获取定期存款明细表，检查是否与账面记录金额一致，存款人是否为被审计单位，定期存款是否被质押或限制使用。

3）在监盘库存现金的同时，监盘定期存款凭据。如果被审计单位在资产负债表日有大额定期存款，基于对风险的判断考虑选择在资产负债表日实施监盘。

4）对未质押的定期存款，检查开户证实书原件，以防止被审计单位提供的复印件是未质押（或未提现）前原件的复印件。在检查时，还要认真核对相关信息，包括存款人、金额、期限等，如有异常，需实施进一步审计程序。

5）对已质押的定期存款，检查定期存单复印件，并与相应的质押合同核对。对于质押借款的定期存单，关注定期存单对应的质押借款有无入账，对于超过借款期限但仍处于质押状态的定期存款，还应关注相关借款的偿还情况，了解相关质权是否已被行使；对于为他人担保的定期存单，关注担保是否逾期及相关质权是否已被行使。

6）函证定期存款相关信息。

7）结合财务费用审计测算利息收入的合理性，判断是否存在体外资金循环的情形。

8）在资产负债表日后已提取的定期存款，核对相应的兑付凭证等。

9）关注被审计单位是否在财务报表附注中对定期存款给予充分披露。

（2）除定期存款外，注册会计师对其他货币资金实施审计程序时，通常可能特别关注以下事项：

1）保证金存款的检查，检查开立银行承兑汇票的协议或银行授信审批文件。可以将保证金账户对账单与相应的交易进行核对，根据被审计单位应付票据的规模合理推断保证金数额，检查保证金与相关债务的比例和合同约定是否一致，特别关注是否存在有保证金发生而被审计单位无对应保证事项的情形。

2）对于存出投资款，跟踪资金流向，并获取董事会决议等批准文件、开户资料、授权操作资料等。如果投资于证券交易业务，通常结合相应金融资产项目审计，核对证券账户名称是否与被审计单位相符，获取证券公司证券交易结算资金账户的交易流水，抽查大额的资金收支，关注资金收支的财务账面记录与资金流水是否相符。

第十四章 完成审计工作

摘　要

注册会计师在对财务报表各业务循环进行审计后，还要对一些特殊项目如或有事项、期后事项、持续经营等进行审计，才能形成完整的测试结果。为了出具恰当的审计报告，注册会计师还应汇总审计测试结果，形成最终审计意见。通过本章的学习，学生应能够明确注册会计师对期初余额、期后事项、持续经营的审计，熟悉终结审计的主要内容。

第一节　期后事项审计

一、期后事项的含义及种类

期后事项，是指财务报表日至审计报告日之间发生的事项以及审计报告日后发现的事实。

（一）按时段分类

期后事项可以按时段划分为三段：第一个时段是财务报表日后至审计报告日，我们可以把在这一期间发生的事项称为“第一时段期后事项”；第二个时段是审计报告日后至财务报表报出日，我们可以把这一期间发现的事实称为“第二时段期后事项”；第三个时段是财务报表报出日后，我们可以把这一期间发现的事实称为“第三时段期后事项”。对于不同时段的期后事项，注册会计师了解或识别的责任不同。

对于第一时段期后事项，注册会计师需要实施必要的审计程序去主动识别。在实务中，注册会计师对期后事项的识别程序通常可以分为两类：（1）结合财务报表期末余额审计，把识别、复核期后事项作为期末余额审计程序的有机组成部分来执行；（2）对期后事项实施专门的审计程序，包括检查记录或文件，以及询问。

对于第二时段期后事项，注册会计师无须实施审计程序或进行专门查询，但管理层有责任告知注册会计师可能影响财务报表的事实。

对于第三时段期后事项，注册会计师没有义务进行查询，但有可能通过其他途径知悉。

对于识别出来的期后事项，注册会计师需要考虑其类型及其对财务报表和审计报告的影响，考虑是否需要修改财务报表，并与管理层讨论，同时根据具体情况采取适当措施。

（二）按调整与否分类

期后事项也可按资产负债日后事项是否调整来分类。

1. 财务报表日后调整事项

财务报表日后调整事项，是指对财务报表日已经存在的情况提供了新的或进一步证据的事项。例如，在财务报表日，被审计单位与客户发生的一项大型设备质量诉讼尚未结束，涉及销售收入 3 000 万元，毛利 1 200 万元。如果败诉，被审计单位需要接受客户退货，并承担退货和诉讼费用 100 万元。假设诉讼在财务报告批准报出日之前结束，被审计单位败诉。那么，被审计单位应当调整财务报表，冲回销售收入，并承担退货和诉讼费用。

调整事项通常包括下列各项：

（1）财务报表日后诉讼案件结案，法院判决证实了企业在财务报表日已经存在的现时义务，需要调整原先确认的与该诉讼案件相关的预计负债，或确认一项新负债。

（2）财务报表日后取得确凿证据，表明某项资产在财务报表日发生了减值或者需要调整该项资产原先确认的减值金额。

（3）财务报表日后进一步确定了财务报表日前购入资产的成本或售出资产的收入。

（4）财务报表日后发现了财务报表舞弊或差错。

对于被审计单位发生的财务报表日后调整事项，管理层应当调整财务报表和与之相关的披露信息。

2. 财务报表日后非调整事项

财务报表日后非调整事项，是指表明财务报表日后发生的情况的事项。例如，在财务报表日后，被审计单位收到外国政府的反倾销裁决，对被审计单位下一个财务年度开始的出口产品征收惩罚性关税。该事项对所审计的财务报表无影响，但对被审计单位的未来经营产生影响。因此，被审计单位不需要调整财务报表，但应当在财务报表附注中予以披露，以提醒财务报表使用者关注。

非调整事项通常包括下列各项：

（1）财务报表日后发生重大诉讼、仲裁、承诺。

（2）财务报表日后资产价格、税收政策、外汇汇率发生重大变化。

（3）财务报表日后因自然灾害导致资产发生重大损失。

（4）财务报表日后发行股票和债券以及其他巨额举债。

（5）财务报表日后资本公积转增资本。

（6）财务报表日后发生巨额亏损。

（7）财务报表日后发生企业合并或处置子公司。

被审计单位发生的财务报表日后非调整事项，不应当调整财务报表日的财务报表。但被审计单位应当在财务报表附注中披露每项重要的财务报表日后非调整事项的性质、内容，及其对财务状况和经营成果的影响。无法对被审计单位财务状况和经营成果作出估计的，应当说明理由。

财务报表日后发生的无论是调整事项还是非调整事项，都可能对财务报表和审计报告产生影响。

二、期后事项的审计程序

注册会计师应当尽量在接近审计报告日时，实施旨在识别需要在财务报表中调整或披露事项的审计程序。

通常情况下，针对期后事项的专门审计程序，实施时间越接近审计报告日越好。注册会计师对期后事项的审计程序通常包括：

（1）复核被审计单位管理层建立的用于确保识别期后事项的程序。

（2）查阅股东会、董事会及其专门委员会在财务报表日后举行的会议的纪要，并在不能获取会议纪要时询问会议讨论的事项。

（3）查阅最近的中期财务报表，如认为必要和适当，还应当查阅预算、现金流量预测及其他相关管理报告。

（4）向被审计单位律师或法律顾问询问有关诉讼和索赔事项。

（5）向管理层询问是否发生可能影响财务报表的期后事项。

三、注册会计师对期后事项的责任及其处理

（一）对第一时段期后事项的责任及其处理

注册会计师应当实施必要的审计程序，获取充分、适当的审计证据，以确定截至审计报告日发生的、需要在财务报表中调整或披露的事项是否均已得到识别。

财务报表日至审计报告日之间发生的期后事项属于第一时段期后事项。对于这一时段的期后事项，注册会计师负有主动识别的义务，应当设计专门的审计程序来识别这些期后事项，并根据这些事项的性质判断其对财务报表的影响，进而确定是进行调整还是披露。

如果所知悉的期后事项属于调整事项，注册会计师应当考虑被审计单位是否已对财务报表作出适当的调整。如果所知悉的期后事项属于非调整事项，注册会计师应当考虑被审计单位是否在财务报表附注中予以充分披露。

（二）对第二时段期后事项的责任及其处理

1. 被动识别第二时段期后事项

在审计报告日后，注册会计师没有义务针对财务报表实施任何审计程序。审计报告日后至财务报表报出日前发现的事实属于第二时段期后事项，注册会计师针对被审计单位的审计业务已经结束，要识别可能存在的期后事项比较困难，因而无法承担主动识别第二时段期后事项的审计责任。但是，在这一阶段，被审计单位的财务报表并未报出，管理层有责任将发现的可能影响财务报表的事实告知注册会计师。当然，注册会计师还可能从媒体报道、举报信或者证券监管部门告知等途径获悉影响财务报表的期后事项。

2. 知悉第二时段期后事项时的考虑

在审计报告日后至财务报表报出日前，如果知悉了某事实，且若在审计报告日知悉可能导致修改审计报告，注册会计师应当与管理层和治理层（如适用）讨论该事项；确定财务报表是否需要修改；如果需要修改，询问管理层将如何在财务报表中处理该事项。

（1）管理层修改财务报表时的处理。如果管理层修改财务报表，注册会计师应当根据具体情况对有关修改实施必要的审计程序；同时，除非下文述及的特殊情况适用，注册会计师应当将用以识别期后事项的上述审计程序延伸至新的审计报告日，并针对修改后的财务报表出具新的审计报告。新的审计报告日不应早于修改后的财务报表被批准的日期。此时，注册会计师需要获取充分、适当的审计证据，以验证管理层根据期后事项所作出的财务报表调整或披露是否符合适用的财务报告编制基础的规定。

特殊情况是，在有关法律法规或适用的财务报告编制基础未禁止的情况下，如果管理层对财务报表的修改仅限于反映导致修改的期后事项的影响，被审计单位的董事会、管理层或类似机构也仅对有关修改进行批准，注册会计师可以仅针对有关修改将用以识别期后事项的上述审计程序延伸至新的审计报告日。在这种情况下，注册会计师应当选用下列处理方式之一：

1）修改审计报告，针对财务报表修改部分增加补充报告日期，从而表明注册会计师对期后事项实施的审计程序仅限于财务报表相关附注所述的修改。

在这种处理方式下，注册会计师修改审计报告，针对财务报表修改部分增加补充报告日期，而对管理层作出修改前的财务报表出具的原审计报告日期保持不变。之所以这样处理，是因为原审计报告日期告知财务报表使用者针对该财务报表的审计工作何时完成；补充报告日期告知财务报表使用者自原审计报告日之后实施的审计程序仅针对财务报表的后续修改。有关补充报告日期的示例如下：“除附注 X 所述事项的日期为［仅针对附注 X 所述修改的审计程序完成日期］之外，［原审计报告日］。”

2）出具新的或经修改的审计报告，在强调事项段或其他事项段中说明注册会计师对期后事项实施的审计程序仅限于财务报表相关附注所述的修改。

（2）管理层不修改财务报表且审计报告未提交时的处理。如果认为管理层应当修改财务报表而没有修改，并且审计报告尚未提交给被审计单位，注册会计师应当按照《中国注册会计师审计准则第 1502 号——在审计报告中发表非无保留意见》的规定发表非无保留意见，然后再提交审计报告。

（3）管理层不修改财务报表且审计报告已提交时的处理。如果认为管理层应当修改财务报表而没有修改，并且审计报告已经提交给被审计单位，注册会计师应当通知管理层和治理层（除非治理层全部成员参与管理被审计单位）在财务报表作出必要修改前不要向第三方报出。如果财务报表在未经必要修改的情况下仍被报出，注册会计师应当采取适当措施，以设法防止财务报表使用者信赖该审计报告。例如，针对上市公司，注册会计师可以利用证券传媒等刊登必要的声明，防止使用者信赖审计报告。注册会计师采取的措施取决于自身的权利和义务以及所征询的法律意见。

（三）第三时段期后事项

1. 没有义务识别第三时段的期后事项

财务报表报出日后知悉的事实属于第三时段期后事项，注册会计师没有义务针对财务报表实施任何审计程序。但是，并不排除注册会计师通过媒体等其他途径获悉可能对财务报表产生重大影响的期后事项的可能性。

2. 知悉第三时段期后事项时的考虑

在财务报表报出后，如果知悉了某事实，且若在审计报告日知悉可能导致修改审计报告，注册会计师应当：

（1）与管理层和治理层（如适用）讨论该事项。

（2）确定财务报表是否需要修改。

（3）如果需要修改，询问管理层将如何在财务报表中处理该事项。

应当指出的是，需要注册会计师在知悉后采取行动的第三时段期后事项是有严格限制的：这类期后事项应当是在审计报告日已经存在的事实；该事实如果被注册会计师在审计报告日前获知，可能影响审计报告。只有同时满足这两个条件，注册会计师才需要采取行动。

1）管理层修改财务报表时的处理。如果管理层修改了财务报表，注册会计师应当采取如下必要的措施：

a. 根据具体情况对有关修改实施必要的审计程序。例如，查阅法院判决文件、复核会计处理或披露事项，确定管理层对财务报表的修改是否恰当。

b. 复核管理层采取的措施能否确保所有收到原财务报表和审计报告的人士了解这一情况。

在修改了财务报表的情况下，管理层应当采取恰当措施（如上市公司可以在证券类报纸、网站刊登公告，重新公布财务报表和审计报告），让所有收到原财务报表和审计报告的人士了解这一情况。注册会计师需要对这些措施进行复核，判断它们是否能达到这样的目标。例如，上市公司管理层刊登公告的媒体是否是中国证券监督管理委员会指定的媒体，若仅刊登在其注册地的媒体上，则异地的使用者可能无法了解这一情况。

c. 延伸实施审计程序，并针对修改后的财务报表出具新的审计报告。

除非上文所述的特殊情形适用，将用以识别期后事项的上述审计程序延伸至新的审计报告日，并针对修改后的财务报表出具新的审计报告，新的审计报告日不应早于修改后的财务报表被批准的日期。

d. 在特殊情况下，修改审计报告或提供新的审计报告。

需要提醒的是，注册会计师应当在新的或经修改的审计报告中增加强调事项段或其他事项段，提醒财务报表使用者关注财务报表附注中有关修改原财务报表的详细原因和注册会计师提供的原审计报告。

2）管理层未采取任何行动时的处理。

如果管理层没有采取必要措施确保所有收到原财务报表的人士了解这一情况，也没有在注册会计师认为需要修改的情况下修改财务报表，注册会计师应当通知管理层和治理层（除非治理层全部成员参与管理被审计单位），注册会计师将设法防止财务报表使用者信赖该审计报告。

如果注册会计师已经通知管理层或治理层，而管理层或治理层没有采取必要措施，注册会计师应当采取适当措施，以设法防止财务报表使用者信赖该审计报告。注册会计师采取的措施取决于自身的权利和义务。因此，注册会计师可能认为寻求法律意见是适当的。

第二节　持续经营审计

一、持续经营假设的含义

持续经营假设，是指被审计单位在编制财务报表时，假定其经营活动在可预见的将来会继续下去，不拟也不必终止经营或破产清算，可以在正常的经营过程中变现资产、清偿债务。可预见的将来通常是指财务报表日后 12 个月。

对持续经营假设的含义，应从以下三个方面理解：

（1）持续经营假设是管理层在编制财务报表时作出的一种假定。管理层在编制财务报表时，应当对企业的持续经营能力作出评估。如果认为以持续经营假设为基础编制财务报表不再合理时，被审计单位应当采用其他基础编制财务报表，如清算基础。

（2）持续经营假设是企业进行会计确认、计量和列报的前提。

（3）被审计单位的持续经营能力存在重大不确定性，并不一定意味着以持续经营假设为基础编制财务报表是不适当的。

二、在持续经营审计方面管理层和注册会计师的责任

（一）管理层的责任

《会计法》规定：单位负责人对本单位的会计工作和会计资料的真实性、完整性负责。《企业会计准则第 30 号——财务报表列报》规定：企业应当以持续经营为基础，根据实际发生的交易和事项，按照《企业会计准则——基本准则》和其他各项会计准则的规定进行确认和计量，在此基础上编制财务报表。以持续经营为基础编制财务报表不再合理的，企业应当采用其他基础编制财务报表，并在附注中披露这一事实。因此，根据适用的会计准则和相关会计制度的规定评估本单位的持续经营能力是管理层的责任。

（二）注册会计师的责任

注册会计师的责任是考虑管理层在编制财务报表时运用持续经营假设的适当性，并考虑是否存在需要在财务报表中披露的有关持续经营能力的重大不确定性。

对注册会计师的责任，可以从以下两个方面理解：

（1）注册会计师的责任，是在执行财务报表审计业务时，考虑管理层运用持续经营假设的适当性和披露的充分性。注册会计师应当实施必要的审计程序，获取充分、适当的审计证据，确定可能导致对持续经营能力产生重大疑虑的事项或情况是否存在重大不确定性，并考虑对审计报告的影响。

（2）财务报表审计的目标是注册会计师对被审计单位财务报表的合法性和公允性发表意见，注册会计师的审计意见旨在提高财务报表的可信赖程度。因此，未提及持续经营能

力存在重大不确定性的审计报告，不应被视为注册会计师对被审计单位能够持续经营作出的保证。

三、计划审计工作与实施风险评估程序中的持续经营审计

在计划审计工作和实施风险评估程序时，注册会计师应当考虑是否存在可能导致对持续经营能力产生重大疑虑的事项或情况及相关的经营风险，考虑已识别的事项或情况对重大错报风险评估的影响，并评价管理层对持续经营能力作出的评估。

(一) 引发注册会计师产生重大疑虑的事项

被审计单位在财务、经营以及其他方面存在的某些事项或情况可能导致经营风险，这些事项或情况单独或连同其他事项或情况可能导致对持续经营假设产生重大疑虑。

1. 财务方面

被审计单位在财务方面存在的可能导致对持续经营假设产生重大疑虑的事项或情况主要包括：

(1) 债务违约，包括无法偿还到期债务、无法偿还即将到期且难以展期的借款以及存在大额的逾期未缴税金。

(2) 无法继续履行重大借款合同中的有关条款。

(3) 累计经营性亏损数额巨大。

(4) 过度依赖短期借款筹资。

(5) 无法获得供应商的正常商业信用。

(6) 难以获得开发必要新产品或进行必要投资所需的资金。

(7) 资不抵债。

(8) 现金流量困难。

(9) 大股东长期占用巨额资金。

(10) 重要子公司无法持续经营且未进行处理。

(11) 存在大量长期未作处理的不良资产。

(12) 存在因对外巨额担保等或有事项引发的或有负债。

2. 经营方面

被审计单位在经营方面存在的可能导致对持续经营假设产生重大疑虑的事项或情况主要包括：

(1) 关键管理人员离职且无人替代。

(2) 主导产品不符合国家产业政策。

(3) 失去主要市场、特许权或主要供应商。

(4) 人力资源或重要原材料短缺。

3. 其他方面

被审计单位在其他方面存在的可能导致对持续经营假设产生重大疑虑的事项或情况主要包括：

(1) 严重违反有关法律、法规或政策。

(2) 异常原因导致停工、停产。

（3）有关法律、法规或政策的变化可能造成重大不利影响。

（4）经营期限即将到期且无意继续经营。

（5）投资者未履行协议、合同、章程规定的义务，并有可能造成重大不利影响。

（6）因自然灾害、战争等不可抗力因素遭受严重损失。

需要说明的是，以上列举的事项或情况并不能涵盖所有可能导致对被审计单位持续经营假设产生重大疑虑的事项或情况；同时，也不能认为当存在一项或多项所列举的事项或情况时，就必然导致被审计单位无法持续经营，对此注册会计师应作出职业判断。例如，被审计单位可能无法按期归还到期债务，其管理层可以通过处置资产、债务重组或采取其他方式进行融资，以保证企业正常经营所需的现金流量。在这种情况下，注册会计师不一定会得出被审计单位无法持续经营的结论。

注册会计师应当考虑在实施风险评估程序时识别出的事项或情况对重大错报风险评估的影响，以及其对进一步审计程序的性质、时间和范围的影响。如果被审计单位存在资不抵债、无法偿还到期债务等事项或情况，这可能表明被审计单位存在因持续经营问题导致的重大错报风险，该项风险是与财务报表整体广泛相关的，从而影响多项认定。

（二）评价管理层对持续经营能力作出的评估

管理层应当定期对企业的持续经营能力作出分析和判断，确定以持续经营假设为基础编制财务报表的适当性。管理层对持续经营能力的评估是注册会计师考虑持续经营假设的一个重要组成部分。注册会计师应当评价管理层对企业的持续经营能力作出的评估。

持续经营假设是指被审计单位在编制财务报表时，假定其经营活动在可预见的将来会继续下去，而可预见的将来通常是指财务报表日后 12 个月。因此，管理层对持续经营能力的合理评估期间应是自财务报表日起的下一个会计期间。如果评估期间少于财务报表日起的 12 个月，注册会计师应当提请管理层将评估期间延伸至 12 个月。

在评价管理层作出的评估时，注册会计师应当考虑管理层作出评估的过程、依据的假设以及应对计划。注册会计师应当考虑管理层作出的评估是否已考虑所有相关信息，其中包括注册会计师实施审计程序获取的信息。

如果管理层没有对持续经营能力作出初步评估，注册会计师应当与管理层讨论运用持续经营假设的理由，询问是否存在导致对持续经营能力产生重大疑虑的事项或情况，并提请管理层对持续经营能力作出评估。当然，如果被审计单位具有良好的盈利记录并很容易获得外部资金支持，管理层可能无须详细分析就能对持续经营能力作出评估。在此情况下，注册会计师通常无须实施详细的审计程序，就可对管理层作出的评估的适当性得出结论。

（三）进一步审计程序

当识别出可能导致对持续经营能力产生重大疑虑的事项或情况时，注册会计师应当实施下列进一步审计程序。

1. 复核管理层提出的应对计划

注册会计师应当询问管理层的应对计划，包括是否准备变卖资产、借款或债务重组、削减或延缓开支以及获得新的投资等。注册会计师还应当对管理层作出持续经营能力评估后发生的事实或可获得的信息予以考虑。

2. 实施相关审计程序

注册会计师应当实施必要的审计程序，获取充分、适当的审计证据，以判断管理层提出的应对计划是否可行，以及应对计划的结果是否能够提高持续经营能力。注册会计师应当考虑实施的相关审计程序主要包括下列八个方面：

（1）与管理层分析和讨论现金流量预测、盈利预测以及其他相关预测。

（2）与管理层分析和讨论最近的中期财务报表。

（3）复核债券和借款协议条款并确定是否存在违约情况。

（4）阅读股东会会议、董事会会议以及相关委员会会议有关财务困境的记录。

（5）向被审计单位的律师询问是否存在针对被审计单位的诉讼或索赔，并向其询问管理层对诉讼或索赔结果及其财务影响的估计是否合理。

（6）确认财务支持协议的存在性、合法性和可行性，并对提供财务支持的关联方或第三方的财务能力作出评价。

（7）考虑被审计单位准备如何处理尚未履行的客户订单。

（8）复核期后事项并考虑其是否可能提高或影响持续经营能力。

3. 取得管理层声明

如果合理预期不存在其他充分、适当的审计证据，注册会计师应当就对财务报表有重大影响的事项向管理层获取书面声明。

由于管理层就持续经营能力而提出的应对计划和其他缓解措施多基于假设之上，注册会计师在进行评价时取得的审计证据多为说服性而非结论性的，因此，注册会计师应当向管理层获取有关应对计划的书面声明。

四、持续经营审计的审计结论与报告

（一）审计结论

注册会计师应当评价是否就管理层编制财务报表时运用持续经营假设的适当性获取了充分、适当的审计证据，并就运用持续经营假设的适当性得出结论。

注册会计师应当根据获取的审计证据，运用职业判断，确定是否存在与事项或情况相关的重大不确定性（且这些事项或情况单独或汇总起来可能导致对被审计单位持续经营能力产生重大疑虑）并考虑对审计意见的影响。

如果注册会计师根据职业判断认为，鉴于不确定性潜在影响的重要程度和发生的可能性，为了使财务报表实现公允反映，有必要适当披露该不确定性的性质和影响，则表明存在重大不确定性。

如果认为运用持续经营假设适合具体情况，但存在重大不确定性，注册会计师应当确定：（1）财务报表是否已充分描述可能导致对持续经营能力产生重大疑虑的主要事项或情况，以及管理层针对这些事项或情况的应对计划；（2）财务报表是否已清楚披露可能导致对持续经营能力产生重大疑虑的事项或情况存在重大不确定性，并由此导致被审计单位可能无法在正常的经营过程中变现资产和清偿债务。

如果已识别出可能导致对被审计单位持续经营能力产生重大疑虑的事项或情况，但根据获取的审计证据，注册会计师认为不存在重大不确定性，则注册会计师应当根据适用的财务报告编制基础的规定，评价财务报表是否对这些事项或情况作出充分披露。

（二）对审计报告的影响

1. 被审计单位运用持续经营假设适当但存在重大不确定性

如果运用持续经营假设是适当的，但存在重大不确定性，且财务报表对重大不确定性已作出充分披露，注册会计师应当发表无保留意见，并在审计报告中增加以“与持续经营相关的重大不确定性”为标题的单独部分。第一，提醒财务报表使用者关注财务报表附注中对所述事项的披露；第二，说明这些事项或情况，表明存在可能导致对被审计单位持续经营能力产生重大疑虑的重大不确定性，并说明该事项并不影响发表的审计意见。

在极少数情况下，当存在多项对财务报表整体具有重要影响的重大不确定性时，注册会计师可能认为发表无法表示意见而非增加以“持续经营相关的重大不确定性”为标题的单独部分是适当的。《中国注册会计师审计准则第 1502 号——在审计报告中发表非无保留意见》规定，在极其特殊的情况下，可能存在多个不确定事项。尽管注册会计师对每个单独的不确定事项获取了充分、适当的审计证据，但由于不确定事项之间可能存在相互影响，以及可能对财务报表产生累积影响，注册会计师不可能对财务报表形成审计意见。在这种情况，注册会计师应当发表无法表示意见。

如果财务报表未作出充分披露，注册会计师应当发表保留意见或否定意见。注册会计师应当在审计报告中说明，存在可能导致对被审计单位持续经营能力产生重大疑虑的重大不确定性。

2. 运用持续经营假设不适当

如果财务报表按照持续经营基础编制，而注册会计师运用职业判断认为管理层在编制财务报表时运用持续经营假设是不适当的，则无论财务报表中对管理层运用持续经营假设的不适当性是否作出披露，注册会计师均应发表否定意见。

如果在具体情况下运用持续经营假设是不适当的，但管理层被要求或自愿选择编制财务报表，则可以采用替代基础（如清算基础）编制财务报表。注册会计师可以对财务报表进行审计，前提是注册会计师确定替代基础在具体情况下是可接受的编制基础。如果财务报表对此作出了充分披露，注册会计师可以发表无保留意见，但也可能认为在审计报告中增加强调事项段是适当或必要的，以提醒财务报表使用者注意替代基础及其使用理由。

3. 严重拖延对财务报表的批准

如果管理层或治理层在财务报表日后严重拖延对财务报表的批准，注册会计师应当询问拖延的原因。如果认为拖延可能涉及与持续经营评估相关的事项或情况，注册会计师有必要实施前述识别出可能导致对持续经营能力产生重大疑虑的事项或情况时追加的审计程序，并就存在的重大不确定性考虑对审计结论的影响。

第三节　终结审计

注册会计师在完成各财务报表项目的审计测试和一些特殊项目的审计工作后，应进行更具综合性的审计工作，包括：编制审计差异调整表和试算平衡表，执行分析程序，撰写审计总结以及完成审计工作底稿的复核等。在此基础上，应评价审计结果，在与客户沟通以后，获取管理层声明书，确定应出具审计报告的意见类型和措辞，进而编制并致送审计报告，终结审计工作。

一、编制审计差异调整表和试算平衡表

在完成按业务循环进行的控制测试、财务报表项目的实质测试性程序和特殊项目的审计后，对审计项目组成员在审计中发现的审计差异，审计项目经理应根据审计重要性原则予以初步确定并汇总，并建议被审计单位进行调整，使经审计的财务报表所载信息能够公允地反映被审计单位的财务状况、经营成果和现金流量。

（一）编制审计差异调整表

审计差异内容按是否需要调整账户记录可分为核算错误和重分类错误。核算错误是因企业对经济业务进行了不正确的会计核算而引起的错误，用审计重要性原则来衡量每一项核算错误，又可把这些核算错误区分为建议调整的不符事项和不建议调整的不符事项（即未调整不符事项）。重分类错误是因企业未按企业会计准则列报财务报表而引起的错误，如企业在应收账款项目中反映的预收账款等。

无论是建议调整的不符事项、未调整不符事项还是重分类错误，在审计工作底稿中通常都是以会计分录的形式反映的。由于审计中发现的错误往往不止一两项，通常需要将这些建议调整的不符事项、未调整不符事项和重分类错误分别汇总至调整分录汇总表、重分类分录汇总表、未调整不符事项汇总表。这三种汇总表的参考格式分别见表 14－1、表 14－2 和表 14－3。

表 14－1　　　　调整分录汇总表

客户________　　　　签名　　　　日期

项目调整分录汇总表　　　　编制人______　　________　　索引号______

会计期间__________　　　　复核人______　　________　　页　次______

序号	调整内容及项目	索引号	调整金额		影响利润＋（－）
			借方	贷方	

表 14-2 **重分类分录汇总表**

客户________ 签名 日期

项目调整分录汇总表 编制人______ ________ 索引号______

会计期间____________ 复核人______ ________ 页 次______

序号	重分类分录汇总表	索引号	调整金额	
			借方	贷方

表 14-3 **未调整不符事项汇总表**

客户________ 签名 日期

项目未调整不符事项汇总表 编制人______ ________ 索引号______

会计期间______________ 复核人______ ________ 页 次______

序号	未调整内容及说明	索引号	调整金额		备注
			借方	贷方	

未予调整的影响：

项 目	金 额	百分比	计划百分比
1. 净利润	________	________	____________
2. 净资产	________	________	____________
3. 资产总额	________	________	____________
4. 营业收入	________	________	____________

结论：

注册会计师确定了建议调整的不符事项和重分类错误后，应以书面形式及时征求被审计单位对需要调整财务报表事项的意见。若被审计单位予以采纳，应取得被审计单位同意调整的书面确认；若被审计单位不予采纳，应分析原因，并根据未调整不符事项的性质和重要程度，确定是否在审计报告中予以反映，以及如何反映。

（二）编制试算平衡表

试算平衡表是注册会计师在被审计单位提供未审财务报表的基础上，考虑调整分录、重分类分录等内容以确定已审数与报表披露数的表式。有关资产负债表和利润表的试算平衡表的参考格式分别见表 14－4 和表 14－5。

二、对财务报表总体合理性实施分析程序

注册会计师在审计结束或临近结束时运用分析程序旨在确定审计调整后的财务报表整体是否与其对被审计单位的了解一致，注册会计师应当围绕这一目的运用分析程序。这时运用分析程序是强制要求，注册会计师在这个阶段应当运用分析程序。

在运用分析程序进行总体复核时，如果识别出以前未识别的重大错报风险，注册会计师应当重新考虑对全部或部分各类交易、账户余额、列报评估的风险是否恰当，并在此基础上重新评价之前计划的审计程序是否充分，是否有必要追加审计程序。

三、评价审计结果

注册会计师评价审计结果，主要为了确定将要发表的审计意见的类型以及在整个审计工作中是否遵循了审计准则。为此，注册会计师必须完成两项工作：一是对重要性和审计风险进行最终的评价；二是对被审计单位已审计财务报表形成审计意见并草拟审计报告。

四、与治理层沟通

（一）沟通的目的

为了借助公司内部之间的权力平衡和制约关系保证财务信息的质量，现代公司治理结构往往要求治理层对管理层编制财务报表的过程实施有效的监督。可见，公司治理层和注册会计师在健全完善公司治理结构中都扮演着重要的角色，两者在对管理层编制的财务报表进行监督方面具有共同的关注点。治理层和注册会计师对各自从不同层面掌握的情况和信息进行有效的沟通，对于公司治理层对管理层进行有效监督与制衡，以及增强注册会计师审计工作的针对性，特别是保护注册会计师独立性不受管理层干扰，有着积极的作用。为了促进注册会计师与治理层之间的良性互动，审计准则规定了注册会计师与治理层沟通的要求。

注册会计师与治理层沟通的主要目的是：

（1）就审计范围和时间以及注册会计师、治理层和管理层各方在财务报表审计和沟通中的责任，取得相互了解。

（2）及时向治理层告知审计中发现的与治理层责任相关的事项。

（3）共享有助于注册会计师获取审计证据和治理层履行责任的其他信息。

表 14-4

客户________　　签名　　日期
项目<u>资产负债表试算平衡表工作底稿</u>　　编制人______　　________　　索引号______
会计期间________　　复核人______　　________　　页　次______

项目	审计前金额借方	调整金额		审定金额借方	重新分类调整		报表反映数借方	项目	审计前金额贷方	调整金额		审定金额贷方	重分类调整		报表反映数贷方
		借方	贷方		借方	贷方				借方	贷方		借方	贷方	
货币资金								短期借款							
交易性金融资产								交易性金融负债							
应收票据								应付票据							
应收账款								应付账款							
预付款项								预收款项							
应收利息								应付职工薪酬							
应收股利								应交税费							
其他应收款								应付利息							
存货								应付股利							
一年内到期的非流动资产								其他应付款							
其他流动资产								一年内到期的非流动负债							
可供出售金融资产								其他流动负债							

续前表

项目	审计前金额借方	调整金额		审定金额借方	重新分类调整		报表反映数借方	项目	审计前金额贷方	调整金额		审定金额贷方	重分类调整		报表反映数贷方
		借方	贷方		借方	贷方				借方	贷方		借方	贷方	
持有至到期投资								长期借款							
长期应收款								应付债券							
长期股权投资								长期应付款							
投资性房地产								专项应付款							
固定资产								预计负债							
在建工程								递延所得税负债							
工程物资								其他非流动负债							
固定资产清理								实收资本（或股本）							
无形资产								资本公积							
开发支出								盈余公积							
商誉								未分配利润							
长期待摊费用															
递延所得税资产															
其他非流动资产															
合计								合计							

表 14 - 5

客户________　　签名　　日期

项目利润表试算平衡表工作底稿　　编制人______　________　　索引号______

会计期间　　复核人______　________　　页　次______

项　目		审计前金额	调整金额		审定金额
			借方	贷方	
一、	营业收入				
	减：营业成本				
	税金及附加				
	销售费用				
	管理费用				
	财务费用				
	资产减值损失				
	加：公允价值变动损益				
	投资收益				
二、	营业利润				
	加：营业外收入				
	减：营业外支出				
三、	利润总额				
	减：所得税费用				
四、	净利润				

（二）沟通的内容

注册会计师应当直接与治理层沟通的事项主要包括：

（1）注册会计师的责任。

（2）计划的审计范围和时间。

（3）审计工作中发现的问题。

（4）注册会计师的独立性。

（5）值得关注的内部控制缺陷。

（6）补充事项。

五、获取书面声明

书面声明，是指管理层（可能包括治理层）向注册会计师提供的书面陈述，用以确认某些事项或支持其他审计证据。书面声明不包括财务报表及其认定，以及支持性账簿和相关记录。

书面声明的特征有：

（1）书面声明是注册会计师在财务报表审计中需要获取的必要信息，是审计证据的重要来源。

（2）尽管书面声明提供必要的审计证据，但其本身并不为所涉及的任何事项提供充分、适当的审计证据。而且，管理层已提供可靠书面声明的事实，并不影响注册会计师就管理层责任履行情况进行审查或具体认定获取的其他审计证据的性质和范围。

根据书面声明的内容，可以将其分为针对管理层责任的书面声明和其他书面声明。

(一) 针对管理层责任的书面声明

针对提供的信息和交易的完整性，注册会计师应当要求管理层就下列事项提供书面声明：(1) 按照审计业务约定条款，已向注册会计师提供所有相关信息，并允许注册会计师不受限制地接触所有相关信息以及被审计单位内部人员和其他相关人员；(2) 所有交易均已记录并反映在财务报表中。

(二) 其他书面声明

除《中国注册会计师审计准则第 1341 号——书面声明》和其他审计准则要求的书面声明外，如果注册会计师认为有必要获取一项或多项其他书面声明，以支持与财务报表一项或多项具体认定相关的其他审计证据，注册会计师应当要求管理层提供这些书面声明。如关于财务报表的额外书面声明、与向注册会计师提供信息有关的额外书面声明、关于特定认定的书面声明等。

另外，书面声明（签署）的日期应当尽量接近对财务报表出具审计报告的日期，但不得在审计报告日后。书面声明（本身）应当涵盖审计报告针对的所有财务报表和期间。书面声明应当以声明书的形式致送注册会计师。如果书面声明与其他审计证据不一致，注册会计师应当实施审计程序以设法解决这些问题。

如果存在注册会计师对管理层的诚信产生重大疑虑，以至于认为其作出的书面声明不可靠，或管理层不提供审计准则要求的书面声明等情形，注册会计师应当对财务报表发表无法表示意见的审计报告。

六、完成质量控制复核

会计师事务所应当建立完善的审计工作底稿分级复核制度。对审计工作底稿的复核可分为两个层次：项目组内部复核和独立的项目质量控制复核。

(一) 项目组内部复核

项目组内部复核又分为两个层次：审计项目经理的现场复核和项目合伙人的复核。

1. 审计项目经理的现场复核

审计项目经理对审计工作底稿的全面复核通常在审计现场完成，以便及时发现和解决问题，争取审计工作的主动。由审计项目经理在审计过程进行中对工作底稿的复核属于第一层复核，这层复核主要是评价已完成的审计工作、所获得的证据和工作底稿编制人员形成的结论。

2. 项目合伙人的复核

在完成审计外勤工作时，则需项目合伙人对审计工作底稿实施复核。该复核既是对审计项目经理复核的再监督，也是对重要审计事项的重点把关。

其主要内容包括：

(1) 复查计划确定的重要审计程序是否适当，是否得以较好实施，是否实现了审计目标。

(2) 复查重点审计项目的审计证据是否充分、适当。

（3）复查审计范围是否充分。

（4）复查对建议调整的不符事项和未调整不符事项的处理是否恰当。

（5）复核审计工作底稿中重要的钩稽关系是否正确。

（6）检查审计工作中发现的问题及其对财务报表和审计报告的影响，审计项目组对这些问题的处理是否恰当。

（7）复核已审财务报表总体上是否合理、可信。

项目合伙人的复核，可以通过填列和复核财务报表检查清单的方式来进行。很多会计师事务所都备有详细的财务报表检查清单，甚至为不同行业、不同性质的被审计单位准备了不同的检查清单。

通过对检查清单的填列和复核，不仅可对那些经常容易被忽视的审计方面起到提醒的作用，还有利于检查审计证据的充分性和适当性。

（二）独立的项目质量控制复核

项目质量控制复核是指在出具报告前对项目组作出的重大判断和在准备报告时形成的结论作出客观评价的过程。项目质量控制复核也称独立复核。

《会计师事务所质量控制准则第 5101 号——业务质量控制》要求，对包括上市公司财务报表审计在内的特定业务实施项目质量控制复核，并在出具审计报告前完成。独立复核的要点包括：

（1）项目组就具体业务对会计师事务所独立性作出的评价。

（2）在审计过程中识别的特别风险以及采取的应对措施。

（3）作出的判断，尤其是关于重要性和特别风险的判断。

（4）是否已就存在的意见分歧、其他疑难问题或争议事项进行适当咨询，以及咨询得出的结论。

（5）在审计中识别的已更正和未更正的错报的重要程度及处理情况。

（6）拟与管理层、治理层以及其他方面沟通的事项。

（7）所复核的审计工作底稿是否反映了针对重大判断执行的工作，是否支持得出的结论。

（8）拟出具的审计报告的适当性。

第十五章

审计报告

摘　要

注册会计师通过审计程序收集审计证据后，评价审计证据得出的结论，作为对财务报表形成审计意见的基础。注册会计师应当就财务报表是否在所有重大方面按照适用的财务报告编制基础编制并实现公允反映形成审计意见。为了形成审计意见，注册会计师应针对财务报表整体是否不存在由于舞弊或错误导致的重大错报得出结论，确定是否已就此获取合理保证。

审计报告按照大类分为标准审计报告和非标准审计报告。审计报告按意见类型分为无保留意见报告、保留意见报告、否定意见报告和无法表示意见报告。根据注册会计师的职业判断，在某些情形下审计报告还需要增加强调事项段和其他事项段。通过本章学习，学生应能够确定注册会计师应发表的审计意见，并能够草拟相应的审计报告。

第一节　审计报告概述

一、审计报告的含义

审计报告是指注册会计师根据中国注册会计师审计准则的规定，在执行审计工作的基础上对被审计单位财务报表发表审计意见的书面文件。

二、审计报告的作用

注册会计师签发的审计报告，主要具有鉴证、保护和证明三方面的作用。

（一）鉴证作用

注册会计师签发的审计报告，不同于政府审计和内部审计的审计报告，是以超然独立的第三者身份，对被审计单位财务报表的合法性、公允性发表意见。这种意见具有鉴证作用，得到社会各界的认可。

（二）保护作用

注册会计师通过审计，可以对被审计单位财务报表出具不同类型审计意见的审计报告，以提高或降低财务报表信息使用者对财务报表的信赖程度，能够在一定程度上对被审计单位的财产、债权人和股东的权益及企业利害关系人的利益起到保护作用。

（三）证明作用

审计报告是对注册会计师审计任务完成情况及其结果所做的总结，它可以表明审计工作的质量并明确注册会计师的审计责任。

三、审计意见的形成

注册会计师应当就财务报表是否在所有重大方面按照适用的财务报告编制基础编制并实现公允反映形成审计意见。为了形成审计意见，针对财务报表整体是否不存在由于舞弊或错误导致的重大错报，注册会计师应当得出结论，确定是否已就此获取合理保证。

在得出结论时，注册会计师应当考虑下列方面：

（1）按照《中国注册会计师审计准则第 1231 号——针对评估的重大错报风险采取的应对措施》的规定，是否已获取充分、适当的审计证据。

（2）按照《中国注册会计师审计准则第 1251 号——评价审计过程中识别出的错报》的规定，未更正错报单独或汇总起来是否构成重大错报。

（3）评价财务报表是否在所有重大方面按照适用的财务报告编制基础编制。

特别评价下列内容：

1）财务报表是否充分披露了选择和运用的重要会计政策。

2）选择和运用的会计政策是否符合适用的财务报告编制基础，并适合被审计单位的具体情况。

3）管理层作出的会计估计是否合理。

4）财务报表列报的信息是否具有相关性、可靠性、可比性和可理解性。

5）财务报表是否作出充分披露，使财务报表预期使用者能够理解重大交易和事项对财务报表所传递的信息的影响。

6）财务报表使用的术语（包括每一财务报表的标题）是否适当。

（4）评价财务报表是否实现公允反映。

（5）评价财务报表是否恰当提及或说明适用的财务报告编制基础。在某些情况下，财务报表可能声明按照两个财务报告编制基础（如某一国家或地区的财务报告编制基础和国际财务报告准则）编制。

四、审计意见的类型

注册会计师的目标是在评价根据审计证据得出的结论的基础上，对财务报表形成审计意见，并通过书面报告的形式清楚地表达审计意见。

注册会计师发表的审计意见的类型包括：无保留意见和非无保留意见。非无保留意见，是指对财务报表发表的保留意见、否定意见或无法表示意见。

无保留意见，是指当注册会计师认为财务报表在所有重大方面按照适用的财务报告编制基础编制并实现公允反映时发表的审计意见。

当存在下列情形之一时，注册会计师应当按照《中国注册会计师审计准则第 1502 号——在审计报告中发表非无保留意见》的规定，在审计报告中发表非无保留意见：（1）根据获取的审计证据，得出财务报表整体存在重大错报的结论；（2）无法获取充分、适当的审计证据，不能得出财务报表整体不存在重大错报的结论。

第二节　审计报告的基本内容

一、审计报告的要素

无保留意见审计报告应当包括下列要素：（1）标题；（2）收件人；（3）审计意见；（4）形成审计意见的基础；（5）管理层对财务报表的责任；（6）注册会计师对财务报表审计的责任；（7）按照相关法律法规的要求报告的事项（如适用）；（8）注册会计师的签名和盖章；（9）会计师事务所的名称、地址和盖章；（10）报告日期。

在适用的情况下，注册会计师还应当按照《中国注册会计师审计准则第 1324 号——持续经营》《中国注册会计师审计准则第 1504 号——在审计报告中沟通关键审计事项》《中国注册会计师审计准则第 1521 号——注册会计师对其他信息的责任》的相关规定，在审计报告中对与持续经营相关的重大不确定性、关键审计事项、被审计单位年度报告中包含的除财务报表和审计报告之外的其他信息进行报告。

二、标题

审计报告应当具有标题，统一规范为“审计报告”。

三、收件人

审计报告的收件人是指注册会计师按照业务约定书的要求致送审计报告的对象，一般是指审计业务的委托人。审计报告应当按照审计业务的约定载明收件人的全称。注册会计师应当与委托人在业务约定书中约定致送审计报告的对象。针对整套通用目的财务报表出具的审计报告，审计报告的致送对象通常为被审计单位的股东或治理层。

四、审计意见

审计意见部分由两部分构成。

第一部分指出已审计财务报表，应当包括下列方面：

（1）指出被审计单位的名称。

（2）说明财务报表已经审计。

（3）指出构成整套财务报表的每张财务报表的名称。

（4）提及财务报表附注。

（5）指明构成整套财务报表的每张财务报表的日期或涵盖的期间。

第二部分应当说明注册会计师发表的审计意见。

如果对财务报表发表无保留意见，除非法律法规另有规定，审计意见应当使用“我们认为，财务报表在所有重大方面按照［适用的财务报表编制基础（如企业会计准则等）］编制，公允反映了……”的措辞。审计意见说明财务报表在所有重大方面按照适用的财务报告编制基础编制，公允反映了财务报表旨在反映的事例，对于按照企业会计准则编制的财务报表，这些事项是“被审计单位期末的财务状况、截至期末某一期间的经营成果和现金流量”。

五、形成审计意见的基础

审计报告应当与包含标题为“形成审计意见的基础”的部分。该部分提供关于审计意见的重要背景，应当紧接在审计意见部分之后，并包括下列方面：

（1）说明注册会计师按照审计准则的规定执行了审计工作。

（2）提及审计报告中用于描述审计准则规定的注册会计师责任的部分。

（3）声明注册会计师按照与审计相关的职业道德要求对被审计单位保持了独立性，并履行了职业道德方面的其他责任。声明中应当指明适用的职业道德要求，如中国注册会计师职业道德守则。

（4）说明注册会计师是否相信获取的审计证据是充分、适当的，为发表审计意见提供了基础。

六、管理层对财务报表的责任

审计报告应当包含标题为“管理层对财务报表的责任”的部分，其中应当说明管理层负责下列方面：

（1）按照适用的财务报告编制基础编制财务报表，使其实现公允反映，并设计、执行和维护必要的内部控制，以使财务报表不存在由于舞弊或错误导致的重大错报。

（2）评估被审计单位的持续经营能力和使用持续经营假设是否适当，并披露与持续经营相关的事项（如适用）。对管理层评估责任的说明应当包括描述在何种情况下使用持续经营假设是适当的。

七、注册会计师对财务报表审计的责任

（1）审计报告应当包含标题为“注册会计师对财务报表审计的责任”的部分，其中应当包括下列内容：

1）说明注册会计师的目标是对财务报表整体是否不存在由于舞弊或错误导致的重大错报获取合理保证，并出具包含审计意见的审计报告。

2）说明合理保证是高水平的保证，但按照审计准则执行的审计并不能保证一定会发现存在的重大错报。

3）说明错报可能由于舞弊或错误导致。在说明错报可能由于舞弊或错误导致时，注

册会计师应当从下列两种做法中选取一种：

a. 描述如果合理预期错报单独或汇总起来可能影响财务报表使用者依据财务报表作出的经济决策，则通常认为错报是重大的。

b. 根据适用的财务报告编制基础，提供关于重要性的定义或描述。

（2）注册会计师对财务报表审计的责任部分还应当包括下列内容：

1）说明在按照审计准则执行审计工作的过程中，注册会计师运用职业判断，并保持职业怀疑。

2）通过说明注册会计师的责任，对审计工作进行描述。这些责任包括：

a. 识别和评估由于舞弊或错误导致的财务报表重大错报风险，设计和实施审计程序以应对这些风险，并获取充分、适当的审计证据，作为发表审计意见的基础。由于舞弊可能涉及串通、伪造、故意遗漏、虚假陈述或凌驾于内部控制之上，未能发现由于舞弊导致的重大错报的风险高于未能发现由于错误导致的重大错报的风险。

b. 了解与审计相关的内部控制，以设计恰当的审计程序，但目的并非对内部控制的有效性发表意见。当注册会计师有责任在财务报表审计的同时对内部控制的有效性发表意见时，应当略去上述“目的并非对内部控制的有效性发表意见”的表述。

c. 评价管理层选用会计政策的恰当性和作出会计估计及相关披露的合理性。

d. 对管理层使用持续经营假设的恰当性得出结论。

e. 评价财务报表的总体列报、结构和内容（包括披露），并评价财务报表是否公允反映相关交易和事项。

（3）注册会计师对财务报表审计的责任部分还应当包括下列内容：

1）说明注册会计师与治理层就计划的审计范围、时间安排和重大审计发现等事项进行沟通，包括沟通注册会计师在审计中识别的值得关注的内部控制缺陷。

2）对于上市实体财务报表审计，指出注册会计师就已遵守与独立性相关的职业道德要求向治理层提供声明，并与治理层沟通可能被合理认为影响注册会计师独立性的所有关系和其他事项，以及相关的防范措施（如适用）。

3）对于上市实体财务报表审计，以及决定按照《中国注册会计师审计准则第1504号——在审计报告中沟通关键审计事项》的规定沟通关键审计事项的其他情况，说明注册会计师从已与治理层沟通的事项中确定哪些事项对本期财务报表审计最为重要，因而构成关键审计事项。

八、按照相关法律法规的要求报告的事项（如适用）

除审计准则规定的注册会计师对财务报表出具审计报告的责任外，相关法律法规可能对注册会计师设定了其他报告责任。

九、注册会计师的签名和盖章

审计报告应当由项目合伙人和另一名负责该项目的注册会计师签名和盖章。在审计报告中指明项目合伙人有助于进一步增强对审计报告使用者的透明度，有利于增强项目合伙人的个人责任感。因此，对上市实体整套通用目的财务报表出具的审计报告应当注明项目合伙人。

十、会计师事务所的名称、地址和盖章

审计报告应当载明会计师事务所的名称和地址，并加盖会计师事务所公章。注册会计师承办业务，由其所在的会计师事务所统一受理并与委托人签订委托合同。因此，审计报告除了应由注册会计师签名和盖章外，还应载明会计师事务所的名称和地址，并加盖会计师事务所公章。

注册会计师在审计报告中载明会计师事务所地址时，标明会计师事务所所在的城市即可。在实务中，审计报告通常载于会计师事务所统一印刷的、标有该所详细通信地址的信笺上，因此，无须在审计报告中注明详细地址。

十一、报告日期

审计报告应当注明报告日期。审计报告日不应早于注册会计师获取充分、适当的审计证据（包括管理层认可对财务报表的责任且已批准财务报表的证据），并在此基础上对财务报表形成审计意见的日期。在确定审计报告日时，注册会计师应当确信已获取下列两方面的审计证据：(1) 构成整套财务报表的所有报表（包括相关附注）已编制完成；(2) 被审计单位的董事会、管理层或类似机构已经认可其对财务报表负责。审计报告的日期向审计报告使用者表明，注册会计师已考虑其知悉的、截至审计报告日发生的事项和交易的影响。注册会计师对审计报告日后发生的事项和交易的责任，在《中国注册会计师审计准则第 1332 号——期后事项》中作出了规定。审计报告的日期非常重要。

由于审计意见是针对财务报表发表的，并且编制财务报表是管理层的责任，所以，只有在注册会计师获取证据证明构成整套财务报表的所有报表（包括相关附注）已经编制完成，并且管理层已认可其对财务报表的责任的情况下，注册会计师才能得出已经获取充分、适当的审计证据的结论。在实务中，注册会计师在正式签署审计报告前，通常把审计报告草稿和已审计财务报表草稿一同提交给管理层。如果管理层批准并签署已审计财务报表，注册会计师即可签署审计报告。注册会计师签署审计报告的日期通常与管理层签署已审计财务报表的日期为同一天，或晚于管理层签署已审计财务报表的日期。

参考格式 15－1 列示了对上市实体财务报表出具的无保留意见的审计报告。

【参考格式 15－1】　对上市实体财务报表出具的无保留意见的审计报告

背景信息：

1. 对上市实体整套财务报表进行审计。该审计不属于集团审计（即不适用《中国注册会计师审计准则第 1401 号——对集团财务报表审计的特殊考虑》）。

2. 管理层按照企业会计准则编制财务报表。

3. 审计业务约定条款体现了《中国注册会计师审计准则第 1111 号——就审计业务约定条款达成一致意见》关于管理层对财务报表责任的描述。

4. 基于获取的审计证据，注册会计师认为发表无保留意见是恰当的。

5. 适用的相关职业道德要求为中国注册会计师职业道德守则。

6. 基于获取的审计证据，根据《中国注册会计师审计准则第 1324 号——持续经营》，注册会计师认为可能导致对被审计单位持续经营能力产生重大疑虑的相关事项或情况不存在重大不确定性。

7. 已按照《中国注册会计师审计准则第 1504 号——在审计报告中沟通关键审计事项》的规定沟通了关键审计事项。

8. 负责监督财务报表的人员与负责编制财务报表的人员不同。

9. 除财务报表审计外，按照法律法规的要求，注册会计师负有其他报告责任，且注册会计师决定在审计报告中履行其他报告责任。

审计报告

ABC 股份有限公司全体股东：

一、对财务报表出具的审计报告

（一）审计意见

我们审计了 ABC 股份有限公司（以下简称“ABC 公司”）财务报表，包括 20×1 年 12 月 31 日的资产负债表，20×1 年度的利润表、现金流量表、股东权益变动表以及相关财务报表附注。

我们认为，后附的财务报表在所有重大方面按照企业会计准则的规定编制，公允反映了 ABC 公司 20×1 年 12 月 31 日的财务状况以及 20×1 年度的经营成果和现金流量。

（二）形成审计意见的基础

我们按照中国注册会计师审计准则的规定执行了审计工作。审计报告的“注册会计师对财务报表审计的责任”部分进一步阐述了我们在这些准则下的责任。按照中国注册会计师职业道德守则，我们独立于 ABC 公司，并履行了职业道德方面的其他责任。我们相信，我们获取的审计证据是充分、适当的，为发表审计意见提供了基础。

（三）关键审计事项

关键审计事项是根据我们的职业判断，认为对本期财务报表审计最为重要的事项。这些事项是在对财务报表整体进行审计并形成意见的背景下进行处理的，我们不对这些事项提供单独的意见。（按照《中国注册会计师审计准则第 1504 号——在审计报告中沟通关键审计事项》的规定描述每一关键审计事项。）

（四）管理层和治理层对财务报表的责任

管理层负责按照企业会计准则的规定编制财务报表，使其实现公允反映，并设计、执行和维护必要的内部控制，以使财务报表不存在由于舞弊或错误导致的重大错报。

在编制财务报表时，管理层负责评估 ABC 公司的持续经营能力，披露与持续经营相关的事项（如适用），并运用持续经营假设，除非计划清算 ABC 公司、停止营运或别无其他现实的选择。

治理层负责监督 ABC 公司的财务报告过程。

（五）注册会计师对财务报表审计的责任

我们的目标是对财务报表整体是否不存在由于舞弊或错误导致的重大错报获取合理保证，并出具包含审计意见的审计报告。合理保证是高水平的保证，但并不能保证按照审计准则执行的审计在某一重大错报存在时总能发现。错报可能由于舞弊或错误导致，如果合理预期错报单独或汇总起来可能影响财务报表使用者依据财务报表作出的经济决策，则通常认为错报是重大的。

在按照审计准则执行审计的过程中，我们运用了职业判断，保持了职业怀疑。我们同时：

(1) 识别和评估由于舞弊或错误导致的财务报表重大错报风险；对这些风险有针对性地设计和实施审计程序；获取充分、适当的审计证据，作为发表审计意见的基础。由于舞弊可能涉及串通、伪造、故意遗漏、虚假陈述或凌驾于内部控制之上，未能发现由于舞弊导致的重大错报的风险高于未能发现由于错误导致的重大错报的风险。

(2) 了解与审计相关的内部控制，以设计恰当的审计程序，但目的并非对内部控制的有效性发表意见。

(3) 评价管理层选用会计政策的恰当性和作出会计估计及相关披露的合理性。

(4) 对管理层使用持续经营假设的恰当性得出结论。同时，根据获取的审计证据，就可能导致对 ABC 公司持续经营能力产生重大疑虑的事项或情况是否存在重大不确定性得出结论。如果我们得出结论认为存在重大不确定性，审计准则要求我们在审计报告中提请报表使用者注意财务报表中的相关披露；如果披露不充分，我们应当发表非无保留意见。我们的结论基于审计报告日可获得的信息。然而，未来的事项或情况可能导致 ABC 公司不能持续经营。

(5) 评价财务报表的总体列报、结构和内容（包括披露），并评价财务报表是否公允反映相关交易和事项。

我们与治理层就计划的审计范围、时间安排和重大审计发现（包括我们在审计中识别的值得关注的内部控制缺陷）等事项进行沟通。

我们还就遵守关于独立性的相关职业道德要求向治理层提供声明，并就可能被合理认为影响我们独立性的所有关系和其他事项，以及相关的防范措施（如适用）与治理层进行沟通。

从与治理层沟通的事项中，我们确定哪些事项对本期财务报表审计最为重要，因而构成关键审计事项。我们在审计报告中描述这些事项，除非法律法规禁止公开披露这些事项，或在极其罕见的情形下，如果合理预期在审计报告中沟通某事项造成的负面后果超过在公众利益方面产生的益处，我们确定不应在审计报告中沟通该事项。

二、按照相关法律法规的要求报告的事项

【略】

××会计师事务所
（盖章）

中国注册会计师：×××（项目合伙人）
（签名并盖章）
中国注册会计师：×××
（签名并盖章）
中国××市二〇×二年×月×日

第三节　非无保留意见的审计报告

一、非无保留意见的含义

非无保留意见是指保留意见、否定意见或无法表示意见。当存在下列情形之一时，注册会计师应当发表非无保留意见：

（1）根据获取的审计证据，得出财务报表整体存在重大错报的结论。

在得出结论时，注册会计师需要评价未更正错报对财务报表的影响，财务报表的重大错报可能源于：

1）选择的会计政策的恰当性。

第一，选择的会计政策与适用的财务报告编制基础不一致；第二，财务报表（包括相关附注）没有按照公允列报的方式反映交易和事项。

2）对所选择的会计政策的运用。

第一，管理层没有按照适用的财务报告编制基础的要求一贯运用所选择的会计政策，包括管理层未在不同会计期间或对相似的交易和事项一贯运用所选择的会计政策（运用的一致性）；第二，不当运用所选择的会计政策（如运用中的无意错误）。

3）财务报表披露的恰当性或充分性。

（2）无法获取充分、适当的审计证据，不能得出财务报表整体不存在重大错报的结论。

下列情形可能导致注册会计师无法获取充分、适当的审计证据（也称为审计范围受到限制）：

1）超出被审计单位控制的情形：

第一，被审计单位的会计记录已被毁坏；第二，重要组成部分的会计记录已被政府有关机构无限期地查封。

2）与注册会计师工作的性质或时间安排相关的情形：

第一，被审计单位需要使用权益法对联营企业进行核算，注册会计师无法获取有关联营企业财务信息的充分、适当的审计证据以评价是否恰当运用了权益法；第二，注册会计师接受审计委托的时间安排，使注册会计师无法实施存货监盘；第三，注册会计师确定仅实施实质性程序是不充分的，但被审计单位的控制是无效的。

3）管理层施加限制的情形：

第一，管理层阻止注册会计师实施存货监盘；第二，管理层阻止注册会计师对特定账户余额实施函证。

管理层施加的限制可能对审计产生其他影响，如注册会计师对舞弊风险的评估和对业务保持的考虑。

二、确定非无保留意见的类型

注册会计师确定恰当的非无保留意见类型，取决于下列事项：(1) 导致非无保留意见的事项的性质，是财务报表存在重大错报，还是在无法获取充分、适当的审计证据的情况下，财务报表可能存在重大错报；(2) 注册会计师就导致非无保留意见的事项对财务报表产生或可能产生影响的广泛性作出的判断。

对财务报表的影响具有广泛性的情形包括：(1) 不限于对财务报表的特定要素、账户或项目产生影响；(2) 虽然仅对财务报表的特定要素、账户或项目产生影响，但这些要素、账户或项目是或可能是财务报表的主要组成部分；(3) 当与披露相关时，产生的影响对财务报表使用者理解财务报表至关重要。详见表 15-1。

表 15-1　　非无保留意见类型

导致发表非无保留意见的事项的性质	这些事项对财务报表产生或可能产生影响的广泛性	
	重大但不具有广泛性	重大但且具有广泛性
财务报表存在重大错报	保留意见	否定意见
无法获取充分、适当的审计证据	保留意见	无法表示意见

(1) 发表保留意见。当存在下列情形之一时，注册会计师应当发表保留意见：

1) 在获取充分、适当的审计证据后，注册会计师认为错报单独或汇总起来对财务报表影响重大，但不具有广泛性。

2) 注册会计师无法获取充分、适当的审计证据以作为形成审计意见的基础，但认为未发现的错报对财务报表可能产生的影响重大，但不具有广泛性。

(2) 发表否定意见。在获取充分、适当的审计证据后，如果认为错报单独或汇总起来对财务报表的影响重大且具有广泛性，注册会计师应当发表否定意见。

(3) 发表无法表示意见。如果无法获取充分、适当的审计证据以作为形成审计意见的基础，但认为未发现的错报对财务报表可能产生的影响重大且具有广泛性，注册会计师应当发表无法表示意见。

三、非无保留意见的审计报告的格式和内容

(一) 导致非无保留意见的事项段

1. 审计报告格式和内容的一致性

如果对财务报表发表非无保留意见，除在审计报告中包含《中国注册会计师审计准则第 1501 号——对财务报表形成审计意见和出具审计报告》规定的审计报告要素外，注册会计师还应当直接在审计意见段之后增加一个部分，并使用恰当的标题，如“形成保留意见的基础”“形成否定意见的基础”或“形成无法表示意见的基础”，说明导致发表非无保留意见的事项。审计报告格式和内容的一致性有助于提高使用者的理解和识别存在的异常情况。因此，尽管不可能统一非无保留意见的措辞和对导致非无保留意见的事项的说明，但仍有必要保持审计报告格式和内容的一致性。

2. 量化财务影响

如果财务报表中存在与具体金额（包括定量披露）相关的重大错报，注册会计师应当

在导致非无保留意见的事项段中说明并量化该错报的财务影响。举例来说，如果存货被高估，注册会计师就可以在审计报告的导致非无保留意见的事项段中说明该重大错报的财务影响，即量化其对所得税、税前利润、净利润和所有者权益的影响。如果无法量化财务影响，注册会计师应当在形成非无保留意见的基础部分说明这一情况。

3. 存在与叙述性披露相关的重大错报

如果财务报表中存在与叙述性披露相关的重大错报，注册会计师应当在形成非无保留意见的基础部分解释该错报错在何处。

4. 存在与应披露而未披露信息相关的重大错报

如果财务报表中存在与应披露而未披露信息相关的重大错报，注册会计师应当：(1) 与治理层讨论未披露信息的情况；(2) 在形成非无保留意见的基础部分描述未披露信息的性质；(3) 如果可行并且已针对未披露信息获取了充分、适当的审计证据，在形成非无保留意见的基础部分包含对未披露信息的披露，除非法律法规禁止。

5. 无法获取充分、适当的审计证据

如果因无法获取充分、适当的审计证据而导致发表非无保留意见，注册会计师应当在形成非无保留意见的基础部分说明无法获取审计证据的原因。

6. 披露其他事项

即使发表了否定意见或无法表示意见，注册会计师也应当在形成非无保留意见的基础部分说明注意到的、将导致发表非无保留意见的所有其他事项及其影响。这是因为，对注册会计师注意到的其他事项的披露可能与财务报表使用者的信息需求相关。

(二) 审计意见段

1. 标题

在发表非无保留意见时，注册会计师应当对审计意见段使用恰当的标题，如“保留意见”“否定意见”或“无法表示意见”。审计意见段的标题能够使财务报表使用者清楚注册会计师发表了非无保留意见，并能够表明非无保留意见的类型。

2. 发表保留意见

当由于财务报表存在重大错报而发表保留意见时，注册会计师应当根据适用的财务报告编制基础在审计意见段中说明：注册会计师认为，除了形成保留意见的基础部分所述事项产生的影响外，财务报表在所有重大方面按照适用的财务报告编制基础编制，并实现公允反映。

当无法获取充分、适当的审计证据而导致发表保留意见时，注册会计师应当在审计意见段中使用“除……可能产生的影响外”等措辞。当注册会计师发表保留意见时，在审计意见段中使用“由于上述解释”或“受……影响”等措辞是不恰当的，因为这些措辞不够清晰或没有足够的说服力。

3. 发表否定意见

当发表否定意见时，注册会计师应当根据适用的财务报告编制基础在审计意见段中说明：注册会计师认为，由于形成否定意见的基础部分所述事项的重要性，财务报表没有在所有重大方面按照适用的财务报告编制基础编制，未能实现公允反映。

4. 发表无法表示意见

当由于无法获取充分、适当的审计证据而发表无法表示意见时，注册会计师应当在审计意见段中说明：由于形成无法表示意见的基础部分所述事项的重要性，注册会计师无法获取充分、适当的审计证据以为发表审计意见提供基础，因此，注册会计师不对这些财务报表发表审计意见。

（三）非无保留意见对审计报告要素内容的修改

当发表保留意见或否定意见时，注册会计师应当修改形成无保留意见的基础部分的描述，以说明：注册会计师相信，注册会计师已获取的审计证据是充分、适当的，为发表非无保留意见提供了基础。

当由于无法获取充分、适当的审计证据而发表无法表示意见时，注册会计师应当修改审计报告的意见段，说明：注册会计师接受委托审计财务报表；注册会计师不对后附的财务报表发表审计意见；由于形成无法表示意见的基础部分所述事项的重要性，注册会计师无法获取充分、适当的审计证据以作为对财务报表发表审计意见的基础。

当注册会计师对财务报表发表无法表示意见时，注册会计师应当修改无保留意见审计报告中形成审计意见的基础部分，不应提及审计报告中用于描述注册会计师责任的部分，也不应说明注册会计师是否已获取充分、适当的审计证据以作为形成审计意见的基础。

当注册会计师对财务报表发表无法表示意见时，注册会计师应当修改无保留意见审计报告中注册会计师对财务报表审计的责任部分，使之仅包含下列内容：(1) 注册会计师的责任是按照中国注册会计师审计准则的规定，对被审计单位财务报表执行审计工作，以出具审计报告；(2) 但由于形成无法表示意见的基础部分所述的事项，注册会计师无法获取充分、适当的审计证据以作为发表审计意见的基础；(3) 声明注册会计师在独立性和职业道德方面的其他责任。

参考格式 15－2 列示了由于财务报表存在重大错报而发表保留意见的审计报告。

【参考格式 15－2】　　　　发表保留意见的审计报告

背景信息：

1. 对上市实体整套财务报表进行审计。该审计不属于集团审计（即不适用《中国注册会计师审计准则第 1401 号——对集团财务报表审计的特殊考虑》）。

2. 管理层按照企业会计准则编制财务报表。

3. 审计业务约定条款体现了《中国注册会计师审计准则第 1111 号——就审计业务约定条款达成一致意见》关于管理层对财务报表责任的描述。

4. 存货存在错报，该错报对财务报表影响重大但不具有广泛性（即保留意见是恰当的）。

5. 适用的相关职业道德要求为中国注册会计师职业道德守则。

6. 基于获取的审计证据，根据《中国注册会计师审计准则第 1324 号——持续经营》，注册会计师认为可能导致对被审计单位持续经营能力产生重大疑虑的相关事项或情况不存在重大不确定性。

7. 已按照《中国注册会计师审计准则第 1504 号——在审计报告中沟通关键审计事项》的规定沟通了关键审计事项。

8. 负责监督财务报表的人员与负责编制财务报表的人员不同。

9. 除财务报表审计外，按照法律法规的要求，注册会计师还承担法律法规要求的其他报告责任，且注册会计师决定在审计报告中履行其他报告责任。

审计报告

ABC股份有限公司全体股东：

一、对财务报表出具的审计报告

（一）保留意见

我们审计了ABC股份有限公司（以下简称“ABC公司”）财务报表，包括20×1年12月31日的资产负债表，20×1年度的利润表、现金流量表、股东权益变动表以及相关财务报表附注。

我们认为，除“形成保留意见的基础”部分所述事项产生的影响外，后附的财务报表在所有重大方面按照企业会计准则的规定编制，公允反映了ABC公司20×1年12月31日的财务状况以及20×1年度的经营成果和现金流量。

（二）形成保留意见的基础

ABC公司20×1年12月31日资产负债表中存货的列示金额为×元。管理层根据成本对存货进行计量，而没有根据成本与可变现净值孰低的原则进行计量，这不符合企业会计准则的规定。ABC公司的会计记录显示，如果管理层以成本与可变现净值孰低来计量存货，存货列示金额将减少×元。相应地，资产减值损失将增加×元，所得税、净利润和股东权益将分别减少×元、×元和×元。

我们按照中国注册会计师审计准则的规定执行了审计工作。审计报告的“注册会计师对财务报表审计的责任”部分进一步阐述了我们在这些准则下的责任。按照中国注册会计师职业道德守则，我们独立于ABC公司，并履行了职业道德方面的其他责任。我们相信，我们获取的审计证据是充分、适当的，为发表保留意见提供了基础。

（三）关键审计事项

关键审计事项是根据我们的职业判断，认为对本期财务报表审计最为重要的事项。这些事项是在对财务报表整体进行审计并形成意见的背景下进行处理的，我们不对这些事项提供单独的意见。除“形成保留意见的基础”部分所述事项外，我们确定下列事项是需要在审计报告中沟通的关键审计事项。（按照《中国注册会计师审计准则第1504号——在审计报告中沟通关键审计事项》的规定描述每一关键审计事项。）

（四）管理层和治理层对财务报表的责任

（按照《中国注册会计师审计准则第1501号——对财务报表形成审计意见和出具审计报告》的规定报告，参见参考格式15-1。）

（五）注册会计师对财务报表审计的责任

（按照《中国注册会计师审计准则第1501号——对财务报表形成审计意见和出具审计报告》的规定报告，参见参考格式15-1。）

二、按照相关法律法规的要求报告的事项

（按照《中国注册会计师审计准则第1501号——对财务报表形成审计意见和出具审计

报告》的规定报告。）

××会计师事务所
（盖章）

中国注册会计师：×××（项目合伙人）
（签名并盖章）
中国注册会计师：×××
（签名并盖章）
中国××市二〇×二年×月×日

参考格式15-3列示了由于注册会计师无法针对财务报表多个要素获取充分、适当的审计证据而发表无法表示意见的审计报告。

【参考格式15-3】　无法表示意见的审计报告

背景信息：

1. 对非上市实体整套财务报表进行审计。该审计不属于集团审计（即不适用《中国注册会计师审计准则第1401号——对集团财务报表审计的特殊考虑》）。

2. 管理层按照企业会计准则编制财务报表。

3. 审计业务约定条款体现了《中国注册会计师审计准则第1111号——就审计业务约定条款达成一致意见》关于管理层对财务报表责任的描述。

4. 对财务报表的多个要素，注册会计师无法获取充分、适当的审计证据。例如，对被审计单位的存货和应收账款，注册会计师无法获取审计证据，这一事项对财务报表可能产生的影响重大且具有广泛性。

5. 适用的相关职业道德要求为中国注册会计师职业道德守则。

6. 负责监督财务报表的人员与负责编制财务报表的人员不同。

7. 按照审计准则要求在注册会计师的责任部分作出更有限的表述。

8. 除财务报表审计外，按照法律法规的要求，注册会计师负有其他报告责任，且注册会计师决定在审计报告中履行其他报告责任。

审计报告

ABC股份有限公司全体股东：

一、对财务报表出具的审计报告

（一）无法表示意见

我们接受委托，审计ABC股份有限公司（以下简称“ABC公司”）财务报表，包括20×1年12月31日的资产负债表，20×1年度的利润表、现金流量表、股东权益变动表以及相关财务报表附注。

我们不对后附的ABC公司财务报表发表审计意见。由于“形成无法表示意见的基础”部分所述事项的重要性，我们无法获取充分、适当的审计证据以作为对财务报表发表审计意见的基础。

（二）形成无法表示意见的基础

我们于20×2年1月接受ABC公司的审计委托，因而未能对ABC公司20×1年初金额为×元的存货和年末金额为×元的存货实施监盘程序。此外，我们也无法实施替代审计程序获取充分、适当的审计证据。并且，ABC公司于20×1年9月采用新的应收账款电算化系统，由于存在系统缺陷导致应收账款出现大量错误。截至报告日，管理层仍在纠正系统缺陷并更正错误，我们也无法实施替代审计程序，以对截至20×1年12月31日的应收账款总额×元获取充分、适当的审计证据。因此，我们无法确定是否有必要对存货、应收账款以及财务报表其他项目作出调整，也无法确定应调整的金额。

（三）管理层和治理层对财务报表的责任

（按照《中国注册会计师审计准则第1501号——对财务报表形成审计意见和出具审计报告》的规定报告，参见参考格式15-1。）

（四）注册会计师对财务报表审计的责任

我们的责任是按照中国注册会计师审计准则的规定，对ABC公司的财务报表执行审计工作，以出具审计报告。但由于"形成无法表示意见的基础"部分所述的事项，我们无法获取充分、适当的审计证据以作为发表审计意见的基础。按照中国注册会计师职业道德守则，我们独立于ABC公司，并履行了职业道德方面的其他责任。

二、对其他法律和监管要求的报告

（按照《中国注册会计师审计准则第1501号——对财务报表形成审计意见和出具审计报告》的规定报告。）

××会计师事务所
（盖章）

中国注册会计师：×××
（签名并盖章）
中国注册会计师：×××
（签名并盖章）
中国××市二〇×二年×月×日

第四节　审计报告的强调事项段和其他事项段

一、强调事项段

（一）强调事项段的含义

审计报告的强调事项段是指审计报告中含有的一个段落，该段落提及已在财务报表中恰当列报或披露的事项，根据注册会计师的职业判断，该事项对财务报表使用者理解财务报表至关重要。

（二）增加强调事项段的情形

如果认为有必要提醒财务报表使用者关注已在财务报表中列报或披露，且根据职业判断认为对财务报表使用者理解财务报表至关重要的事项，在同时满足下列条件时，注册会计师应当在审计报告中增加强调事项段：

（1）按照《中国注册会计师审计准则第 1502 号——在审计报告中发表非无保留意见》的规定，该事项不会导致注册会计师发表非无保留意见。

（2）当《中国注册会计师审计准则第 1504 号——在审计报告中沟通关键审计事项》适用时，该事项未被确定为在审计报告中沟通的关键审计事项。

根据注册会计师的职业判断，被确定为关键审计事项的事项，也可能对财务报表使用者理解财务报表至关重要。在这些情况下，按照《中国注册会计师审计准则第 1504 号——在审计报告中沟通关键审计事项》的规定将该事项作为关键审计事项沟通时，注册会计师可能希望突出或提请进一步关注其相对重要程度。

如果某一事项可能不符合《中国注册会计师审计准则第 1504 号——在审计报告中沟通关键审计事项》的规定，因而未被确定为关键审计事项（即该事项未被重点关注过），但根据注册会计师的判断，其对财务报表使用者理解财务报表至关重要（例如期后事项）。如果注册会计师认为有必要提请财务报表使用者关注该事项，根据审计准则的规定，该事项将包含在审计报告的强调事项段中。

某些审计准则对特定情况下在审计报告中增加强调事项段提出具体要求。这些情形包括：

（1）法律法规规定的财务报告编制基础不可接受，但其是由法律或法规作出的规定。

（2）提醒财务报表使用者注意财务报表按照特殊目的编制基础编制。

（3）注册会计师在审计报告日后知悉了某些事实（即期后事项），并且出具了新的审计报告或修改了审计报告。

除上述审计准则要求增加强调事项的情形外，注册会计师可能认为需要增加强调事项段的情形有：

（1）异常诉讼或监管行动的未来结果存在不确定性。

（2）提前应用（在允许的情况下）对财务报表有广泛影响的新会计准则。

（3）存在已经或持续对被审计单位财务状况产生重大影响的特大灾难。

强调事项段的过多使用会降低注册会计师沟通所强调事项的有效性。此外，与财务报表中的列报或披露相比，在强调事项段中包括过多的信息，可能隐含着这些事项未被恰当列报或披露。因此，强调事项段应当仅提及已在财务报表中列报或披露的信息。

（三）在审计报告中增加强调事项段时注册会计师采取的措施

如果在审计报告中增加强调事项段，注册会计师应当采取下列措施：

（1）将强调事项段作为单独的一部分置于审计报告中，并使用包含“强调事项”这一术语的适当标题。

（2）明确提及被强调事项以及相关披露的位置，以便能够在财务报表中找到对该事项的详细描述。强调事项段应当仅提及已在财务报表中列报或披露的信息。

（3）指出审计意见没有因该强调事项而改变。

参考格式15-4列示了由于偏离适用的财务报告编制基础的规定导致的带强调事项段的保留意见审计报告。

【参考格式15-4】　带强调事项段的保留意见审计报告

背景信息：

1. 对非上市实体整套财务报表进行审计。该审计不属于集团审计（即不适用《中国注册会计师审计准则第1401号——对集团财务报表审计的特殊考虑》）。

2. 管理层按照企业会计准则编制财务报表。

3. 审计业务约定条款体现了《中国注册会计师审计准则第1111号——就审计业务约定条款达成一致意见》关于管理层对财务报表责任的描述。

4. 由于偏离企业会计准则的规定导致发表保留意见。

5. 适用的相关职业道德要求为中国注册会计师职业道德守则。

6. 基于获取的审计证据，根据《中国注册会计师审计准则第1324号——持续经营》，注册会计师认为可能导致对被审计单位持续经营能力产生重大疑虑的相关事项或情况不存在重大不确定性。

7. 在财务报表日至审计报告日之间，被审计单位的生产设备发生了火灾，被审计单位已将其作为期后事项披露。根据注册会计师的判断，该事项对财务报表使用者理解财务报表至关重要，但在本期财务报表审计中不是重点关注过的事项。

8. 注册会计师未被要求，并且也决定不沟通关键审计事项。

9. 负责监督财务报表的人员与负责编制财务报表的人员不同。

10. 除财务报表审计外，按照法律法规的要求，注册会计师负有其他报告责任，且注册会计师决定在审计报告中履行其他报告责任。

审计报告

ABC股份有限公司全体股东：

一、对财务报表出具的审计报告

（一）保留意见

我们审计了ABC股份有限公司（以下简称"ABC公司"）财务报表，包括20×1年12月31日的资产负债表、20×1年度的利润表、现金流量表、股东权益变动表以及相关财务报表附注。

我们认为，除"形成保留意见的基础"部分所述事项产生的影响外，后附的财务报表在所有重大方面按照企业会计准则的规定编制，公允反映了ABC公司20×1年12月31日的财务状况以及20×1年度的经营成果和现金流量。

（二）形成保留意见的基础

ABC公司20×1年12月31日资产负债表中列示的以公允价值计量且其变动计入当期损益的金融资产为×元，管理层对这些金融资产未按照公允价值进行后续计量，而是按照其历史成本进行计量，这不符合企业会计准则的规定。如果按照公允价值进行后续计量，

ABC公司20×1年度利润表中公允价值变动损益将减少×元，20×1年12月31日资产负债表中以公允价值计量且其变动计入当期损益的金融资产将减少×元。相应地，所得税、净利润和股东权益将分别减少×元、×元和×元。

我们按照中国注册会计师审计准则的规定执行了审计工作。审计报告的“注册会计师对财务报表审计的责任”部分进一步阐述了我们在这些准则下的责任。按照中国注册会计师职业道德守则，我们独立于ABC公司，并履行了职业道德方面的其他责任。我们相信，我们获取的审计证据是充分、适当的，为发表保留意见提供了基础。

（三）强调事项——火灾的影响

我们提醒财务报表使用者关注，财务报表附注×描述了火灾对ABC公司的生产设备造成的影响。本段内容不影响已发表的审计意见。

（四）管理层和治理层对财务报表的责任

（参见参考格式15-1。）

（五）注册会计师对财务报表审计的责任

（参见参考格式15-1。）

二、按照相关法律法规的要求报告的事项

【略】

××会计师事务所

（盖章）

中国注册会计师：×××

（签名并盖章）

中国注册会计师：×××

（签名并盖章）

中国××市二○×二年×月×日

二、其他事项段

（一）其他事项段的含义

其他事项段是指审计报告中含有的一个段落，该段落提及未在财务报表中列报或披露的事项，根据注册会计师的职业判断，该事项与财务报表使用者理解审计工作、注册会计师的责任或审计报告相关。

（二）需要增加其他事项段的情形

如果认为有必要沟通虽然未在财务报表中列报或披露，但根据职业判断认为与财务报表使用者理解审计工作、注册会计师的责任或审计报告相关的事项，在同时满足下列条件时，注册会计师应当在审计报告中增加其他事项段：

（1）未被法律法规禁止。

（2）当《中国注册会计师审计准则第1504号——在审计报告中沟通关键审计事项》适用时，该事项未被确定为在审计报告中沟通的关键审计事项。

具体讲，需要在审计报告中增加其他事项段的情形包括：

（1）与使用者理解审计工作相关的情形。

在极其特殊的情况下，即使管理层对审计范围施加的限制导致无法获取充分、适当的审计证据可能产生的影响具有广泛性，注册会计师也不能解除业务约定。在这种情况下，注册会计师可能认为有必要在审计报告中增加其他事项段，解释为何不能解除业务约定。

（2）与使用者理解注册会计师的责任或审计报告相关的情形。

法律法规或得到广泛认可的惯例可能要求或允许注册会计师详细说明某些事项，以进一步解释注册会计师在财务报表审计中的责任或审计报告。在这种情况下，注册会计师可以使用一个或多个子标题来描述其他事项段的内容。

但增加其他事项段不涉及以下两种情形：除根据审计准则的规定有责任对财务报表出具审计报告外，注册会计师还有其他报告责任；注册会计师可能被要求实施额外的规定的程序并予以报告，或对特定事项发表意见。

（3）对两套以上财务报表出具审计报告的情形。

被审计单位可能按照通用目的编制基础（如×国财务报告编制基础）编制一套财务报表，且按照另一个通用目的编制基础（如国际财务报告准则）编制另一套财务报表，并委托注册会计师同时对两套财务报表出具审计报告。如果注册会计师已确定两个财务报告编制基础在各自情形下是可接受的，可以在审计报告中增加其他事项段，说明该被审计单位根据另一个通用目的编制基础（如国际财务报告准则）编制了另一套财务报表以及注册会计师对这些财务报表出具了审计报告。

（4）限制审计报告分发和使用的情形。

为特定目的编制的财务报表可能按照通用目的编制基础编制，因为财务报表预期使用者已确定这种通用目的财务报表能够满足他们对财务信息的需求。由于审计报告旨在提供给特定使用者，注册会计师可能认为在这种情况下需要增加其他事项段，说明审计报告只是提供给财务报表预期使用者，不应被分发给其他机构或人员或者被其他机构或人员使用。

需要注意的是，其他事项段的内容明确反映了未被要求在财务报表中列报或披露的其他事项。其他事项段不包括法律法规或其他职业准则（如中国注册会计师职业道德守则中与信息保密相关的规定）禁止注册会计师提供的信息。其他事项段也不包括要求管理层提供的信息。

如果在审计报告中包含其他事项段，注册会计师应当将该段落作为单独的一部分，并使用“其他事项”或其他适当标题。

三、与治理层的沟通

如果拟在审计报告中增加强调事项段或其他事项段，注册会计师应当就该事项和拟使用的措辞与治理层沟通。与治理层的沟通能使治理层了解注册会计师拟在审计报告中所强调的特定事项的性质，并在必要时为治理层提供向注册会计师作出进一步澄清的机会。

附录

例题及解析

第一章

1. 下列各项关于政府审计与注册会计师审计区别的表述，不正确的是（　　）。

A. 政府审计是强制审计，注册会计师审计是受托审计

B. 相对于委托人和被审计单位而言，政府审计和注册会计师审计均具有较强的独立性

C. 政府审计是无偿审计，注册会计师审计是有偿服务

D. 在审计独立性上，政府审计体现为单向独立，注册会计师审计体现为双向独立

【答案】B

2. 下列关于注册会计师审计的提法，不恰当的是（　　）。

A. 财产所有权与经营权的分离是注册会计师审计产生的重要原因

B. 注册会计师审计是由会计师事务所和注册会计师实施的审计

C. 注册会计师审计的产生早于政府审计

D. 注册会计师审计独立于政府和任何企业或经济组织

【答案】C

【解析】注册会计师审计也称为独立审计。它是由注册会计师组成的会计师事务所执行的审计，体现为双向独立（既独立于财产的所有者，又独立于财产的经营者）。所以，A、B、D 的提法是正确的。

3. 下列各项有关注册会计师审计的提法中，正确的有（　　）。

A. 注册会计师产生的直接原因是财产所有权和经营权的分离

B. 注册会计师审计要适应商品经济的发展

C. 注册会计师审计具有独立、客观、公正的特性

D. 注册会计师审计随企业管理的发展而发展

【答案】ABC

【解析】注册会计师审计随商品经济的发展而发展，所以 B 是正确的，而 D 是错误的。

4. 注册会计师在进行年度会计报表审计时，应对被审计单位的内部审计进行了解，并可以利用内部审计的工作成果，这是因为（　　）。

A. 内部审计是注册会计师审计的基础

B. 内部审计是被审计单位内部控制的重要组成部分

C. 内部审计和注册会计师审计在工作上具有一定程度的一致性

D. 利用内部审计的工作成果可以提高注册会计师审计的工作效率

【答案】BCD

5. 随着商品经济的发展，注册会计师审计的职责已逐步演变为对整个社会负责。（　　）

【答案】√

第二章

1. 下列有关职业道德的说法中，正确的是（　　）。

A. 会计师事务所收费报价的高与低，不会对专业胜任能力和应有的关注产生不利影响

B. 注册会计师在营销专业服务时，不应贬低或无根据地比较其他会计师事务所的工作

C. 会计师事务所的高级管理人员可以担任鉴证客户的独立董事

D. 注册会计师至少应口头承诺对在执行业务过程中知悉的客户信息保密

【答案】B

【解析】选项 A，如果收费过低，进而降低执业质量，就会对专业胜任能力和应有的关注产生不利影响；选项 C，会计师事务所的高级管理人员不得担任鉴证客户的独立董事；选项 D，注册会计师应书面承诺对在执行业务过程中知悉的客户信息保密。

2. A 注册会计师担任甲股份有限公司 2016 年度会计报表审计的项目负责人，在执业过程中发现自己不熟悉甲股份有限公司的会计信息系统，以致无法对该公司形成的会计信息进行正确的判断，则 A 注册会计师的下列做法中正确的是（　　）。

A. 聘请相关专家协助工作

B. 请求会计师事务所改派其他胜任的注册会计师

C. 解除业务约定

D. 出具无法表示意见的审计报告

【答案】B

【解析】注册会计师个人不胜任不表明整个会计师事务所都不胜任。因此，A 注册会计师应请求会计师事务所改派其他胜任的注册会计师。

3. 下列有关独立性的说法中，错误的是（　　）。

A. 只要会计师事务所、审计项目组成员或其主要近亲属从银行或类似机构等审计客户取得贷款就会对独立性产生不利影响

B. 如果会计师事务所、审计项目组成员或其主要近亲属未按正常程序、条款和条件从银行或类似机构等审计客户取得贷款，将会对独立性产生严重的不利影响

C. 会计师事务所按照正常的商业条件在金融机构等审计客户开立存款或交易账户的，

不会对独立性产生不利影响

D. 会计师事务所为甲公司在工商银行取得的 1 亿元贷款提供了担保，在该情况下会计师事务所不应为甲公司提供鉴证服务

【答案】A

【解析】会计师事务所、审计项目组成员或其主要近亲属从银行或类似机构等审计客户取得贷款或获取贷款担保，可能对独立性产生不利影响。因此，选项 A 的说法过于绝对。

4. 下列各项表述中，属于与专业胜任能力和应有的关注职业道德基本原则要求相关的有（　　）。

A. 注册会计师不得接受可被合理认为对其职业判断或对其业务交往对象产生重大不利影响的礼品或款待

B. 注册会计师协会会员应当保持职业怀疑态度，运用专业知识、技能和经验，获取和评价审计证据

C. 注册会计师执行的业务必须是自己能够胜任的业务，不能承接不能胜任的业务

D. 注册会计师不得兼营或兼任与其执行的审计或其他鉴证业务不相容的业务和职务

【答案】BC

【解析】选项 A 为客观和公正原则的要求；选项 B 为应有的关注的要求；选项 C 属于注册会计师专业胜任能力的要求；选项 D 为独立性的要求。

5. 下列情形中，可能会对职业道德基本原则产生不利影响的情形有（　　）。

A. 甲注册会计师代 A 公司编制了 2016 年度财务报表，2017 年 1 月 20 日会计师事务所接受 A 公司委托对其 2016 年度财务报表进行审计，并委派甲注册会计师为项目合伙人

B. 乙会计师事务所 1%的收费来源于 B 股份有限公司

C. 丙会计师事务所审计 C 股份有限公司 2016 年度财务报表，考虑到对 C 股份有限公司非常了解，推介其股份

D. 丁注册会计师的哥哥为审计客户 D 股份有限公司的独立董事

【答案】ACD

【解析】选项 A 属于自我评价导致的不利影响；选项 C 属于过度推介导致的不利影响；选项 D 属于密切关系导致的不利影响。

6. 注册会计师在执行审计业务时，下列情况中为保持独立性而应回避的事项有（　　）。

A. 四年前曾在委托单位担任成本会计

B. 持有被审计单位发行的公司债券

C. 为被审计单位设计内部会计控制制度

D. 其配偶在委托单位担任董事

【答案】BCD

【解析】注册会计师持有被审计单位的债券，属于与被审计单位存在经济利益关系；为被审计单位设计内部会计控制制度属于担任了不相容职务；注册会计师与被审计单位的一名独立董事有近亲关系，属于关联关系，这些都会影响注册会计师的独立性。

7. 下列各项中，属于判断是否存在因自身利益导致的不利影响及其严重程度的决定因素的有（　　）。

A. 会计师事务所的类型以及客户的行业

B. 拥有经济利益人员的角色

C. 经济利益是直接还是间接的

D. 经济利益的重要性

【答案】BCD

【解析】在审计客户中拥有经济利益，可能因自身利益导致不利影响。不利影响存在与否及其严重程度取决于下列因素：拥有经济利益人员的角色；经济利益是直接还是间接的；经济利益的重要性。

8. A 注册会计师作为关键审计合伙人审计了甲上市公司 2015 年度的财务报表，在审计过程中，感觉甲公司发展前景良好，拟加入甲公司担任财务总监，之后便未参与甲公司的审计工作。甲公司发布已审计 2016 年度财务报表的日期是 2017 年 3 月 31 日，则 A 注册会计师最早可加入甲公司的时间为（　　）。

A. 2017 年 4 月 1 日　　B. 2016 年 12 月 31 日

C. 2015 年 12 月 31 日　　D. 2017 年 3 月 31 日

【答案】A

【解析】此题考查的是“冷却期”，除非该合伙人不再担任关键审计合伙人后，该公众利益实体发布已审计财务报表，其涵盖期间不少于 12 个月，并且该项目合伙人不是该财务报表的审计项目组成员，由此可判断 A 注册会计师最早加入甲公司的时间为 2017 年 4 月 1 日。

9. ABC 会计师事务所通过招投标程序接受委托，负责审计上市公司甲公司 2016 年度财务报表，并委派 A 注册会计师为审计项目合伙人，在招投标阶段和审计过程中，ABC 会计师事务所遇到下列与职业道德有关的事项：

（1）应邀投标时，ABC 会计师事务所在其投标书中说明，如果中标，需与前任注册会计师沟通后，才能与甲公司签订审计业务约定书。

（2）签订审计业务约定书时，ABC 会计师事务所与甲公司商定按六折收取审计费用，据此，审计项目组计划相应缩小审计范围，并就此事与甲公司治理层达成一致意见。

（3）签订审计业务约定书后，ABC 会计师事务所发现甲公司与本事务所另一常年审计客户乙公司存在直接竞争关系。ABC 会计师事务所未将这一情况告知甲公司和乙公司。

要求：针对上述（1）至（3）项，分别指出 ABC 会计师事务所是否违反《中国注册会计师职业道德守则》，并简要说明理由。

【答案】

（1）不违反。ABC 会计师事务所在承接业务前应当与前任注册会计师沟通，以了解是否存在不应接受委托的理由。

（2）违反。ABC 会计师事务所因减少审计收费而不恰当地缩小审计范围，影响审计工作的质量。

（3）违反。ABC 会计师事务所同时为两个存在竞争关系的审计客户提供审计服务，可能对客观和公正原则产生不利影响，应当告知甲、乙公司，并在征得它们同意的情况下才能执行业务。

10. ABC会计师事务所首次接受委托，承办V公司2016年度会计报表审计业务，并于2016年年底与V公司签订审计业务约定书。假定存在以下情况：

（1）ABC会计师事务所以明显低于前任注册会计师的审计收费承接了业务，并且，通过与前任注册会计师和当地相同规模的其他会计师事务所进行比较，向V公司保证，在审计中能够遵循独立审计准则，审计质量不会因降低收费而受到影响。

（2）在签订审计业务约定书后，ABC会计师事务所的A注册会计师受聘担任V公司独立董事。按照原定审计计划，A注册会计师为该审计项目的外勤审计负责人。为保持独立性，ABC会计师事务所在执行该审计业务前，将A注册会计师调离审计小组。

（3）ABC会计师事务所聘用律师协助开展工作，要求该律师书面承诺按照中国注册会计师职业道德规范的要求提供服务。

（4）V公司委托ABC会计师事务所在出具审计报告的同时，提供正式纳税鉴证意见。为此，双方另行签订了业务约定书。

（5）前任注册会计师对V公司上一年度会计报表出具了标准无保留意见审计报告，ABC会计师事务所在审计过程中发现该会计报表存在重大错报，因认为事实已经非常清楚，所以决定不再提请V公司与前任注册会计师联系。

（6）V公司在某国设有分支机构，该国允许会计师事务所通过广告承揽业务，因此，ABC会计师事务所委托该分支机构在该国媒体进行广告宣传，以招揽该国在中国设立的企业的审计业务。相关广告费已由ABC会计师事务所支付。

要求：

针对上述6种情况，分别判断ABC会计师事务所是否违反《中国注册会计师职业道德守则》的要求，并简要说明理由。

【答案】

（1）违反。ABC会计师事务所与同行进行比较有贬低同行、抬高自己的嫌疑。

（2）违反。ABC会计师事务所的高级管理人员或员工不得担任鉴证客户的独立董事，否则应当拒绝接受委托。

（3）不违反。ABC会计师事务所应当要求律师就遵守《中国注册会计师职业道德守则》提供书面承诺。

（4）不违反。为V公司提供纳税鉴证意见与报表审计两者并非不相容的业务。

（5）违反。注册会计师应当提请V公司告知前任注册会计师，并要求安排三方会谈，以采取措施进行妥善处理。

（6）违反。《中国注册会计师职业道德守则》规定，会计师事务所不得对其能力进行广告宣传，因此，在允许做广告的国家做广告也属于违反《中国注册会计师职业道德守则》。

第三章

1. 鉴证业务涉及的三方关系人是指（　　）。

A. 注册会计师、委托人、被鉴证单位

B. 注册会计师、委托人、责任方

C. 注册会计师、责任方、预期使用者

D. 注册会计师、委托人、预期使用者

【答案】D

2. 下列有关注册会计师执行的业务提供的保证程度的说法中，正确的是（　　）。

A. 鉴证业务提供高水平保证

B. 代编财务信息提供合理保证

C. 对财务信息执行商定程序提供低水平保证

D. 财务报表审阅提供有限保证

【答案】D

【解析】选项A，鉴证业务也包括审阅业务，审阅提供的是有限保证；选项BC，代编财务信息和对财务信息执行商定程序不属于鉴证业务，没有保证程度这一说法。

3. 注册会计师对财务报表进行审计的业务，属于（　　）。

A. 合理保证的鉴证业务　　B. 有限保证的鉴证业务

C. 基于责任方认定的业务　　D. 直接报告业务

【答案】AC

4. 注册会计师在对鉴证对象作出合理一致的评价时，需要有适当的标准。下列有关标准的说法中，正确的有（　　）。

A. 注册会计师基于自身的预期、判断和个人经验对鉴证对象进行的评价和计量，构成适当的标准

B. 对于公开发布标准，注册会计师通常无须对标准的适当性进行评价，只需评价该标准对具体业务的适用性

C. 采用的标准的类型不同，注册会计师为评价该标准所需执行的工作也不同

D. 标准应当具有相关性、完整性、可靠性、中立性和可理解性

【答案】BCD

【解析】注册会计师基于自身的预期、判断和个人经验对鉴证对象进行的评价和计量，不构成适当的标准。

5. 签字注册会计师应当对业务质量控制制度承担领导责任。（　　）

【答案】×

【解析】主任会计师应当对业务质量控制制度承担最终责任。

6. 项目质量控制复核人与项目负责人共同对该项目承担法律责任。（　　）

【答案】×

【解析】项目质量控制复核并不减轻项目负责人的责任。

7. 出具审计报告之前，会计师事务所可根据需要委派未直接参与审计的人员进行复核，以保证审计质量。（　　）

【答案】√

【解析】会计师事务所根据业务的需要确定是否需要执行项目质量控制复核。项目质量控制复核人员不应参与具体项目的审计工作。

第四章

1. 如果甲公司未将 20×1 年度实现的销售交易列入当年的财务报表，则其 20×1 年度会计报表违反的认定是（　　）。

A. 存在　　B. 准确性　　C. 发生　　D. 完整性

【答案】D

【解析】甲公司漏记了 20×1 年度的销售，所以违反了交易和事项的完整性认定。

2. 被审计单位当年购入设备一台，会计部门在入账时，漏记了该设备的运费，则被审计单位违反的认定是（　　）。

A. 存在　　B. 完整性　　C. 计价和分摊　　D. 分类

【答案】C

【解析】固定资产在确定入账价值时，漏记了运费，表明该资产的总值估价不正确，不符合计价和分摊认定。

3. 下列各项认定中，与账户余额和交易事项都相关的是（　　）。

A. 完整性　　B. 权利和义务　　C. 发生　　D. 截止

【答案】A

【解析】与账户余额相关的认定有存在、权利和义务、完整性、计价和分摊；与交易事项相关的认定有发生、完整性、准确性、截止、分类，所以与两者都相关的认定只有完整性。

4. 有关具体审计目标的说法中，正确的是（　　）。

A. 如果财务报表中没有将一年内到期的长期借款列报为一年内到期的非流动负债，违反了准确性和计价目标

B. 如果财务报表附注中没有分别对原材料、在产品和产成品等存货成本核算方法做出恰当的说明，违反了分类和可理解性目标

C. 如果财务报表中将低值易耗品列报为固定资产，违反了准确性和计价目标

D. 如果已入账的销售交易是对确已发出商品、符合收入确认条件的交易的记录，但金额计算错误，违反了准确性目标，但没有违反发生目标

【答案】D

【解析】选项 AC，违反分类和可理解性目标；选项 B，违反准确性和计价目标。

5. 下列各项中，不属于注册会计师对财务报表审计的总体目标的是（　　）。

A. 对财务报表整体是否不存在由于舞弊或错误导致的重大错报获取合理保证

B. 根据审计结果对财务报表出具审计报告

C. 与管理层和治理层沟通审计结果

D. 确定被审计单位管理层对其财务报表的认定是否恰当

【答案】D

【解析】注册会计师确定被审计单位管理层对其财务报表的认定是否恰当，是注册会计师审计的具体目标。

6. 甲会计师事务所接受委托，承接 A 公司 2017 年度财务报表审计业务。乙注册会计

师负责确定与交易类别、账户余额、列报和披露相关的实质性程序。

要求：针对下表列示的乙注册会计师发现的问题，请代乙注册会计师列示出这些问题违反的认定。

被审计单位存在的问题：	认定
记录一笔不曾发生的销售收入	
将他人寄售商品列入被审计单位的存货中	
销售明细账和总账中未记录已发生的一笔销售收入	
某一笔销售交易发出商品的数量与账单上的数量不符	
将次年 1 月初发货的一笔销售收入计入本期	
将一年内到期的负债列为长期负债	
将出售经营性固定资产所得的收入记录为营业收入	

【答案】

被审计单位存在的问题：	认定
记录一笔不曾发生的销售收入	发生
将他人寄售商品列入被审计单位的存货中	权利和义务
销售明细账和总账中未记录已发生的一笔销售收入	完整性
某一笔销售交易发出商品的数量与账单上的数量不符	准确性
将次年 1 月初发货的一笔销售收入计入本期	截止
将一年内到期的负债列为长期负债	分类和可理解性
将出售经营性固定资产所得的收入记录为营业收入	分类

第五章

1. 在理解重要性概念时，下列表述中错误的是（　　）。

A. 重要性取决于在具体环境下对错报金额和性质的判断

B. 如果一项错报单独或连同其他错报可能影响财务报表使用者依据财务报表作出的经济决策，则该项错报是重大的

C. 判断一项错报对财务报表是否重大，应当考虑对个别特定财务报表使用者产生的影响

D. 较小金额错报的累计结果，可能对财务报表产生重大影响

【答案】C

【解析】根据准则的规定，判断一个事项对财务报表使用者是否重大，是将使用者作为一个群体对共同性的财务信息的需求来考虑的。没有考虑错报对个别特定使用者可能产生的影响，因为个别特定使用者的需求可能极其不同，所以选项 C 不正确。

2. 下列关于实际执行的重要性的说法中，不正确的是（　　）。

A. 实际执行的重要性是注册会计师确定低于财务报表整体重要性的一个或多个金额

B. 对于审计风险较高的审计项目，需要确定较低的实际执行的重要性

C. 注册会计师可以将低于实际执行的重要性的账户排除在审计范围外

D. 确定实际执行的重要性需要注册会计师运用职业判断

【答案】C

【解析】注册会计师在计划和执行审计工作时，通常根据实际执行的重要性确定需要对哪些类型的交易、账户余额和披露执行审计工作。在制订审计计划时，通常会将金额超过实际执行的重要性的账户纳入审计范围。但是，这不代表可以将所有低于实际执行的重要性的账户排除在审计范围外。例如，对于识别出存在舞弊风险的账户，不能因为账面金额小而简单地予以排除。

3. 下列关于重大错报风险的说法中，正确的是（　　）。

A. 重大错报风险是指财务报表在审计后仍然存在重大错报的可能性

B. 财务报表层次重大错报风险通常与控制环境有关，且很难界定于某类交易、账户余额和披露的具体认定

C. 重大错报风险中的固有风险和控制风险不可分割地交织在一起，所以注册会计师不可以单独对固有风险和控制风险进行评估

D. 重大错报风险与被审计单位的风险相关，依托财务报表审计而存在

【答案】B

【解析】选项 A 错误，重大错报风险是指财务报表在审计前存在重大错报的可能性，其独立于财务报表审计而存在；选项 C 错误，虽然固有风险和控制风险不可分割地交织在一起，有时无法单独进行评估，但这并不意味着注册会计师不可以单独对固有风险和控制风险进行评估，注册会计师具体采用的评估方法取决于会计师事务所偏好的审计技术和方法及实务上的考虑；选项 D 错误，重大错报风险是财务报表在审计之前就存在重大错报的可能性，其独立于财务报表审计而存在。

4. 下列有关审计风险的说法中，正确的是（　　）。

A. 注册会计师可以通过实施适当的审计程序降低重大错报风险

B. 只要注册会计师按照审计准则执业，严格要求自己，检查风险就可以降低为零

C. 在既定的审计风险水平下，可接受的检查风险水平与认定层次重大错报风险的评估结果呈正向关系

D. 审计风险取决于重大错报风险和检查风险

【答案】D

【解析】重大错报风险是客观存在的，无法通过实施审计程序将其降低，选项 A 不正确；由于注册会计师通常并不对所有的交易、账户余额和列报进行检查以及其他原因，检查风险不可能降低为零，选项 B 不正确；在既定的审计风险水平下，可接受的检查风险水平与认定层次重大错报风险的评估结果呈反向关系，选项 C 不正确。

5. 签署审计业务约定书前，注册会计师应就约定事项与被审计单位进行商议的内容包括（　　）。

A. 委托目的及审计范围　　B. 审计报告意见类型

C. 审计调整事项　　D. 审计收费

【答案】AD

【解析】审计意见类型和审计调整事项均是注册会计师审计后确定的，不可能在签约

前确定。

6. 下列有关重要性水平的说法中正确的有（ ）。

A. 重要性包括对数量和性质两个方面的考虑，两者必须同时满足重要的前提，该项错报才视为重要

B. 对重要性的评估需要运用注册会计师的职业判断，但是如果被审计单位连续两年接受会计师事务所的审计，则注册会计师确定的重要性水平一定是相同的

C. 重要性在计划审计工作和评价错报影响时都要运用

D. 重要性水平是以财务报表使用者决策时对信息的需求为基础确定的

【答案】CD

【解析】重要性包括对数量和性质两个方面的考虑，两者只要一个影响财务报表使用者依据财务报表作出的经济决策，则该项错报就是重大的，选项A不正确；虽然是同一被审计单位，但是两年中情况不可能会百分之百相同，环境不同，报表使用者依据得到的信息作出的经济决策有可能就会不同，因此重要性水平也有可能会不同，选项B不正确。

7. 尽管是首次接受委托，但由于甲股份有限公司已同意前任注册会计师对ABC会计师事务所的询问作出及时充分的答复，所以ABC会计师事务所决定在约定书中不再约定与前任注册会计师沟通的事项。（ ）

【答案】×

【解析】在会计师事务所首次接受委托业务时应考虑在约定书中约定与前任注册会计师沟通的有关事项和安排。

8. 为保证计划审计工作的效果，审计计划应由项目负责人独立完成。（ ）

【答案】×

【解析】项目负责人和项目组其他关键成员应当参与计划审计工作，利用其经验和见解，提高计划过程的效率和效果。

9. 初步业务活动的目的是确定财务报表的重大错报风险较高的领域。（ ）

【答案】×

【解析】确定财务报表重大错报风险较高的领域是注册会计师在制定总体审计策略时要完成的。

10. 重要性水平越高，对审计证据的要求也越高。（ ）

【答案】×

11. 由于检查风险取决于注册会计师审计程序设计的合理性和执行的有效性，因此，只要注册会计师合理设计并有效运行足够的实质性测试程序，就能将检查风险降为零。（ ）

【答案】×

第六章

1. 下列有关审计程序的表述中，正确的是（ ）。

A. 某些文件是表明一项资产存在的直接审计证据，同时能提供有关计价的审计证据

B. 检查有形资产不仅能为其存在提供可靠的审计证据，还可以为其权利和义务认定提供可靠的审计证据

C. 询问是指注册会计师以口头方式向被审计单位内部或外部的知情人员获取财务信息和非财务信息的过程

D. 观察所提供的审计证据仅限于观察发生的时点

【答案】D

【解析】检查某些证明资产存在的文件或者检查实物，能够证明其确实存在于被审计单位，但不一定能够有效证明其在法律意义上属被审计单位所有，也不一定能提供有关计价的审计证据，所以选项 AB 错误；询问还可以采用书面方式，选项 C 错误。

2. 下列有关审计证据充分性的说法中，错误的是（　　）。

A. 初步评估的控制风险越低，需要通过控制测试获取的审计证据可能越少

B. 计划从实质性程序中获取的保证程度越高，需要的审计证据可能越多

C. 审计证据质量越高，需要的审计证据可能越少

D. 评估的重大错报风险越高，需要的审计证据可能越多

【答案】A

【解析】选项 A，评估的控制风险越低，说明预期信赖内部控制，则通过实施控制测试获取的审计证据可能越多。

3. 在审计结束或临近结束时，使用分析性复核对会计报表进行总体复核的目的是（　　）。

A. 针对自上年以来尚未发生变化的账户余额收集证据

B. 再次测试认为有效的内部控制，评估控制风险

C. 确定以前尚未识别的异常或未预期到的关系

D. 确定实质性分析程序对特定认定的适用性

【答案】C

4. 甲公司 20×1 年度的借款规模、存款规模分别与 20×0 年度基本持平，但财务费用比 20×0 年度有所下降。甲公司提供的以下理由中，不能解释财务费用变动趋势的是（　　）。

A. 甲公司于 20×0 年 1 月初借入 3 年期的工程项目专门借款 10 000 000 元，该工程项目于 20×1 年 1 月开工建设，预计在 20×1 年 6 月完工

B. 甲公司在 20×1 年度以美元结算的货币性负债的金额一直大于以美元结算的货币性资产的金额。人民币对美元的汇率在 20×1 年上半年保持稳定，从 20×1 年下半年开始有较大上升

C. 为缓解流动资金紧张的压力，甲公司从 20×1 年 4 月起增加了银行承兑汇票的贴现规模

D. 根据甲公司与开户银行签订的存款协议，从 20×1 年 7 月 1 日起，甲公司在开户银行的存款余额超过 1 000 000 元的部分所适用的银行存款利率上浮 0.5%

【答案】C

【解析】选项 A 由于专项借款 20×1 年 1 月开始符合资本化的条件，会导致 20×1 年度财务费用下降；选项 B 由于货币性负债大于货币性资产，且人民币对美元汇率上升，也会导致当年财务费用下降；选项 C 由于增加了银行承兑汇票的贴现规模，会导致财务费用增加，故不能解释财务费用变动的趋势；选项 D 由于银行存款利率上浮，会导致财务费用下降。

5. 注册会计师通过执行分析程序判断 A 公司的存货计价可能存在重大错报，但在随后的抽样计价测试中却没有发现重大错报，则注册会计师只需在审计工作底稿中记录形成的存货计价的最终结论。(　　)

【答案】×

【解析】注册会计师还应当在审计工作底稿中记录如何处理分析程序结果与存货计价测试结果的矛盾。

6. 注册会计师在归整审计工作底稿时，发现两份内容一致的来自 B 公司应收账款函证的回函，一为传真件，一为原件，则注册会计师决定将传真件予以删除。(　　)

【答案】√

【解析】应该说注册会计师最终形成的审计结论是依据原件形成的，所以可以将传真件予以删除。

7. L 注册会计师在对 F 公司 20×1 年度会计报表进行审计时，收集到以下三组审计证据：(1) 收料单与购货发票；(2) 销货发票副本与产品出库单；(3) 工资计算单与工资发放单。

要求：请分别说明每组审计证据中哪项审计证据较为可靠，并简要说明理由。

【答案】

第 (1) 组中，购货发票较为可靠。购货发票是注册会计师从被审计单位以外的单位获取的审计证据，较被审计单位提供的收料单更可靠。

第 (2) 组中，销货发票副本较为可靠。销货发票副本属于被审计单位在外部流转的证据，这会比仅在被审计单位内部流转的产品出库单更可靠。

第 (3) 组中，工资发放单较为可靠。工资发放单上有领受人的签字，所以，工资发放单较工资计算单更可靠。

第七章

1. 注册会计师采用系统选样法从 8 000 张凭证中选取 200 张作为样本，确定随机起点为凭证编号的第 35 号，则抽取的第 5 张凭证的编号应为 (　　) 号。

A. 155　　B. 195　　C. 200　　D. 235

【答案】B

【解析】抽样间隔 (区间) 为 8 000÷200＝40，抽取的前 5 张凭证的编号应为：35、75、115、155、195。即抽取的第 5 张凭证的编号应为 195 号。

2. 有关审计抽样的下列表述中，正确的是 (　　)。

A. 注册会计师可采用统计抽样或非统计抽样方法选取样本，只要运用得当，均可获得充分、适当的审计证据

B. 审计抽样适用于控制测试和实质性测试程序中的所有审计程序

C. 统计抽样和非统计抽样方法的选用，影响运用于样本的审计程序的选择

D. 信赖过度风险和误受风险影响审计效率

【答案】A

3. 注册会计师认为抽样结果有 95%的可信赖程度，亦即认为抽样结果有 5%的可容忍误差率。(　　)

【答案】×

4. 注册会计师不论选用统计抽样还是非统计抽样，只要运用得当，都能获取充分适当的审计证据。（　　）

【答案】√

第八章

1. 下列关于财务报表层次重大错报风险的说法不正确的是（　　）。

A. 通常与控制环境有关

B. 与财务报表整体存在广泛联系

C. 可能影响多项认定

D. 可以界定于某类交易、账户余额、列报的具体认定

【答案】D

2. 在对控制进行初步评价及风险评估后，注册会计师可能认为控制是无效的情况有（　　）。

A. 控制与相关认定相关　　B. 控制本身设计不合理

C. 控制没有得到执行　　D. 准备进行控制测试

【答案】BC

3. 在识别和评估重大错报风险时，注册会计师应当实施下列审计程序：（　　）。

A. 在了解被审计单位及其环境的整个过程中识别风险

B. 将识别的风险与认定层次可能发生错报的领域相联系

C. 考虑识别的风险是否重大

D. 考虑识别的风险导致财务报表发生重大错报的可能性

【答案】ABCD

4. 注册会计师对内部控制实施风险评估程序，以获取与下列相关的审计证据（　　）。

A. 控制的设计是否适当　　B. 控制是否得到执行

C. 是否得到一贯执行的测试　　D. 运行是否有效

【答案】AB

5. 下列各项中，属于针对财务报表层次重大错报风险的总体应对措施的有（　　）。

A. 分派具有特殊技能的审计人员，或利用专家的工作

B. 向项目组强调在收集和评价审计证据过程中保持职业怀疑态度

C. 选择综合性方案实施进一步审计程序

D. 分派更有经验的审计人员

【答案】ABD

6. 当存在下列情形之一时，注册会计师应当实施控制测试：（　　）。

A. 在评估认定层次重大错报风险时，预期控制的运行是有效的

B. 仅实施实质性测试程序不足以提供认定层次充分、适当的审计证据

C. 当分析程序不足以为评估重大错报风险提供证据时

D. 注册会计师出于成本效益的考虑而采用综合性方案

【答案】ABD

7. 如果注册会计师不打算依赖被审计单位的内部控制，则无须对内部控制进行了解。（　）

【答案】×

【解析】无论注册会计师是否打算依赖被审计单位的内部控制，在会计报表审计时，均要了解被审计单位的内部控制。

8. 无论内部控制设计多么合理、运行多么有效，注册会计师都应对会计报表的重要账户余额和交易类别实施实质性测试程序。（　）

【答案】√

9. 注册会计师评估的认定层次重大错报风险越高，注册会计师就越应通过控制测试来获取更多的审计证据。（　）

【答案】×

【解析】在重大错报风险高的情况下，注册会计师应更多地依赖实质性测试程序，尤其是细节测试。

10. ABC会计师事务所对×公司20×1年11月30日与财务报表相关的内部控制的有效性的认定进行测试。A和B两位注册会计师接受指派实施该项测试。工作底稿中记载的有关×公司内部控制设计和运行的部分内容摘录如下："为统一财务管理、提高会计核算水平，设置内部审计部，与财务部一并由财务总监分管。内部审计的主要职责是对公司内部控制的健全、有效，会计及相关信息的真实、合法、完整，资产的安全、完整，经营绩效以及经营合规性，进行检查、监督和评价。"

要求：

（1）在测试×公司内部控制执行的有效性时，A和B两位注册会计师通常应当实施哪些测试程序？

（2）假定×公司的其他内部控制不存在缺陷，请指出×公司上述内部控制在设计与运行方面的缺陷，并简要说明理由。

【答案】

（1）注册会计师实施的控制测试程序包括询问、观察、检查、穿行测试和重新执行。

（2）内部审计部与财务部一并由财务总监分管不恰当。内部审计是一项自我独立评价的活动，为使内部审计独立，必须做到机构独立、工作独立、人员独立，财务总监分管内部审计部将影响内部审计部工作的独立性。审计与会计是不相容职务，应分开。

第九章

1. 为了证实已发生的销售业务是否均已登记入账，有效的做法是（　）。

A. 只审查销售日记账　　B. 由日记账追查至有关原始凭证

C. 只审查有关原始凭证　　D. 由有关原始凭证追查至销售日记账

【答案】D

2. L注册会计师计划测试M公司20×1年度主营业务收入的完整性。以下各项审计程序中，通常难以实现上述审计目标的是（　）。

A. 抽取 20×1 年 12 月 31 日开具的销售发票，检查相应的发运单和账簿记录

B. 抽取 20×1 年 12 月 31 日的发运单，检查相应的销售发票和账簿记录

C. 从主营业务收入明细账中抽取 20×1 年 12 月 31 日的明细记录，检查相应的记账凭证、发运单和销售发票

D. 从主营业务收入明细账中抽取 20×2 年 1 月 1 日的明细记录，检查相应的记账凭证、发运单和销售发票

【答案】C

【解析】对于测试完整性的审计程序应当是从原始凭证追查到账簿记录的，所以对于该种情况 AB 是正确的。C 是实现真实性目标的，D 可以查找出关于是否存在应当记入 20×1 年账簿上的收入却记在了 20×2 年的账簿上。

3. M 公司存在以下与收入确认相关的交易处理情况，其中，不正确的是（　　）。

A. M 公司拟在 20×1 年 12 月按合同约定以离岸价向某外国公司出口产品时，对方告知由于其所在国开始实施外汇管制，无法承诺付款。为了开拓市场，M 公司仍于 20×1 年末交付产品，但在 20×1 年未确认相应的主营业务收入

B. M 公司于 20×1 年末委托某运输公司向某企业交付一批产品。由于验收时发现部分产品有破损，该企业按照合同约定要求 M 公司采取减价等补偿措施或者全部予以退货。M 公司以产品破损是运输公司责任为由而拒绝对方要求。由于发货前已收到该企业预付的全部货款，M 公司于 20×1 年确认了相应主营业务收入

C. M 公司于 20×1 年 12 月初以每件 500 元（不含增值税）的价格向某公司交付了 1 000 件产品。双方约定，在该公司付清货款前，尽管 M 公司不再对所交付的产品实施继续管理和控制，但仍对尚未收款的该部分产品保留法定所有权。截至 20×1 年年末，M 公司收取了该公司支付的其中 800 件产品的货款，确认了主营业务收入 500 000 元

D. M 公司于 20×1 年向某公司转让了一项软件的使用权，使用费为 500 000 元，M 公司不提供后期服务。合同约定，该公司在 20×1 年和 20×2 年各支付 250 000 元。M 公司于 20×1 年实际收到 200 000 元，但仍在当年确认了 250 000 元收入

【答案】B

【解析】对于 B 来说，由于退货的可能性还没有消失，风险和报酬还未真正的转移，所以不应当确认为收入。

4. 甲股份有限公司（以下简称甲公司）系公开发行 A 股的上市公司，主要经营计算机硬件的开发、集成与销售，其主要业务流程通常为：向客户提供技术建议书⟶签署销售合同⟶结合库存情况备货⟶委托货运公司送货⟶安装验收⟶根据安装验收报告开具发票并确认收入。注册会计师于 20×2 年初对甲公司 20×1 年度会计报表进行审计。经初步了解，甲公司 20×1 年度的经营形势、管理及经营机构与 20×0 年度比较未发生重大变化，且未发生重大重组行为。

其他相关资料如下：

资料一：甲公司 20×1 年度 1—12 月份未审主营业务收入、主营业务成本列示如附表 1 所示：

附表1 单位：万元

月份	主营业务收入	主营业务成本
1	7 800	7 566
2	7 600	6 764
3	7 400	6 512
4	7 700	6 768
5	7 800	6 981
6	7 850	6 947
7	7 950	7 115
8	7 700	6 830
9	7 600	6 832
10	7 900	7 111
11	8 100	7 280
12	18 900	15 139
合计	104 300	91 845

资料二：注册会计师在实施实质性测试程序时，抽查到以下销售业务：

（1）销售给A公司硬件计936万元（含税，增值税税率为17%）。相关合同约定：签订合同后支付100万元，出具安装验收报告后支付200万元，试运行一个月并终验合格后支付636万元，交货日期为20×1年11月20日。实际执行情况是：甲公司于20×1年11月15日发货，经双方签字盖章的安装验收报告日期为20×1年12月25日，发票日期为20×1年12月25日。截至20×1年12月31日，甲公司已经收取货款300万元，确认20×1年度该项销售收入800万元。

（2）销售给B公司硬件计1 170万元（含税，增值税税率为17%）。相关合同约定：签订合同后支付300万元，出具安装验收报告后支付870万元，交货日期为20×1年12月26日。实际执行情况是：经双方签字盖章的安装验收报告日期为20×1年12月29日，发票日期为20×1年12月29日。截至20×1年12月31日，甲公司已经收取货款1 170万元，并确认20×1年度该项销售收入1 000万元。注册会计师在审计时，未取得该项销售业务的发货单据，甲公司解释的理由为供货单位接受甲公司指令直接将货物发运至B公司。

要求：

（1）对资料一分析后，指出主营业务收入和主营业务成本的重点审计领域，并简要说明理由。

（2）针对资料二中的销售业务，请分别判断甲公司已经确认的销售收入能否确认（按“能够确认”“不能确认”“不能全部确认”“尚无法形成审计结论”四种分别予以回答）。若回答“不能确认”或“不能全部确认”，请简要说明理由；若回答“尚无法形成审计结论”，请指出应进一步实施哪些审计程序。

【答案】

（1）在实施分析性复核程序后，应将以下月份主营业务收入和主营业务成本作为重点审计领域：

——1月份。该月份毛利率为3%，远远低于全年平均毛利率12%和其他各月毛利率。

——2 月份。该月份主营业务收入占全年主营业收入比例较高，毛利率达到 20%，远高于全年平均毛利率 12%。

（2）不能确认。根据合同条款，该项销售应在终验合格时确认，即签署安装验收报告后一个月。而该交易中验收报告的日期为 12 月 25 日。

尚无法形成审计结论。由于注册会计师未取得该销售业务的发货单据，难以确认销售的实现。注册会计师应向被审计单位索取要求供货单位直接将货物发运至 B 公司的书面指令及其他相关文件；结合采购业务的审计，以确定公司确已从供货单位采购该批货物；还应向 B 公司发函，询证 B 公司确于 2006 年 12 月 31 日前收到该批货物；检查安装过程中所形成的相关记录及所发生费用的相关凭证，以确定安装验收报告的真实性。

5. 在对 H 公司 20×1 年度会计报表进行审计时，N 注册会计师负责审计应收账款。N 注册会计师对截止日为 20×1 年 12 月 31 日的应收账款实施了函证程序，并于 20×2 年 2 月 15 日编制了以下应收账款函证分析工作底稿，见附表 2。

附表 2

H 公司应收账款函证分析工作底稿 财务报表日：20×1 年 12 月 31 日	索引号	B—3		
	编制人		日期	
	复核人		日期	
一、函证	笔数	金额（元）		百分比
20×1 年 12 月 31 日应收账款	4 000	4 000 000√		100%
其中：积极函证	108	520 000		13%
消极函证	280	40 000		10%
寄发询证函小计	388	560 000		23%
选定函证但客户不同意函证的应收账款	12	—		—
选择函证合计	400	—		—
二、结果				
（一）函证未发现不符				
积极函证：确认无误部分 W/P B—4	88 C	360 000		9%
消极函证：未回函或回函确认无误部分 W/P B—4	240 C	32 000		0.8%
函证未发现不符小计	328	392 000		9.8%
（二）函证发现不符				
积极函证 W/P B—5	4 CX	20 000		0.5%
消极函证 W/P B—5	40 CX	8 000		0.2%
函证发现不符小计	44	28 000		0.7%
（三）选定函证但客户不同意函证的应收账款	12			
标识说明： √——与应收账款明细账核对相符 C ——回函相符 CX——回函不符				
总体结论：回函不符金额 28 000 元低于可容忍错报，应收账款得到公允反映。				

要求：

假定选择函证的应收账款样本是恰当的，应收账款的可容忍错报是 30 000 元，请简要回答以下问题：

（1）N 注册会计师编制的上述工作底稿中存在哪些缺陷？

（2）针对上述工作底稿中显示的实施函证时遇到的问题和回函结果，N注册会计师应当实施哪些审计程序？

【答案】

缺陷有如下五个：

（1）工作底稿没有编制人签名和编制日期。

（2）在“一、函证”部分，“消极函证金额”对应的百分比计算错误，应为1%；“寄发询证函小计”金额相对应的百分比计算错误，应为14%。

（3）“选定函证但客户不同意函证的应收账款”没有列示金额和百分比；“选择函证的合计”也没有列示金额和百分比。

（4）没有从样本错报结果推断总体错报，因此，形成“应收账款得到公允反映”的结论是不适当的。

（5）没有统计和列示通过积极函证而未回函的16封询证函。

应实施的审计程序有：

（1）对于选定函证而客户不同意函证的12笔应收账款，应当实施替代审计程序（如检查与销售有关的文件，包括销售合同、销售订单、销售发票副本和发运凭证），如果不能实施替代审计程序，应视为审计范围受到限制。

（2）对于通过积极函证方式没有收回的16封询证函，应当再次寄发询证函。如果仍然得不到回函，应当实施替代审计程序（如检查与销售有关的文件，包括销售合同、销售订单、销售发票副本和发运凭证）。

（3）对于数据不符的函证结果，应当分析原因，得出样本错报金额，并由样本错报金额推算总体错报金额。

第十章

1. D注册会计师在对丁公司20×1年度会计报表进行审计。在以下审计程序中，D注册会计师最有可能证实已记录应付账款存在的是（　　）。

A. 从应付账款明细账追查至购货合同、购货发票和入库单等凭证

B. 检查采购文件以确定是否使用预先编号的采购单

C. 抽取购货合同、购货发票和入库单等凭证，追查至应付账款明细账

D. 向供应商函证零余额的应付账款

【答案】A

【解析】尽管函证是证实真实性的非常有效的审计程序，但仅仅函证零余额账户是不够的。

2. 以下审计程序中，注册会计师最有可能获取固定资产存在的审计证据的是（　　）。

A. 观察经营活动，并将固定资产本期余额与上期余额进行比较

B. 询问被审计单位的管理当局和生产部门

C. 以检查固定资产实物为起点，检查固定资产明细账和相关凭证

D. 以检查固定资产明细账为起点，检查固定资产实物和相关凭证

【答案】D

3. 注册会计师向被审计单位生产负责人询问的以下事项中，最有可能获取审计证据的是（　　）。

A. 固定资产的抵押情况　　B. 固定资产的报废或毁损情况

C. 固定资产的投保及其变动情况　　D. 固定资产折旧的计提情况

【答案】B

4. 注册会计师在对甲公司20×1年度财务报表审计时，为证实甲公司应付账款的发生和偿还记录是否完整，应实施适当的审计程序，以查找未入账的应付账款。以下各项审计程序中，可以实现上述审计目标的有（　　）。

A. 结合存货监盘检查公司在财务报表日是否存在材料入库凭证但未收到购货发票的业务

B. 抽查甲公司本期应付账款明细账贷方发生额，核对相应的购货发票和验收单据，确认其入账时间是否正确

C. 检查甲公司财务报表日后收到的购货发票，确认其入账时间是否正确

D. 检查甲公司财务报表日应付账款明细账借方发生额的相应凭证，确认其入账时间是否正确

【答案】AC

【解析】B项中检查本期应付账款明细账贷方发生额，这是企业已经入账的应付账款而非未入账。

5. 为判断被审计单位会计报表中固定资产项目的总体合理性，注册会计师通常可以采用的分析性复核程序有（　　）。

A. 比较和分析本期与以前各期固定资产增减变动的差异，并根据被审计单位各期生产经营的变化情况，判断差异产生的原因是否合理

B. 计算固定资产原值与本期产品产量的比率，并与以前期间比较，以判断是否存在闲置的固定资产或已减少而未注销的固定资产

C. 比较本期各月之间、本期与以前各期之间的修理和维护费用，以判断资本性支出和收益性支出的区分是否存在错误

D. 分析固定资产的构成及其变动情况，与现金流量表、在建工程等的相关信息进行核对，以判断固定资产相关金额的合理性

【答案】ABCD

【解析】将与固定资产相关项目的绝对额、比率和趋势进行比较均是注册会计师常用的分析性复核的方法，故ABCD均应选择。

第十一章

1. A注册会计师在设计与存货项目相关的审计程序时，确定了以下审计策略。其中，不正确的是（　　）。

A. 对单位价值较高的存货，以实施实质性测试程序为主

B. 对由少数项目构成的存货，以实施实质性测试程序为主

C. 对单位价值较高的存货，以实施控制测试程序为主

D. 实施实质性测试程序时，抽查存货的范围取决于存货的性质和样本选择方法

【答案】C

【解析】C与A矛盾，事实上，对于单位价值高昂的存货，应当以实质性测试程序为主。

2. 在对存货实施监盘程序时，以下做法中，注册会计师不应该选择的是（　　）。

A. 对于已作质押的存货，向债权人函证与被质押存货相关的内容

B. 对于受托代存的存货，实施向存货所有权人函证等审计程序

C. 对于因性质特殊而无法监盘的存货，实施向顾客或供应商函证等审计程序

D. 乙公司相关人员完成存货盘点后，注册会计师进入存货存放地点对已盘点存货实施抽查程序

【答案】D

【解析】注册会计师实施监盘程序，首先观察被审计单位的盘点，其次进行抽查。而选项D表明注册会计师没有观察乙公司存货的盘点。

3. 在对存货实施抽查程序时，以下做法中，注册会计师应该选择的是（　　）。

A. 尽量将难以盘点或隐蔽性较大的存货纳入抽查范围

B. 事先就拟抽取测试的存货项目与乙公司沟通，以提高存货监盘的效率

C. 从存货盘点记录中选取项目追查至存货实物，以测试盘点记录的完整性

D. 如果盘点记录与存货实物存在差异，要求乙公司更正盘点记录

【答案】A

4. M公司的会计政策规定，入库产成品按实际生产成本入账，发出产成品按先进先出法核算。20×1年12月31日，M公司甲产品期末结存数量为1 200件，期末余额为5 210万元，M公司20×1年度甲新产品的相关明细资料见附表3（假定期初余额和所有的数量、入库单价均无误）。

附表3

日期	摘要	入库			发出			结存		
		数量（件）	单价（万元）	金额（万元）	数量（件）	单价（万元）	金额（万元）	数量（件）	单价（万元）	金额（万元）
1.1	期初余额							500		2 500
3.1	入库	400	5.1	2 040				900		4 540
4.1	销售				800	5.2	4 160	100		380
8.1	入库	1 600	4.6	7 360				1 700		7 740
10.3	销售				400	4.6	1 840	1 300		5 900
12.1	入库	700	4.5	3 150				2 000		9 050
12.31	销售				800	4.8	3 840	1 200		5 210
12.31	期末余额							1 200		5 210

在进行相关测试后，A注册会计师应提出的审计调整建议是（　　）。

A. 调增主营业务成本190万元　　B. 调减主营业务成本190万元

C. 调增主营业务成本240万元　　D. 调减主营业务成本240万元

【答案】D

【解析】

当期发出存货的成本＝2 500＋(2 040＋7 360＋3 150)－(700×4.5＋500×4.6)
＝9 600（万元）

M公司计算的发出存货成本为9 840万元，所以应调减240万元。

5. K公司的主营业务成本均为所销售产品的成本，K公司存货项目余额和生产成本发生额见附表4、附表5：

附表4　　单位：万元

存货项目余额	20×1年12月31日	20×0年12月31日
原材料余额	7 500	4 800
在产品余额	6 800	5 300
产成品余额	13 700	12 400

附表5　　单位：万元

	20×1年度	20×0年度
生产成本发生额	175 000	119 000

假定不考虑其他因素，K公司20×1年度主营业务成本应为（　　）。

A. 169 500万元　　B. 172 200万元　　C. 173 700万元　　D. 177 800万元

【答案】B

【解析】

产成品的数额＝5 300＋175 000－6 800＝173 500（万元）

销售的产品的数额＝12 400＋173 500－13 700＝172 200（万元）

6. 注册会计师张明了解到ABC公司对其存货验收人员制定了以下工作要求，张明能认可的是（　　）。

A. 对所取得的存货的品种、规格、数量、质量和其他相关内容进行验收，出具验收证明

B. 对于验收合格的存货，应当及时办理入库和付款手续

C. 发现所取得的存货与订购单不相符的情况，应立即向有关部门报告

D. 对验收过程中发现丢失和毁损情况，应当及时查明原因，视存货的不同取得方式作出相应处理

【答案】AC

【解析】B项中验收与付款为不相容职务；D项中的对丢失、毁损的存货如何处理，属于C中“有关部门”的职责，不是验收人员所能决定的。

7. 在对存货实施监盘程序时，以下做法中，B注册会计师可以选择的是（　　）。

A. 对于已作质押的存货，向债权人函证与质押存货相关的内容

B. 对于受托代存存货，实施向存货所有权人函证等审计程序

C. 对于因特殊性质而无法监盘的存货，实施向顾客或供应商函证等程序

D. 乙公司相关人员完成存货盘点程序后，注册会计师进入存货存放地点对已盘点存

货实施抽查程序

【答案】ABC

【解析】当乙公司人员进行盘点时注册会计师就应在存货存放地点进行现场监督，而不是在盘点完成后才进入存货存放地点，因此D项不正确。

8. ABC会计师事务所的A和B两位注册会计师负责审计甲公司20×1年度财务报表。20×1年11月，A和B两位注册会计师对甲公司的内部控制进行了初步了解和测试。

通过对甲公司内部控制的了解，A和B两位注册会计师注意到下列情况：

(1) 甲公司主要生产和销售影碟机。

(2) 甲公司生产的影碟机全部发往各地办事处和境外销售分公司销售。办事处除自行销售外，还将一部分影碟机寄销在各商场。各月初，办事处将上月的收、发、存的数量汇总后报甲公司财务部门和销售部门，财务部门作相应会计处理。甲公司生产的影碟机约有30%出口，出口的影碟机先发往境外销售分公司，再分销到世界各地。

(3) 鉴于各年年末均处于影碟机销售旺季，为保证各办事处和境外销售分公司货源，甲公司本部仓库在各年年末不保留产成品。

通过对甲公司内部控制的测试，A和B两位注册会计师注意到，除下列情况表明存货相关内部控制可能存在缺陷外，其他内部控制均健全、有效：

(1) 甲公司在以前年度未对存货实施盘点，但有完整的存货会计记录和仓库记录。

(2) 甲公司发出影碟机时未全部按顺序记录。

(3) 甲公司生产影碟机所需的零星C材料由XYZ公司代管，但甲公司未对C材料的变动进行会计记录。

(4) 甲公司每年12月25日后发出的存货在仓库的明细账上记录，但未在财务部门的会计账上反映。

(5) 甲公司发出材料存在不按既定计价方法核算的现象。

(6) 甲公司财务部门会计记录和仓库明细账均反映了代XYZ公司保管的E材料。

20×1年12月27日，甲公司编制了存货盘点计划，并与A和B两位注册会计师讨论。存货盘点计划的部分内容如下：

(1) 甲公司本部的存货，由采购、生产、销售、仓库和财务等部门相关人员组成的盘点小组，在20×1年12月31日进行盘点。办事处及境外存货的盘点分别由各办事处和境外销售分公司负责，在12月31日前后进行，盘点结束后分别将盘点资料报送财务部门和仓库部门。

(2) 限于人力，在各商场寄销的影碟机以各办事处的账面记录为准，不进行盘点。

(3) 由于年底前后是销售旺季，在20×1年12月31日，生产多功能影碟机的生产线不停产，仓库除对外发出多功能影碟机之外，不再对外发出其他存货。

(4) 各盘点单位按存货类别和相关明细记录填写盘点清单、摆放存货，并填写连续编号的盘点标签。

(5) 由于XYZ公司寄存的E材料与公司自身库存的E材料并无区别，故未单独摆放。E材料的库存数以盘点数扣除XYZ公司寄存E材料的账面数确定；由XYZ公司代管的C材料不安排盘点，库存数直接根据XYZ公司的记录确定。

（6）废品与毁损品不进行盘点也未与其他存货分开，以财务部门和仓库部门的账面记录为准。

根据甲公司存货的内部控制情况和盘点计划，A 和 B 两位注册会计师决定实施的监盘计划部分内容如下：

（1）对在各商场寄销的影碟机以经审阅的办事处的账面记录为准。

（2）对境外销售分公司的存货不进行监盘，直接审阅其盘点记录及账面记录。

（3）对 XYZ 公司代管的 C 材料，采取向 XYZ 公司函证的方式确认。

（4）审计人员在复盘结束后，与公司盘点人员分别在盘点清单上签字，并视情况考虑是否索取盘点前的最后一张验收报告单（或入库单）和最后一张货运单（或出库单）。

要求：

（1）A 和 B 两位注册会计师对内部控制进行测试运用的审计程序都有哪些？

（2）A 和 B 两位注册会计师通过内部控制测试所注意到的各种情况是否实际构成存货内部控制缺陷？并简要说明理由（填在附表 6 中）。

附表 6

序号	是否构成缺陷	理由
（1）		
（2）		
（3）		
（4）		
（5）		
（6）		

（3）对于上述情况中确实存在内部控制缺陷的，为了证实其可能导致的财务报表错误，请代 A 和 B 两位注册会计师分别确定一项最主要的实质性测试程序，并分别说明实施各项程序能够实现的主要审计目标。请在给定的附表 7 中解答。

附表 7

序号	实质性测试程序	涉及的主要审计目标
（1）		
（2）		
（3）		
（4）		
（5）		
（6）		

（4）甲公司编制的上述盘点计划的相关内容有无不妥当之处？若有，请予以更正。

（5）A 和 B 两位注册会计师编制的上述监盘计划的相关内容有无不妥当之处？若有，请予以更正。

（6）如果 A 和 B 两位注册会计师以甲公司境外销售分公司的存货未经实地监盘为由，决定对甲公司 20×1 年度财务报表出具无法表示意见的审计报告，请判断是否妥当，并简要说明理由。

【答案】

（1）注册会计师对被审计单位的内部控制进行测试可运用的审计程序有询问、观察、检查和穿行测试，此外还可以执行重新执行的审计程序。

（2）见附表 8。

附表 8

序号	是否构成缺陷	理由
（1）	是	因为存货不进行实地盘点，无法反映存货账实差异，因此企业应对存货定期盘点
（2）	是	在某些产成品发出计价方法下，发出产成品不按顺序记录，可能影响营业成本和存货数额的准确性
（3）	是	由于 C 材料的所有权归属甲公司，因此，应与其他存货一样进行会计处理，及时记录其收发情况
（4）	是	不符合会计准则和会计制度的要求。会计核算截止日为 12 月 31 日，12 月 25 日后收发存货应及时进行会计处理
（5）	是	不符合会计核算要求，不利于会计信息使用者对会计信息的理解
（6）	是	代保管材料并非甲公司的存货，故甲公司不应在会计账上予以记录，而应仅在仓库账上记录，以加强对代保管材料的实物管理

（3）见附表 9。

附表 9

序号	实质性测试程序	涉及的主要审计目标
（1）	查阅前任注册会计师的工作底稿；复核上期存货盘点记录及文件；检查与上期存货有关的交易记录；运用毛利百分比法等进行分析	证实期初余额存在、完整性、计价和分摊
（2）	对年底的存货进行监盘	存在、完整性、计价和分摊
（3）	向 XYZ 公司进行函证	存在
（4）	对年底的存货进行截止测试	完整性、存在、截止
（5）	进行计价测试，并与会计制度的要求比较	计价和分摊
（6）	询问管理层，审阅相关的合同与往来函件，并向 XYZ 公司进行函证	权利和义务

（4）盘点计划内容（1）有不妥之处。从了解的情况看，办事处的存货和境外销售公司的存货所占的比例较高，甲公司永续盘存记录存在纰漏，因而盘点的结果对财务报表有重要影响，对各个办事处和境外销售分公司的盘点应同时进行。

盘点计划内容（2）有不妥之处。在各商场寄销的存货不能以账面记录为准，要纳入盘点范围。

盘点计划内容（3）没有不妥之处。

盘点计划内容（4）没有不妥之处。

盘点计划内容（5）有不妥之处。外单位寄存甲公司的存货要单独摆放，单独记录，并排除在盘点的范围之外。

盘点计划内容（6）有不妥之处。废品和毁损品与合格品要分开摆放，分开列示。

（5）监盘计划内容（1）有不妥之处。对于寄销在商场的影碟机，如果量大的，注册会计师应前往监盘；量小的，可以向商场函证或审查存货记录。

监盘计划内容（2）有不妥之处。由于30%的影碟机发往海外，因而对于海外的存货也要纳入盘点范围。

监盘计划内容（3）无不妥之处。

监盘计划内容（4）有不妥之处。盘点结束时，应向甲公司索取存货盘点前的最后一份验收报告单（或入库单）、货运单（或出库单），以备审计时作截止测试之用。

（6）A和B两位注册会计师决定对甲公司出具无法表示意见的审计报告是不妥的。理由如下：首先，A和B两位注册会计师应对甲公司境外销售分公司存货盘点提出监盘要求。在与甲公司讨论盘点计划时，注册会计师并未提出此要求，不能视为甲公司对审计范围的限制。其次，若无法在年底实施存货监盘，则A和B两位注册会计师应评估境外销售分公司存货内部控制的有效性，并以审阅存货账面记录和期末盘点资料等替代审计程序，来证实境外销售分公司期末存货的数量。如果境外的存货很多，则必须实施监盘程序。

第十二章

1. A注册会计师拟对H公司与借款活动相关的内部控制进行测试，下列程序中不属于控制测试程序的是（　　）。

A. 索取借款的授权批准文件，检查批准的权限是否恰当、手续是否齐全

B. 观察借款业务的职责分工，并将职责分工的有关情况记录于审计工作底稿中

C. 计算短期借款、长期借款在各个月份的平均余额，选取适用的利率匡算利息支出总额，并与财务费用等项目的相关记录核对

D. 抽取借款明细账的部分会计记录，按原始凭证到明细账再到总账的顺序核对有关会计处理过程，以判断其是否合规

【答案】C

【解析】选项C执行的是分析程序，属于实质性程序的一种。

2. A注册会计师是X公司20×1年度会计报表的审计项目负责人，在对借款进行审计时，执行的下列各项审计程序中，最能够证实长期借款完整性的是（　　）。

A. 根据长期借款明细账，追查有关借款的原始凭证

B. 向被审计单位所有的银行发函询证

C. 将长期借款明细汇总表与明细账和总账核对

D. 检查借款利息与本金是否相符

【答案】B

【解析】被审计单位只要向银行借款，就会在银行有开户，通过函证可以有效地发现漏记的长期借款。

3. 注册会计师计划测试被审计单位20×1年年末向银行长期借款余额的完整性。以下

审计程序中，可能实现该审计目标的有（ ）。

A. 了解银行对被审计单位授信情况

B. 检查长期借款明细账中本年新增借款的银行进账单

C. 向提供长期借款的银行寄发银行询证函

D. 重新计算并分析 20×1 年度长期借款利息

【答案】ACD

【解析】虽然“了解银行对被审计单位的授信情况”是评价被审计单位的信誉和融资能力的一个程序，但同时也可作为实质性测试程序使用，用以发现低于授信额度的长期借款记录的完整性。

4. 注册会计师计划测试被审计单位 20×1 年年末长期投资余额的存在性。以下审计程序中，可能实现该审计目标的有（ ）。

A. 向受托代管被审计单位长期证券的托管机构寄发询证函

B. 查阅被审计单位董事会与长期投资业务有关的会议记录

C. 检查长期股权投资中股票投资的 20×1 年年末市价变动情况

D. 向被投资单位寄发询证函

【答案】ABD

【解析】要证实长期投资余额的存在性，注册会计师应当实施的审计程序是执行监盘和函证程序，同时董事会的会议记录也是证实重大交易或事项是否发生及重大资产是否存在的重要证据。所以应当选 ABD。

5. 注册会计师在对所有者权益进行审计时，一般通过对其内部控制制度的控制测试来确定实质性测试程序的性质、时间和范围。（ ）

【答案】×

【解析】审查所有者权益通常在资产、负债审计的基础上进行。另外，所有者权益业务量一般较少，通常采用详查法，所以，较少使用通过对内部控制制度的控制测试来确定实质性测试程序范围的方法。

第十三章

1. ABC 公司在某银行账户的银行存款对账单余额与银行存款日记账余额不符，A 注册会计师应当执行的最有效的审计程序是（ ）。

A. 重新测试相关的内部控制

B. 审查银行对账单中记录的该账户财务报表日前后的收付情况

C. 审查银行存款日记账中记录的该账户财务报表日前后的收付情况

D. 审查该账户的银行存款余额调节表

【答案】D

【解析】银行存款余额调节表就是针对银行对账单余额与银行存款日记账余额不符查找原因的方法。通过调节即可发现，两者不相符可能是由于未达账项或记账错误引起的。

2. 20×1 年 3 月 5 日对 ABC 公司全部现金进行监盘后，确认实有现金数额为 1 000 元。N 公司 3 月 4 日账面库存现金余额为 2 000 元，3 月 5 日发生的现金收支全部未登记入账，其中收入金额为3 000元、支出金额为4 000元，20×1年1月1日至3月4日现金收入总额为165 200元、现金支出总额为165 500元，则推断20×0年12月31日库存现金余额应为（　　）元。

A. 1 300　　B. 2 300　　C. 700　　D. 2 700

【答案】B

【解析】首先，确认3月5日账实是否相符。

3月5日账面应结存数＝账面余额＋已收现金未记账金额
－已付现金未记账金额
＝2 000＋3 000－4 000
＝1 000（元）

3月5日账实相符，也说明3月4日实存现金2 000元。

然后用调节法计算12月31日（结账日）库存现金余额。盘点日在结账日之后，则：

（结账日）应结存数＝（盘点日）盘点数－（结账至盘点期间）增加数
＋（结账至盘点期间）减少数

用两种方法计算：

（1）将3月4日当作盘点日，则

12月31日应结存数＝2 000－165 200＋165 500＝2300（元）

（2）将3月5日当作盘点日，则

12月31日应结存数＝1 000－(165 200＋3 000)＋(165 500＋4 000)
＝2 300（元）

故B是正确的。

3. 在进行年度财务报表审计时，为了证实被审计单位在临近12月31日签发的支票未予入账，注册会计师实施的最有效审计程序是（　　）。

A. 审查12月31日的银行存款余额调节表

B. 函证12月31日的银行存款余额

C. 审查12月31日的银行对账单

D. 审查12月份的支票存根

【答案】D

【解析】如持票人于12月31日以前到银行办完相关手续，则程序A、B、C都是有效的，但若持票人于次年元月初办理手续，则A、B、C均不能证实前签发的支票是否在当年入账。另一方面，无论持票人何时办完相关手续，其年前签发的支票均通过检查支票存根加以证实（因存根有连续编号）。此外，“当年签发的支票不得在年后入账”这样的问题明显地属于银行存款的截止，而银行存款截止的技术方法主要就是通过支票存根实施的。

4. 向开户银行函证，可以证实若干项目标，其中最基本的目标是（　　）。

A. 是否有漏列的负债　　B. 银行存款存在性

C. 是否有充作抵押担保的存货　　D. 是否有欠银行的债务

【答案】B

【解析】最基本的目标是存在性。

5. 注册会计师拟对A公司的货币资金实施实质性程序。以下审计程序中，属于实质性程序的有（　　）。

A. 检查银行预留印鉴的保管情况

B. 检查银行存款余额调节表中未达账项在财务报表日后的进账情况

C. 检查现金交易中是否存在应通过银行办理转账支付的项目

D. 检查外币银行存款年末余额是否按年末汇率折合为记账本位币金额

【答案】BD

【解析】选项AC属于控制测试的程序。

6. 注册会计师拟对银行存款余额实施函证程序。以下做法中，正确的有（　　）。

A. 以A公司的名义寄发银行询证函

B. 除余额为零的银行存款账户以外，必须对A公司所有银行存款账户实施函证程序

C. 由A公司代为填写银行询证函后，交由注册会计师直接发出并回收

D. 如果银行询证函回函结果表明没有差异，则可以认定银行存款余额是正确的

【答案】AC

【解析】银行询证函回函结果表明没有差异，不能认定银行存款余额就是正确的。

7. 如果现金盘点不是在财务报表日进行的，注册会计师应将财务报表日至盘点日的收付金额调整至盘点日金额。（　　）

【答案】×

【解析】如果现金盘点不是在财务报表日进行的，注册会计师应将财务报表日至盘点日的收付金额调整至财务报表日金额。

8. 即使企业银行存款账户余额为零，只要存在本期发生额，注册会计师就应进行函证。（　　）

【答案】√

【解析】因为函证的目的包括核实企业在银行的负债是否有漏列。

9. 注册会计师张明在对ABC公司20×1年度会计报表进行审计时，对ABC公司的银行存款实施的部分审计程序为：

（1）取得20×1年12月31日银行存款余额调节表。

（2）向开户银行寄发银行询证函，并直接收取寄回的询证函回函。

（3）取得开户银行20×2年1月31日的银行对账单。

要求：

（1）注册会计师张明向开户银行询证的作用有哪些？

（2）注册会计师张明应采取什么方式才能直接收回开户银行的询证函回函？直接收回函证的目的是什么？

（3）注册会计师张明取得银行存款余额调节表后，应检查哪些内容？

（4）注册会计师张明索取开户银行20×2年1月31日的银行对账单，能证实20×1年12月31日银行存款余额调节表的哪些内容？

【答案】

（1）注册会计师张明通过向开户银行函证，不仅可以查明ABC公司银行存款、借款

的存在性，而且还可发现企业未登记入账的银行存款、借款。

（2）在询证函内指明回函请直接寄往注册会计师张明所在的会计师事务所，或在询证函内附上贴足邮票的、以注册会计师张明所在的会计师事务所为回函地址的信封。注册会计师张明直接收回开户银行询证函的目的是防止 ABC 公司截留或更改回函。

（3）注册会计师张明应检查银行存款余额调节表中未达账项的真实性，以及资产负债表日后的入账情况。

（4）注册会计师张明索取开户银行 20×1 年 1 月 31 日的银行对账单，可以证实列示在银行存款余额调节表上的在途存款和未兑现支票的真实性。

10. 在对 G 公司 20×1 年度会计报表进行审计时，M 注册会计师负责审计货币资金项目。G 公司在总部和营业部均设有出纳部门。为顺利监盘库存现金，M 注册会计师在监盘前一天通知 G 公司会计主管人员做好监盘准备。考虑到出纳日常工作安排，对总部和营业部库存现金的监盘时间分别定在上午 10 点和下午 3 点。监盘时，出纳把现金放入保险柜，并将已办妥现金收付手续的交易登入现金日记账，结出现金日记账余额；然后，M 注册会计师当场盘点现金，在与现金日记账核对后填写"库存现金盘点表"，并在签字后形成审计工作底稿。

要求：请指出上述库存现金监盘工作中有哪些不当之处，并提出改进建议。

【答案】

（1）提前通知 G 公司会计主管人员做好监盘准备的做法不当。M 注册会计师应当实施突击性的检查。

（2）没有同时监盘总部和营业部库存现金的做法不当。M 注册会计师应组织同时监盘总部和营业部的库存现金，若不能同时监盘，则应对后监盘的库存现金实施封存。

（3）G 公司会计主管人员没有参与盘点的做法不当。盘点人员应包括出纳、会计主管人员和注册会计师。

（4）现金盘点操作程序不当。库存现金应由出纳盘点，由注册会计师监盘。

（5）库存现金盘点表的签字人员不当。库存现金盘点表应由公司相关人员和注册会计师共同签字。

第十四章

1. 注册会计师于 2017 年 3 月 20 日完成对 Y 公司 2016 年度财务报表的审计工作，Y 公司于 3 月 30 日将已审财务报表与审计报告一同对外公布。此后，注册会计师知悉 Y 公司的下列情况，其中，应当采取相应行动的是（　）。

A. 3 月 31 日，发生火灾，损失重大

B. 4 月 5 日，H 公司因质量问题全部退回了上月 21 日自 Y 公司购买的大量商品

C. 3 月 18 日，法院判决 Y 公司因上年的技术侵权应向 K 公司支付巨额赔款

D. 3 月 31 日，Y 公司以比上年年末暂估价略高的价格向供应商支付了设备款

【答案】C

【解析】选项 AB 事项在审计报告日不存在，所以不属于需要调整的事项；选项 D 事项不影响审计意见；选项 C 事项不仅在审计报告日存在，而且很可能改变注册会计师的审

计意见，所以属于注册会计师应采取相应行动的事项。

2. 下列有关书面声明的说法中，错误的是（　　）。

A. 为支持与财务报表或某项具体认定相关的其他审计证据，注册会计师可以要求管理层提供关于财务报表或特定认定的书面声明

B. 即使管理层已提供可靠的书面声明，也不影响注册会计师就管理层责任履行情况或具体认定获取的其他审计证据的性质和范围

C. 如果在审计证据中提及的所有期间内，现任管理层均尚未就任，注册会计师也需向现任管理层获取涵盖整个相关期间的书面证明

D. 如果管理层不向注册会计师提供所有交易均已记录并反映在财务报表中的书面声明，注册会计师应当对财务报表发表保留意见或无法表示意见

【答案】D

【解析】针对所有交易均记录并反映在财务报表属于准则规定的基本书面声明，被审计单位是必须要提供的。如果管理层拒绝签署审计准则规定的基本书面声明，则出具无法表示意见的审计报告，不能出具保留意见审计报告，选项D错误。

3. 如果认为被审计单位在可预见的将来无法持续经营，继续运用持续经营假设编制财务报表将产生严重误导，但被审计单位对此作了充分披露，注册会计师应当发表（　　）。

A. 保留意见　　　　B. 保留意见或者无法表示意见

C. 否定意见　　　　D. 带强调事项段的无保留意见

【答案】C

4. 下列各项程序中，属于注册会计师有可能针对期后事项实施的审计程序有（　　）。

A. 检查财务报表日后发生企业合并的情况

B. 重新计算财务报表日后售出固定资产的处置损益

C. 检查财务报表日后诉讼案件的结案情况

D. 检查财务报表日后资本公积转增资本的情况

【答案】ACD

【解析】企业出售、转让、报废固定资产或发生固定资产毁损，应当将处置收入扣除账面价值和相关税费后的金额计入当期损益（营业外收入——处置固定资产净收益或营业外支出——处置固定资产净损失）；财务报表日后发生企业合并及资本公积转增资本等情况属于非调整事项，应进行披露；财务报表日后诉讼案件的结案属于调整事项。

5. 下列有关期后事项审计的说法中，正确的有（　　）。

A. 注册会计师应当设计和实施审计程序，获取充分、适当的审计证据，以确定所有在财务报表日至财务报表报出日之间发生的、需要在财务报表中调整或披露的事项均已得到识别

B. 注册会计师应当恰当应对在审计报告日后知悉的且如果在审计报告日知悉可能导致注册会计师修改审计报告的事实

C. 在财务报表报出后，注册会计师没有义务针对财务报表实施任何审计程序

D. 注册会计师应当要求管理层提供书面声明，确认所有在财务报表日后发生的、按照适用的财务报告编制基础的规定应予调整或披露的事项均已得到调整或披露

【答案】BCD

【解析】选项A，应区分情况对待，对第一时段的期后事项（财务报表日至审计报告日）应主动识别，对第二时段的期后事项（审计报告日至财务报表报出日）是被动识别。

第十五章

1. 下列有关审计报告日的说法中，错误的是（　　）。

A. 审计报告日不应早于管理层书面声明的日期

B. 审计报告日可以晚于管理层签署已审计财务报表的日期

C. 审计报告日应当是注册会计师获取充分、适当的审计证据，并在此基础上对财务报表形成审计意见的日期

D. 在特殊情况下，注册会计师可以出具双重日期的审计报告

【答案】C

【解析】审计报告日不应早于注册会计师获取充分、适当的审计证据，并在此基础上对财务报表形成审计意见的日期，选项C错误。

2. 下列可以在审计报告强调事项段中提及对应数据的情形是（　　）。

A. 导致对上期财务报表发表非无保留意见的事项在本期尚未解决，仍对本期财务报表产生重大影响

B. 上期财务报表已由前任注册会计师审计

C. 上期财务报表存在重大错报，对应数据已在本期财务报表中得到适当重述或恰当披露

D. 上期财务报表未经审计

【答案】C

【解析】选项A，应出具保留意见或否定意见的审计报告；选项B，注册会计师在审计报告的其他事项段中提及前任注册会计师对对应数据出具的审计报告；选项D，上期财务报表未经审计，注册会计师应当在审计报告的其他事项段中说明对应数据未经审计。

3. 在下列情况中，注册会计师应发表保留意见或无法表示意见的是（　　）。

A. 被审计单位拒绝接受注册会计师就重大事项提出的调整或披露建议

B. 被审计单位管理层拒绝签署声明书

C. 被审计单位拒绝就重大的应披露期后事项进行披露

D. 被审计单位拒绝接受就内部控制中的严重缺陷所提出的改进建议

【答案】B

【解析】选项B，管理层拒绝签署声明书，应当视为审计范围受到限制，出具保留意见或者无法表示意见的审计报告；选项AC，应当出具保留意见或否定意见的审计报告；选项D，不影响注册会计师应出具的报告类型。

4. 甲集团公司（股份有限公司）是ABC会计师事务所的常年审计客户，主要从事家电产品的生产和销售，ABC会计师事务所负责审计并出具审计报告的项目合伙人是B注册会计师，A注册会计师负责审计甲集团公司2016年财务报表，确定集团财务报表整体的重要性为150万元，利润总额为200万元。2017年4月16日完成对甲集团公司2016年

度财务报表的审计工作。

资料一：A 注册会计师制定了甲集团公司总体审计策略，部分内容摘录如下：

(1) A 注册会计师拟在审计计划阶段与治理层沟通，主要内容为：注册会计师与财务报表审计相关的责任，注册会计师的独立性，计划的审计范围和时间安排的总体情况（包括特别风险），以及具体审计程序的性质和时间安排。

(2) X 注册会计师是集团重要组成部分的组成部分注册会计师，X 注册会计师未能参与集团项目组对集团财务报表重大错报风险的讨论，A 注册会计师拟另安排时间与 X 注册会计师进行沟通，并向其通报集团项目组讨论的情况。

(3) 甲集团公司内部审计部于 2016 年测试了集团层面内部控制的局限性，A 注册会计师拟信赖集团层面控制，通过与内部审计人员讨论和阅读内部审计报告，评价内审测试工作，拟利用其测试结果，并认为该工作足以实现审计目的。

资料二：通过对甲公司内部控制的测试，A 注册会计师注意到下列情况：

(1) 由于公司一般在年末都安排促销活动，总公司要求各连锁店一般在 12 月 15 日至 25 日完成盘点工作。各连锁店的盘点结果必须在 12 月 31 日前报总公司，总公司每年都会固定对其最大规模的 5 家连锁店进行盘点。

(2) 甲公司每年 12 月 25 日后发出的存货在仓库的明细账上记录，但未在财务部门的会计账上反映。

(3) 每月月末，由生产车间与仓库核对原材料、半成品、产成品的转出和转入记录。如有差异，仓库管理员应编制差异分析报告，经仓储经理和生产经理签字确认后交会计部门进行调整。

资料三：A 注册会计师通过对甲集团财务信息实施审计程序，给出了对相关错报的审计调整建议及管理层的观点，部分内容摘录如附表所示：

附表　　A 注册会计师对部分相关错报的审计调整建议及管理层的观点

编号	借方	贷方	管理层的理由
(1)	应收账款 120 万元	其他应收款 120 万元	属于分类错报，不予调整
(2)	营业收入 200 万元	营业成本 140 万元	营业收入与营业成本相抵销后的错报金额未超过重要性水平，不予调整
(3)	未决诉讼很可能给企业带来 1 000 万元的赔偿，导致甲集团持续经营能力产生重大不确定性，A 注册会计师提请被审计单位确认预计负债并对此事项作出充分披露		未决诉讼有胜诉的可能性，不予调整

资料四：甲集团公司 2016 年 12 月 31 日资产负债表中存货项目列示的金额为 1 800 万元。经过审计，发现可变现净值为 1 640 万元。提请甲集团公司管理层进行调整，未接受审计调整建议。另截至 2016 年 12 月 31 日，甲集团因收购 W 公司而确认了 500 万元的商誉。管理层于每年年末对商誉进行减值测试。2016 年 W 公司产生了经营损失。2016 年 12 月底，甲集团管理层对 W 公司的商誉进行了减值测试时，采用现金流预测模型来计算商誉的可收回金额，并将其与商誉的账面价值相比较。该模型所使用的折现率、预计现金流，特别是未来收入增长率等关键指标需要作出重大的管理层判断。通过测试，管理层得

出商誉没有减值的结论。

(1) 针对资料一第 (1) 至 (3) 项，逐项指出A注册会计师制定的总体审计策略是否存在不当之处。如果存在不当之处，简要说明理由。

(2) 针对资料二第 (1) 至 (3) 项，逐项指出各项内部控制是否存在缺陷。如认为存在缺陷，简要说明理由。

(3) 针对资料三第 (1) 至 (3) 项，假设甲集团管理层对上述审计调整建议分别予以拒绝，逐项指出A注册会计师应当针对每个独立的事项出具审计报告的意见类型。将答案填入附表11。

附表11 **意见类型**

编号	意见类型
(1)	
(2)	
(3)	

(4) 针对资料四，假定不考虑所得税费用等其他因素以及对其他法律和监管要求的报告，代A注册会计师判断应当出具何种类型的审计报告，并续编审计报告。

审计报告

甲股份有限公司全体股东：

ABC会计师事务所
(盖章)

中国注册会计师：A
(签名并盖章)
中国注册会计师：B
(签名并盖章)
中国××市二〇一七年四月十六日

【答案】

(1) 针对资料一的相关解答：

事项 (1) 存在不当之处。具体审计程序的性质和时间安排不应与治理层沟通。

事项 (2) 无不当之处。

事项 (3) 存在不当之处。不能仅仅通过讨论和阅读报告、评价其工作就可以决定利用内部审计人员的工作，还应当考虑内部审计人员的独立性、专业胜任能力等。

(2) 针对资料二的相关解答：

事项 (1) 存在缺陷。每年都对固定对象进行盘点，很难发现其他连锁店存在的问题，如果盘点日不是财务报表日，还应检查盘点日与财务报表日之间的交易，通过调节确定期末存货余额。实质性程序：注册会计师应实施监盘（包括其他连锁店），并检查相关存货的记录。

事项 (2) 存在缺陷。不符合会计准则和相关会计制度关于会计分期的要求。会计核算截止日为12月31日，12月25日后收发的存货应及时进行会计处理。实质性程序：对年底的存货进行截止测试。

事项 (3) 不存在缺陷。

(3) 针对资料三的相关解答见附表12：

附表12　　意见类型

编号	意见类型
(1)	无保留意见
(2)	保留意见
(3)	否定意见

(4) 注册会计师应出具带"关键审计事项"的保留意见审计报告。

审计报告

甲股份有限公司全体股东：

一、保留意见

我们审计了甲股份有限公司（以下简称"甲公司"）财务报表，包括2016年12月31日的资产负债表，2016年度的利润表、现金流量表、股东权益变动表以及财务报表附注。

我们认为，除"形成保留意见的基础"部分所述事项产生的影响外，后附的财务报表在所有重大方面按照《企业会计准则》的规定编制，公允反映了公司2016年12月31日的财务状况以及2016年度的经营成果和现金流量。

二、形成保留意见的基础

甲集团公司2016年12月31日资产负债表中存货的列示金额为1 800万元。管理层根据成本对存货进行计量，而没有根据成本与可变现净值孰低的原则进行计量，这不符合《企业会计准则》的规定。公司的会计记录显示，如果管理层以成本与可变现净值孰低来计量存货，存货列示金额将减少160万元。相应地，资产减值损失将增加160万元，利润和股东权益均将减少160万元。

我们按照《中国注册会计师审计准则》的规定执行了审计工作。审计报告的"注册会计师对财务报表审计的责任"部分进一步阐述了我们在这些准则下的责任。按照《中国注册会计师职业道德守则》，我们独立于公司，并履行了职业道德方面的其他责任。我们相信，我们获取的审计证据是充分、适当的，为发表保留意见提供了基础。

三、关键审计事项

关键审计事项是根据我们的职业判断，认为对本期财务报表审计最为重要的事项。这些事项是在对财务报表整体进行审计并形成意见的背景下进行处理的，我们不对这些事项提供单独的意见。除“形成保留意见的基础”部分所述事项外，我们确定下列事项是需要在审计报告中沟通的关键审计事项。

相关信息披露详见财务报表附注——××

（一）事项描述

截至2016年12月31日，集团因收购W公司而确认了500万元的商誉。甲公司管理层于每年年末对商誉进行减值测试。本年度，W公司产生了经营损失，该商誉出现减值迹象。

报告期末，集团管理层对W公司的商誉进行了减值测试，以评价该项商誉是否存在减值。管理层采用现金流预测模型来计算商誉的可收回金额，并将其与商誉的账面价值相比较。该模型所使用的折现率、预计现金流，特别是未来收入增长率等关键指标需要作出重大的管理层判断。通过测试，管理层得出商誉没有减值的结论。

（二）实施的审计程序

我们针对管理层减值测试所实施的审计程序包括：

(1) 对管理层的估值方法予以了评估。

(2) 基于我们对相关行业的了解，我们质疑了管理层假设的合理性，如收入增长率、折现率等。

(3) 检查录入数据与支持证据的一致性，例如，已批准的预算以及考虑这些预算的合理性。

（三）实施审计程序的结果

我们认为，基于目前所获取的信息，管理层在对商誉减值测试所使用的假设是合理的，相关信息在财务报表附注——××中所作出的披露是适当的。

四、管理层和治理层对财务报表的责任

管理层负责按照《企业会计准则》的规定编制财务报表，使其实现公允反映，并设计、执行和维护必要的内部控制，以使财务报表不存在由于舞弊或错误导致的重大错报。

在编制财务报表时，管理层负责评估公司的持续经营能力，披露与持续经营相关的事项（如适用），并运用持续经营假设，除非管理层计划清算公司、停止营运或别无其他现实的选择。

治理层负责监督公司的财务报告过程。

五、注册会计师对财务报表审计的责任

我们的目标是对财务报表整体是否不存在由于舞弊或错误导致的重大错报获取合理保证，并出具包含审计意见的审计报告。合理保证是高水平的保证，但并不能保证按照审计准则执行的审计在某一重大错报存在时总能发现。错报可能由舞弊或错误所导致，如果合理预期错报单独或汇总起来可能影响财务报表使用者依据财务报表作出的经济决策，则错报是重大的。

在按照审计准则执行审计的过程中，我们运用了职业判断，保持了职业怀疑。我们同时：

(1) 识别和评估由于舞弊或错误导致的财务报表重大错报风险；对这些风险有针对性

地设计和实施审计程序；获取充分、适当的审计证据，作为发表审计意见的基础。由于舞弊可能涉及串通、伪造、故意遗漏、虚假陈述或凌驾于内部控制之上，未能发现由于舞弊导致的重大错报的风险高于未能发现由于错误导致的重大错报的风险。

(2) 了解与审计相关的内部控制，以设计恰当的审计程序，但目的并非对内部控制的有效性发表意见。

(3) 评价管理层选用会计政策的恰当性和作出会计估计及相关披露的合理性。

(4) 对管理层使用持续经营假设的恰当性得出结论。同时，基于所获取的审计证据，对是否存在与事项或情况相关的重大不确定性，从而可能导致对公司的持续经营能力产生重大疑虑得出结论。如果我们得出结论认为存在重大不确定性，审计准则要求我们在审计报告中提请报告使用者注意财务报表中的相关披露；如果披露不充分，我们应当发表非无保留意见。我们的结论基于审计报告日可获得的信息。然而，未来的事项或情况可能导致公司不能持续经营。

(5) 评价财务报表的总体列报、结构和内容（包括披露），并评价财务报表是否公允反映交易和事项。

除其他事项外，我们与治理层就计划的审计范围、时间安排和重大审计发现（包括我们在审计中识别的值得关注的内部控制缺陷）进行沟通。

我们还就遵守关于独立性的相关职业道德要求向治理层提供声明，并就可能被合理认为影响我们独立性的所有关系和其他事项，以及相关的防范措施（如适用）与治理层进行沟通。

从与治理层沟通的事项中，我们确定哪些事项对当期财务报表审计最为重要，因而构成关键审计事项。我们在审计报告中描述这些事项，除非法律法规不允许公开披露这些事项，或在极其罕见的情形下，如果合理预期在审计报告中沟通某事项造成的负面后果超过产生的公众利益方面的益处，我们确定不应在审计报告中沟通该事项。

负责审计并出具审计报告的项目合伙人是B。

ABC会计师事务所
（盖章）

中国注册会计师：A
（签名并盖章）
中国注册会计师：B
（签名并盖章）
中国××市二〇一七年四月十六日

参考文献

1. 中国注册会计师协会. 中国注册会计师执业准则（2010）. 北京：经济科学出版社，2010.

2. 中国注册会计师协会. 中国注册会计师执业准则应用指南（2010）. 北京：中国财政经济出版社，2010.

新编 21 世纪远程教育精品教材

公共基础课系列

书名	作者
大学语文（第二版）	黄鹤
应用写作（第四版）（“十一五”国家级规划教材）	孙秀秋
计算机应用基础	李刚
马克思主义哲学原理（第二版）	霍福广
“毛泽东思想和中国特色社会主义理论体系概论”教学专题研究	王向明
全国高校网络教育大学英语词汇必备手册	王建华
全国高校网络教育大学英语学习与考试辅导	王建华
高等数学“学习包”（第二版）	张家琦　曹承宾
北京地区成人本科学士学位英语统一考试历年试题解析	常红梅
北京地区成人本科学士学位英语统一考试辅导（第三版）	常红梅
大学英语学习与考试辅导	常红梅
数据库基础教程	苏俊
毛泽东思想概论	江长仁

经济与管理系列

书名	作者
西方经济学	缪代文
西方经济学（第二版）（微观经济学部分）	刘凤良
西方经济学（第二版）（宏观经济学部分）	刘凤良
经济法概论（第三版）	宋立成
互联网金融的法律与政策	邢会强
国际金融（第二版）	刘震
税务管理	王秀芝
邮政储汇实务	周艳海
中国税制（第三版）	杨虹
投资银行学教程（第二版）	胡海峰　等
金融学概论（第三版）	宋玮
国际贸易实务（第二版）	王晓明
财政管理	王秀芝
保险学	戴稳胜
证券投资学（第三版）	赵锡军　李向科
统计学教程（第三版）	金勇进
财政学（第二版）	安秀梅
中国政治制度史	侯力
经济学原理	韦曙林

续前表

书名	作者
商务英语	王学文
国际贸易理论与政策	王亚星
国际投资	胡曙光
人力资源开发与管理（第五版）	姚裕群
项目管理（第三版）（“十一五”国家级规划教材）	李涛
物流管理（第三版）（“十一五”国家级规划教材）	刘刚
组织行为学（第二版）	徐建平
公共政策原理	谢明
公共政策案例分析	谢明
公共管理伦理学	李传军
公共政策导论（第二版）	谢明
公共经济学导论	代鹏
公共关系学（第二版）	李兴国
领导力	祁凡骅
企业战略管理	邹昭晞
管理学原理	安维
公务员管理	王甫银
秘书工作实务	张大成
人员选拔与聘用管理	苏进　刘建华
绩效管理（第二版）	徐斌
质量管理学	李晓光
营销渠道决策与管理	吕一林
高级会计学（第三版）	张志凤　谢瑞峰
公司财务管理（第二版）	肖万
财务管理学（第四版）	孙茂竹　范歆
基础会计学（第三版）	徐泓
管理会计（第二版）	孙茂竹
审计学（第三版）	杨闻萍
财务会计学（第三版）	郭建华
成本会计	曹伟
纳税筹划教程	张中秀
会计制度设计（第二版）	阎至刚
计算机会计理论与实务（第二版）	蔡立新
税务筹划教程	张中秀
国际税收（第二版）	杨志清

法学系列

书名	作者
刑事诉讼法（第三版）	王新清　李蓉
民事诉讼法（第二版）	汤维建　等
行政法与行政诉讼法（第三版）	胡锦光　罗杰
宪法学（第三版）	胡锦光　任端平
劳动法和社会保障法（第三版）	黎建飞
保险法（第三版）	贾林青
刑法学（第二版）	黄京平
中国法制史（第二版）	赵晓耕
企业和公司法学（第二版）	王欣新
税法（第三版）	朱大旗
海商法（第三版）	贾林青
刑法学	徐松林
继承法（第二版）	孙若军
破产法学（第二版）	王欣新
经济法（第二版）	吴宏伟
国际法（第二版）	白桂梅　朱利江
法理学（第二版）	张曙光
法律文书写作（第二版）	陈卫东　刘计划
民法学（第二版）	龙翼飞

汉语言文学系列

书名	作者
中国古代文学史（一）（先秦至魏晋南北朝）（第二版）	叶君远
中国古代文学史（二）（隋唐五代宋辽金）（第二版）	冷成金
中国古代文学史（三）（元明清及近代）（第二版）	张国风
古代汉语（第二版）	殷国光
现代汉语（第二版）	吴永焕
外国文学作品导读（第二版）	刘洪涛
中国民间文学概论（第二版）	黄涛
美学概论（第二版）	牛宏宝
文学概论（第二版）	许鹏
中国古代文学作品选读（一）	诸葛忆兵

续前表

中国古代文学作品选读（二）	王燕
中国文学理论史简编	成复旺
中国现当代文学作品导读	姚丹
影视文学教程	邹红
电视剧批评与欣赏	刘晔原
中国现当代文学	刘勇
语言学概论（第二版）	岑运强
西方文论概要	杨慧林
新时期文学思潮（第二版）	张永清
文艺心理学	金元浦

新闻与传播系列

书名	作者
新闻理论教程	陈力丹　张建中
中国新闻传播史	赵云泽　孙萍
外国新闻传播史	陈力丹　钱婕
新媒体实务	黄河
广告学概论	王菲
新闻采访与写作	张征

图书在版编目（CIP）数据

审计学/杨闻萍主编．—3版．—北京：中国人民大学出版社，2018.1
新编21世纪远程教育精品教材．经济与管理系列
ISBN 978-7-300-25142-4

Ⅰ．①审… Ⅱ．①杨… Ⅲ．①审计学-远程教育-教材 Ⅳ．①F239.0

中国版本图书馆CIP数据核字（2017）第285611号

新编21世纪远程教育精品教材·经济与管理系列
审计学（第三版）
主　编　杨闻萍
副主编　邓　宁
Shenjixue

出版发行　中国人民大学出版社
社　　址　北京中关村大街31号　　**邮政编码**　100080
电　　话　010－62511242（总编室）　010－62511770（质管部）
010－82501766（邮购部）　010－62514148（门市部）
010－62515195（发行公司）　010－62515275（盗版举报）
网　　址　http://www.crup.com.cn
http://www.ttrnet.com（人大教研网）
经　　销　新华书店
印　　刷　北京溢漾印刷有限公司
规　　格　185 mm×260 mm　16开本
印　　张　17.75
字　　数　400 000
版　　次　2008年1月第1版
2018年1月第3版
印　　次　2018年1月第1次印刷
定　　价　39.00元
